Ciencias sociales

Steven Forti

EXTREMA DERECHA 2.0
Qué es y cómo combatirla

Prólogo de
Enric Juliana

archipiélago
siglo veintiuno

españa
siglo xxi editores
www.sigloxxieditores.com
clave intelectual
www.claveintelectual.com
calle recaredo 3, 28002, madrid

argentina
siglo xxi editores
www.sigloxxieditores.com.ar
clave intelectual
www.claveintelectual.com.ar
guatemala 4824, c1425bup, buenos aires

méxico
siglo xxi editores
www.sigloxxieditores.com.mx
cerro del agua 248, romero de terreros, 04310, ciudad de méxico

1.ª edición, octubre de 2021
2.ª edición, diciembre de 2021
3.ª edición, febrero de 2022
4.ª edición, mayo de 2022
5.ª edición, octubre de 2023

© Steven Forti, 2021

© Siglo XXI de España Editores, S. A., 2021

Calle Recaredo, 3 - 28002 Madrid
editorial@sigloxxieditores.com
www.sigloxxieditores.com

Diseño interior y cubierta: RAG

ISBN: 978-84-323-2030-9
Depósito legal: M-26.711-2021

Impreso en España

A Esther Béjarano (1924-2021)
la «chica con el acordeón»,
superviviente del Holocausto
e incansable luchadora.

ÍNDICE

La gripe trajo el fascismo, por Enric Juliana 9

Introducción 17

   I. Extrema derecha 2.0.
      ¿De qué estamos hablando? 23

      El «escollo» del populismo, 28 – Más allá del populismo, 33 – Más allá del fascismo, 58

  II. Extrema derecha 2.0: una definición 81

      Diferencias esenciales de la nueva ultraderecha 87 – Características clave de la nueva ultraderecha, 114 – Objetivo Europa. La extrema derecha a nivel europeo, 128

 III. ¿Viejas ideas en nuevos ropajes?
      Las transformaciones de la extrema derecha 2.0 ... 145

      Las nuevas tecnologías como arma: posverdad y *fake news,* 146 – El *aggiornamento* fascista, 169 – El rojipardismo como síntoma, 182 – Diego Fusaro, un rojipardo de manual, 204 – ¿La clase trabajadora vota a la extrema derecha?, 217

 IV. Manual de instrucciones
      para combatir a la extrema derecha 231

      Para combatir a la extrema derecha es necesario estudiarla, 234 – ¡Es un fenómeno global, estúpido!, 235 –

Nunca venceremos al monstruo si no entendemos las razones de su avance, 237 – Hay que elaborar una respuesta poliédrica, 239 – La respuesta de las instituciones y los partidos democráticos, 240 – La respuesta de los medios de comunicación, 250 – La respuesta desde abajo, 253 – La respuesta de la izquierda, 256 – ¿Y los jóvenes?, 258

Bibliografía 263

LA GRIPE TRAJO EL FASCISMO

El periodista italiano Benito Mussolini dirigía un diario digital muy atento a la amargura de los soldados que habían salido lisiados y traumatizados de los duros combates de la Primera Guerra Mundial, la gran carnicería europea del siglo XX. Los aduló, los organizó y los convirtió en fuerza de choque contra el sindicalismo agrario. Gracias a ellos, alcanzó el poder a finales del 1922, pronto hará cien años. Gracias a ellos, la palabra fascismo todavía nos persigue.

La gripe española alguna cosa tuvo que ver con el triunfo de aquel tribuno que tan bien manejaba la magia de la comunicación. La devastadora epidemia (llamada española porque los diarios digitales españoles eran los únicos en informar libremente de ella, puesto que en todos los países implicados en la Gran Guerra regía la censura militar) mató a más de 40 millones de personas en todo el mundo entre 1918 y 1920, contagiando a casi un tercio de la humanidad. En Italia, la gripe llevó a la tumba a unas 600.000 personas, casi tantas como soldados dieron la vida combatiendo a las tropas del Imperio Austrohúngaro en los Alpes orientales, en el Adriático y en los Balcanes. La pandemia mató a tanta gente en Italia como civiles causaron baja como consecuencia de los combates y escaramuzas (589.000 fallecidos).

La gripe y la guerra eliminaron, por tanto, a unos 1,8 millones de italianos. El *Réquiem* de Verdi. Cinco de cada cien habitantes del más joven Estado nacional de la Europa occidental cayeron fulminados. Esa fue la primera cuna del fascismo. Imaginemos que una suma de desgracias se hubiese llevado por delante en los últimos tres años a 2,3 millones de personas en España.

Todo balance trágico debe considerar también a los heridos. La Primera Guerra Mundial dejó en Italia a 450.000 soldados con invalidez permanente: ciegos, mutilados, lisiados y trastornados, en una época en la que aún no se había afinado el diagnóstico del estrés postraumático. El Estado no les compensó bien y mucha gente les dio la espalda, por uno de esos movimientos de péndulo que producen las guerras. El pueblo estaba hastiado. La victoria había sido muy costosa, puesto que Italia fue humillada por los austriacos en la batalla de Caporetto (1917), un pavoroso desastre militar que obligó a cambiar a todo el Estado Mayor. Los altos oficiales se habían defendido acusando a la tropa de cobardía. Esa debilidad provocó la marginación de Italia en la foto de los vencedores. El joven reino de los Saboya no consiguió en la Conferencia de París de 1919 las compensaciones territoriales pactadas en el Tratado de Londres de 1915, con el que se había sumado a los intereses de Inglaterra y Francia. Después de la gran matanza en los Alpes, apenas hubo botín territorial. «Una victoria mutilada», dijo el poeta nacionalista Gabriele D'Annunzio a sus millones de seguidores en las redes sociales. Lisiados y desquiciados, los veteranos de guerra se sintieron aún más humillados.

Los socialistas, que se habían dividido dramáticamente a consecuencia de la guerra, no tuvieron la perspicacia de acoger cálidamente a los antiguos combatientes, campesinos sin tierra y sin pierna muchos de ellos. El alma pacifista del movimiento socialista sacaba pecho: «¡Teníamos razón!». Muchos de ellos miraban a los lisiados con despecho. No les tendieron la mano cuando formaron asociaciones para exigir honores, gloria y un poco más de pensión.

El resentimiento de los veteranos se lo quedó el periodista Mussolini. Ese hombre de cabeza contundente y mirada penetrante conocía el paño, puesto que primero fue socialista pacifista, radical entre los radicales, y después socialista intervencionista, hasta que lo echaron del partido. Al frente de su diario digital (que no se llamaba *OK.Giornale*) organizó políticamente aquella corriente de odio que embargaba a los hombres que habían ido a la guerra y que ahora pedían caridad por las calles o malvivían en los suburbios. Primero jaleó a las asociaciones de excombatientes con los expresivos titulares de *Il Popolo d'Italia*. Después les ofreció un hogar político: los Fascios de Combate. Después los uniformó con la tradicional camisa negra de los campesinos romañolos. En primera línea colocó a los *arditi*, los *audaces*, antiguos combatientes de las tropas de asalto, hábiles con el cuchillo y los explosivos, corajudos, desquiciados. Una de sus primeras acciones consistió en lanzar bombas de mano contra manifestaciones sindicales. Esa milicia negra empezó a trabajar como servicio de orden de los grandes propietarios agrarios de la inmensa llanura del río Po, hartos de la presión de un sindicalismo campesino muy bien organizado. Empezaron a arder las casas del pueblo. Asesinatos, palizas y secuestros. Los fascios empezaron a gustar a la gente de orden asustada por las reverberaciones revolucionarias que venían de la recién creada Unión Soviética.

En aquella áspera posguerra, los socialistas alcanzaron una notable fuerza electoral, pero no supieron muy bien qué hacer con ella. Ganaron las elecciones legislativas de 1919 y 1921, destrozando al viejo partido liberal, y se ahogaron en sus contradicciones. Quedaron primeros, pero no pudieron sumar una mayoría para gobernar. De nuevo estaban divididos, esta vez entre maximalistas, revolucionarios con gaseosa y reformistas; amigos de la Unión Soviética y críticos con el experimento ruso. En 1921 se escindieron y nació el Partido Comunista Italiano. Además de sagaz periodista, Benito Mussolini era brutalmente inteligente. Conocía bien a sus antiguos compañeros de partido. Sabía cuáles eran sus debilidades. Elaboraba consignas perfectamente comprensibles. Pronunciaba discursos ardientes. Cultivaba con esmero la leyenda de macho insaciable, que admiraba a los hombres y magnetizaba a las mujeres. Fue de los primeros en entender que el líder era el mensaje. Algo que hoy se da por descontado en las democracias mediáticas. Los socialistas habían ganado las elecciones, pero el diario digital de Mussolini empezaba a marcar el paso de la política italiana. A medida que iban quemando casas del pueblo, los fascistas ganaban prestigio entre las clases medias asustadas por el avance del comunismo como posibilidad histórica.

El parlamentarismo liberal se estaba quedando agarrotado y M., que solo disponía de una treintena de diputados, se la jugó. Marchó sobre Roma para intentar tomar el poder y el rey Víctor Manuel III le dejó pasar. El ejército italiano podía haber frenado fácilmente aquella aventura, pero recibió órdenes de quedarse quieto. Golpe de Estado bendecido por la monarquía italiana y por los principales poderes económicos del país.

A finales del 1922, Italia vivió el envés del golpe bolchevique de 1917 en Rusia. El asalto al Palacio de Invierno fue protagonizado por soldados rebeldes y obreros en armas, después de haber tomado estaciones de tren, centrales eléctricas y estaciones telefónicas, en medio de un colosal hundimiento del orden institucional. La procesión de camisas negras hacia Roma para obtener el encargo de formar Gobierno fue protegida por el ejército y aplaudida por industriales y banqueros. Un año después, un antiguo cabo del ejército alemán llamado Adolf Hitler intentó emular la marcha sobre Roma en la ciudad de Múnich al frente de las milicias del Partido Nacionalsocialista Obrero Alemán y otros grupos nacionalistas, pero las camisas pardas fueron rechazadas a tiros por las fuerzas del orden leales al Gobierno federal alemán. Hitler fue detenido y sometido a juicio ante un tribunal que le era claramente favorable. Podía haber sido fusilado y la sentencia fue muy benigna. El aparato del Estado alemán le invitaba a hacerlo mejor la próxima vez. Y así fue. M. y H. acabaron triunfando. Una vez en el poder suprimieron el Parlamento. Y una vez suprimido el Parlamento, encaminaron sus países a la guerra. El final lo conocemos todos.

Evidentemente, Benito Mussolini no dirigía un periódico digital, puesto que esa tecnología no existía en los años veinte del siglo pasado. Dirigía un periódico impreso de gran tirada, que llegó a tener una enorme influencia. La prensa movilizó muchas pasiones políticas en los siglos XIX y XX. La letra impresa era tremendamente poderosa en ausencia de imágenes animadas. La prensa llevó a mucha gente a la guerra. Cuando a la letra impresa se le sumó la voz radiada, las puertas del templo se abrieron para los nuevos césares histriónicos. Y cuando aparecieron los primeros noticiarios filmados, el *Duce* italiano alcanzó su cenit de popularidad. Benito Mussolini se convertía en el primer jefe de gobierno de la era moderna que aparecía con el torso desnudo ante sus ciudadanos: un cincuentón musculoso trabajando en la cosecha: la batalla del grano. Un político ultramoderno. En todos los países aparecieron imitadores.

Una ola de admiración recorrió Europa y América. La revista *Time* le dedicó varias portadas. Churchill le admiraba. Aquel tipo parecía haber encontrado el remedio mágico para frenar la onda bolchevique. Tenía a su país en el bolsillo, solo se le resistían los comunistas, algunos socialistas, algunos liberales, y algunos católicos fieles a Don Sturzo, fundador de la Democracia Cristiana. Destruido el sindicalismo agrario, solo se le resistían algunos núcleos sindicales de las fábricas del norte. Mussolini lo estropeó todo entrando en guerra, pero ese destino era inevitable. La psicopatía social que había puesto en marcha el fascismo conducía inexorablemente a la guerra. El delirio imperial necesitaba la prueba de las armas y cometieron el error de formar una alianza que quería disputarle el Pacífico a Estados Unidos mientras intentaban invadir la inmensa Rusia. Los *arditi* se metieron esta vez en una aventura que les venía demasiado grande. Mussolini acabó siendo ejecutado por partisanos comunistas y su cadáver apareció colgado una mañana del poste de una gasolinera de Milán. Abril de 1945.

El fascismo fue severamente derrotado, pero desde los años setenta del siglo pasado parece querer regresar. En Italia, donde la constitución republicana prohíbe expresamente la reconstrucción del Partido Nacional Fascista, pronto surgió un movimiento nostálgico del fascismo «social», flanqueado por pequeños grupos violentos, que llegaron a obtener la protección de un sector de los servicios secretos durante los duros años de plomo posteriores a Mayo del 68. Ese rebrote parecía haber quedado estancado con el hundimiento de la Unión Soviética en 1991, hace treinta años, y el espectacular triunfo de la democracia liberal.

Ahora, en plena crisis estructural del neoliberalismo, asistimos a un segundo rebrote, más fuerte, más intenso, más panorámico. «La historia no se repite, pero rima», se le atribuye Mark Twain. Fijémonos bien, porque hay algunos versos que no riman en esta segunda estrofa histórica. El Fascio de Combate nació para romperle las piernas al colectivismo socialista. Surgió para frenar la onda expansiva de la Revolución de Octubre. Esa fue su coartada cuando las escuadras de camisa negra se ofrecieron como servicio de orden de los ricos propietarios agrarios del norte y centro de Italia. Esa fue la coartada de Hitler y las SA cuando recabaron el apoyo financiero de la gran industria alemana. El socialismo revolucionario cuestionaba entonces la propiedad privada. Los comunistas europeos querían seguir los pasos de la Unión Soviética y algunos socialistas reformistas se sentían atraídos por esa idea. Los sindicatos querían tomar el poder y organizar la economía. Cien años después, la máxima aspiración de la izquierda en un país como España es subir 15 euros al mes el salario mínimo, intentar apaciguar la escalada del precio de los alquileres, moderar el disparo del precio de la luz, atenuar la precariedad de los jóvenes, dictar leyes a favor de la igualdad de derechos de la mujer, y proteger la dignidad humana de gays, lesbianas y transexuales. La izquierda del siglo XXI denuncia cien injusticias al día, de las cuales solo puede resolver una o dos al año, porque los principales engranajes del mundo ya no están a su alcance. Ninguna fuerza política con un mínimo de representación parlamentaria en las democracias liberales propone hoy en día la colectivización de los medios de producción. Por el lado izquierdo, la historia no se repite.

¿Si el enemigo revolucionario ya no existe, cuál es el dispositivo que pone en marcha esta segunda reencarnación de la derecha autoritaria? ¿Si la historia no rima por el lado izquierdo, por qué rima por el lado derecho? Estas son dos de las preguntas que afronta este excelente libro del historiador Steven Forti, en el que invita a reflexionar sobre lo que hay de eterno en el fascismo. Más allá de la economía, los valores. Más allá de la política nacional, la geopolítica. Más allá de la propaganda, las redes. Más allá de las masas, la atomización de las multitudes digitales. Más allá de la nostalgia, una enorme capacidad de mutación capaz de seducir a sectores de la izquierda que añoran las viejas soberanías.

La extrema derecha 2.0 se ofrece como administradora de la ira y como tecnóloga del miedo en un mundo ilegible. Un mundo muy difícil de entender, puesto que la confusión es el precio que pagamos para no ir a la guerra. Por ahora.

Enric Juliana

«El fascismo, como el comunismo, es una idea muerta. Son fenómenos que se deben estudiar, pero ninguno de los dos volverá. […] Creo que las etiquetas de izquierda, derecha, fascista y comunista están superadas. Me defino italiano, ni de derecha, ni de izquierda. […] Estoy fascinado por los pensadores y los políticos del pasado, más allá de cuál fue su afiliación política: Gramsci, Einaudi, D'Annunzio… Gramsci contestó la indiferencia, la falta de participación y además subrayó la importancia de la cultura, la presencia en las escuelas, las fábricas y los tribunales. Es un modelo de presencia y penetración política.»

Matteo Salvini, entrevista en el periódico francés *Le Point*, octubre de 2019

«Soy un leninista. Lenin quería destruir el Estado y ese es mi objetivo también. Quiero llevar todo a derrumbarse y destruir todo lo establecido hoy.»

Steve Bannon, declaración recogida por Ronald Radosh, abril de 2017

«No seas demasiado dramático sobre eso, Chuck. Lo que […] estás diciendo es que es una mentira. […] Sean Spicer, nuestro secretario de prensa, dio hechos alternativos sobre eso.»

Kellyanne Conway, consejera del presidente Donald Trump, contesta al periodista de NBC Chuck Todd, 22 de enero de 2017

«En consecuencia, lo que está ocurriendo hoy en Hungría puede interpretarse como un intento de los respectivos dirigentes políticos de armonizar la relación entre los intereses y los logros de los individuos […] con los intereses y los logros de la comunidad, y de la nación. Es decir, que la nación húngara no es una simple suma de individuos, sino una comunidad que necesita organizarse, fortalecerse y desarrollarse, y en este sentido, el nuevo Estado que estamos construyendo es uno iliberal, un Estado no liberal. No niega los valores fundacionales del liberalismo, como la libertad, etc. Pero no hace de esta ideología un elemento central de la organización del Estado, sino que aplica en su lugar un enfoque específico, nacional, particular.

Viktor Orbán, discurso en el XXV Bálványos Free Summer University and Youth Camp, 26 de julio de 2014

INTRODUCCIÓN[1]

Las distopías representan los miedos presentes en una sociedad y los trasladan al futuro. En *Metrópolis* (1927) Fritz Lang convertía las angustias sobre las transformaciones del capitalismo y la introducción del sistema taylorista en una ciudad-Estado de 2026 en que una elite de propietarios y pensadores vive separada de la casta de los trabajadores encerrada en unos subterráneos. El control de los cuerpos y de las mentes de los totalitarismos se transformaban en las distopías dibujadas por Aldous Huxley en *Un mundo feliz* (1932) y George Orwell en *1984* (1948). La paranoia anticomunista del maccartismo era personificada en *La invasión de los ladrones de cuerpos* (1956), la película dirigida por Don Siegel, en unos extraterrestres, ocultos e invisibles, que reemplazaban a los humanos. Los cambios anunciados por el Concilio Vaticano II se convertían en el escenario apocalíptico dibujado por el escritor Guido Morselli en la *Roma senza papa* (1974) en una Iglesia católica que a finales del siglo XX tenía un papa turco que abandonaba la ciudad eterna para mudarse al pueblo de Zagarolo. El mundo posterior a la Guerra Fría, la globalización y los avances tecnológicos de la década de los noventa se mostraban en el futuro de *Matrix* (1999) donde la tetra realidad era escondida a los humanos que vivían en un estado de cautiverio y explotación.

Ahora bien, ¿cuáles son los miedos de nuestra época? *Black Mirror* (2011) nos ofrece toda una serie de relatos futuristas centrados en los riesgos ante los que nos sitúa la tecnología. *El cuento de la criada* (2017), basado en la homónima novela de Margaret Atwood, pinta un futuro oscuro en que la crisis de la natalidad y el auge de

---

[1] Este trabajo ha estado financiado por los fondos nacionales portugueses a través de la FCT – Fundação para a Ciência e a Tecnologia, I. P., en el ámbito de la Norma Transitória (DL 57/2016/CP1453/CTOO30) y se ha desarrollado en el marco del proyecto PID2020-112679 GB-IOO (Ministerio de Ciencia e Innovación/FEDER).

una especie de fascismo teocrático se unen al intento de controlar la sexualidad femenina. *Years & Years* (2019) dibuja un futuro distópico para Gran Bretaña en que la política ultraderechista Vivienne Rook, interpretada por Emma Thompson, se hace con el gobierno del país, tras sus primeros pinitos como tertuliana populista sin pelos en la lengua. En los mismos meses en que salía la serie dirigida por Russell T. Davies, en Italia se publicaban dos novelas, *02.02.2020. La notte che uscimmo dall'euro* (2018) de Sergio Rizzo e *Il censimento dei radical chic* (2019) de Giacomo Papi. En la primera se imagina que en febrero de 2020 el gobierno del Partido Soberanista Italiano sacaba el país del euro provocando un cataclismo económico, mientras que en la segunda se describe un futuro en que extranjeros, gitanos, homosexuales e intelectuales acaban linchados en las calles, instigados por un gobierno nacionalpopulista. Podríamos seguir.

No cabe duda, pues, que uno de los miedos recurrentes en los últimos años en el mundo occidental es el de un futuro marcado por gobiernos autoritarios y populistas, el declive de las democracias liberales, el fin del Estado de derecho e, incluso, el regreso del fascismo. En realidad, si contemplamos el panorama existente no debería extrañarnos: el populismo se ha convertido en una marca de nuestra época, la extrema derecha avanza por doquier y gobierna o ha gobernado en diferentes países, mientras que en otras latitudes el autoritarismo es ya un modelo de gobierno aceptado, desde Rusia a India, pasando por Filipinas, China o Turquía. Las distopías del futuro son, en buena medida, una parte de la realidad que nos ha tocado vivir.

Este libro no habla de literatura, ni de cine, ni de series. Tampoco trata sobre distopías: habla del pasado y del presente. Y, sí, de nuestros miedos. Es un libro que se mueve entre la historia y la ciencia política, y que intenta explicar qué es y de dónde viene la nueva extrema derecha, cuáles son sus relaciones con el populismo, qué diferencias tiene con el fascismo de la época de entreguerras y cuáles son sus tácticas, estrategias y objetivos. Alguien se preguntará, quizá, porque le doy supuestamente tanta importancia a la ultraderecha de las dos primeras décadas del siglo XXI. La respuesta es doble. Por un lado, porque la percepción que tengo es que en muchos casos no hemos aún entendido bien qué es. Fijémonos en las citas que preceden a esta introducción: no parecerían de líderes de extrema derecha, ¿verdad? En síntesis, si no sabemos qué es esta nueva extrema derecha va a ser imposible tomar medidas para frenarla y combatirla. Y evitar esos futuros distópicos que dibujan Rizzo, Papi, Atwood o Davies. Por otro lado, porque, por mal que nos pese, los Salvini, las Le Pen, los Trump, los Bolsonaro, los Orbán y los Abascal han venido para quedarse. La ultraderecha, en suma, no desaparecerá de un día para otro porque las razones que explican su surgimiento y avance dependen de los cambios profundos que han vivido, están viviendo y vivirán nuestras sociedades.

El libro que el lector tiene entre sus manos está estructurado en cuatro capítulos. En los dos primeros se explicará qué es la nueva extrema derecha. Será necesario, por tanto, afrontar la cuestión de cómo definir este fenómeno, teniendo en cuenta el debate que se ha dado en los últimos tiempos a nivel académico y en la opinión pública. Consecuentemente, en el primero, se intentarán superar los dos principales escollos que dificultan su comprensión: el del populismo y el del fascismo. Para realizar esta operación, es imprescindible no solo analizar las principales interpretaciones que se han ofrecido hasta ahora, sino también volver a los orígenes; es decir, entender el populismo y el fascismo como fenómenos históricos.

Superados o, por lo menos, circunnavegados estos dos enormes obstáculos se podrá ofrecer, en el segundo capítulo, una definición de la *extrema derecha 2.0,* haciendo hincapié en sus características principales y mostrando cómo, más allá de las divergencias, a veces supuestamente insalvables, que tienen las distintas formaciones y movimientos acerca de temas como la economía, los valores y la geopolítica, se trata de una gran familia internacional. Con todo, no se podrá evitar hablar de las causas de sus avances –sobre las cuales existe también un intenso debate en el ámbito académico– y su organización a escala europea.

En el tercer capítulo se profundizará en las analogías y las divergencias con el fascismo histórico para mostrar que la nueva ultraderecha no representa sencillamente unas viejas ideas cubiertas de nuevos ropajes. Si bien no faltan elementos de continuidad con el pasado, se mostrará la radical novedad de este fenómeno bajo al menos dos puntos de vista. En primer lugar, la capacidad para utilizar las nuevas tecnologías digitales ha permitido a la extrema derecha 2.0 salir de la guetización del neofascismo y difundir o, mejor dicho, viralizar su discurso y sus ideas, convirtiéndolas en muchos casos en aceptables o, más aún, de sentido común para buena parte de la población. En la era de la posverdad, la ultraderecha se ha adueñado de unas nuevas armas de destrucción masiva que supuestamente no provocan estragos materiales y humanos, como las de antaño, y ha desarrollado unas estrategias bien definidas para conquistar la hegemonía cultural y política en el mundo occidental. En segundo lugar, se abordará la renovación ideológica de la cual ha podido beber la extrema derecha 2.0: se profundizará en el *aggiornamento* que diferentes intelectuales, como el francés Alain de Benoist, hicieron del fascismo a partir de la década de los sesenta del siglo pasado. Se prestará así atención al parasitismo ideológico de la nueva ultraderecha y a fenómenos que, aun siendo minoritarios como el rojipardismo, son sintomáticos de una época de confusión ideológica como la actual. La relación entre los conceptos de clase y nación, bien representada bajo la etiqueta del rojipardismo o nacionalbolchevismo, nos llevará también a ahondar en la *vexata quaestio* del voto obrero a la nueva extrema derecha.

El escritor cubano Alejo Carpentier decía que antes que escritor era ciudadano. Lo mismo debería decirse de cualquier profesión, incluida la de historiador. Si nuestros conocimientos se quedan en las revistas académicas y no llegan a la sociedad, de poco servirán. Asimismo, si tras haber estudiado un fenómeno que amenaza a nuestras democracias, como el fascismo y la extrema derecha 2.0, no se intenta dar un paso más y reflexionar sobre cómo es posible frenarlo, combatirlo y derrotarlo, creo que como ciudadano le haría un flaco favor a la sociedad. Por esto, el capítulo cuarto se presenta como un cierre propositivo: después del análisis e interpretación del fenómeno, se propondrá una especie de breve manual de instrucciones para combatir la extrema derecha. Se delineará, en síntesis, una posible respuesta poliédrica y multinivel que se podría desarrollar y poner en práctica para frenar su avance, prestando especial atención a las medidas que se deberían implementar desde las instituciones, los partidos democráticos, los medios de comunicación, la sociedad civil y los movimientos sociales.

En la canción *Anthem [Himno]*, Leonard Cohen escribió

> There is a crack, a crack in everything.
> That's how the light gets in[2].

---

[2] Hay una grieta, una grieta en todo.
Es así cómo entra la luz.

Espero que este libro y estas propuestas sean, en pocas palabras, una pequeña grieta que permita que la luz entre en nuestro presente y que los fantasmas del pasado no se conviertan en los monstruos del futuro.

* * *

Un libro es siempre el resultado de muchas cosas, empezando por las lecturas, la observación, las conversaciones y las sugerencias de las personas con las cuales compartimos una parte del camino que se llama vida. Muchas son las deudas que he contraído en estos años en que he estudiado los fascismos de entreguerras y las nuevas extremas derechas cuyas conclusiones principales se encuentran en estas páginas. En primer lugar, quiero recordar a los profesores Valerio Romitelli, Luciano Casali y Pere Ysàs gracias a cuyas enseñanzas, consejos y apoyos he podido convertirme en historiador. En segundo lugar, quiero agradecer al profesor Francisco Veiga con el cual he debatido y reflexionado mucho sobre un fenómeno de difícil categorización a lo largo de seminarios, congresos y charlas informales, además de las actividades de un proyecto de investigación universitario que se ha concretado en la publicación del libro colectivo *Patriotas indignados. Sobre la nueva ultraderecha en la Posguerra Fría. Neofascismo, posfascismo y nazbols* (2019). En tercer lugar, no puedo no mencionar al Instituto de História Contemporânea de la Universidade Nova de Lisboa y el Departamento de Historia Moderna y Contemporánea de la Universitat Autònoma de Barcelona que me han permitido disponer del tiempo para investigar y compartir los resultados de mis estudios con unos alumnos atentos e interesados.

En cuarto lugar, quiero remarcar la importancia de los espacios de encuentro, aprendizaje y debate que son los consejos editoriales y de redacción de *CTXT, Política & Prosa, Pasos de la Izquierda* y la revista *Il Mulino,* de los cuales tengo la suerte desde hace un tiempo de formar parte. Especialmente la primera, dirigida heroicamente por los amigos Miguel Mora, Mónica Andrade y Vanesa Jiménez, ha sido un lugar en el que he aprendido mucho y, al mismo tiempo, he podido desarrollar algunas de las primeras reflexiones contenidas en este libro en formato de artículo. Quiero mencionar, además, el taller *Cómo combatir a la extrema derecha* que con *CTXT* hemos organizado en los meses de febrero y marzo de 2021, en el cual participaron Martin Gak, Nuria Alabao, Alessandro Orlowski y Pastora Filigrana. Algunas de las ideas que leerán en las siguientes páginas son también fruto de sus contribuciones. Asimismo, quiero agradecer a las muchas asociaciones, organizaciones y fundaciones que en estos años me han invitado a seminarios y conferencias para hablar de la nueva ultraderecha: esto me ha permitido organizar mejor las ideas y ponerlas a prueba de un público interesado cuyas aportaciones y críticas he intentado asumir y elaborar.

Como siempre suele pasar, habría muchas más personas que me gustaría recordar. Seguramente me dejaré a alguien, por lo que pido disculpas por adelantado, pero, al menos, me gustaría mencionar aquí a Pablo Stefanoni, Xosé M. Núñez Seixas, Enric Ucelay-Da Cal, Carme Molinero, Ferran Gallego, Carlos González-Villa, Alfredo Sasso, Manuel Loff, Alfonso Botti, Guillermo Fernández-Vázquez, Paola Lo Cascio, Miguel Ángel Del Arco Blanco, Javier Aristu, Guillem Martínez, Anna López Ortega, Guillermo García Crespo, Miquel Ramos, David Karvala, Jónatham Moriche, Giacomo Russo Spena, Bobo Craxi y Ramon Mantovani con quien he tenido fértiles conversaciones –no sin divergencias, obviamente– sobre estas cuestiones. *Last but not least,* un agradecimiento va a Siglo XXI de España y, en especial, a Alejandro Rodríguez Peña, sin cuyo atento y paciente trabajo de edición este libro nunca habría visto la luz. Tampoco habría podido concluirlo sin el amor de Atenea que me ha guiado como si fuese Odiseo en busca del camino de regreso a Ítaca.

Obviamente, no hace falta decir que la responsabilidad de todo lo que aparece en este libro es solo y únicamente de quien lo firma. Como ha apuntado el escritor mexicano Eduardo Ruiz Sosa, «la única responsabilidad de quien escribe es dudar, no tener certezas. Pero tampoco estoy seguro de eso». Así es.

Barcelona, 20 de septiembre de 2021

I. EXTREMA DERECHA 2.0. ¿DE QUÉ ESTAMOS HABLANDO?

Adaptando por enésima vez la frase de Karl Marx, podemos afirmar que «un fantasma recorre Europa»: el fantasma de la ultraderecha. Ya no cabe duda de ello, por lo menos desde 2016. Ese año se debe interpretar como un claro punto de inflexión debido a dos grandes acontecimientos: en Reino Unido ganó el *Leave* en el referéndum del mes de junio y menos de cinco meses después Donald Trump se hacía con la victoria en las elecciones presidenciales de Estados Unidos. Aunque en una fase de incertidumbre sobre su proyecto imperial y cada vez más amenazada por nuevas potencias como China, la principal superpotencia mundial era gobernada, por primera vez en la historia, por un líder que un número nada desdeñable de analistas no dudaron en tachar de fascista. A estos dos eventos deberíamos sumar también el golpe de Estado fracasado en Turquía del mes de julio que dio pie a un marcado giro autoritario de Recep Tayyip Erdoğan. A partir de aquel entonces, en todo el mundo occidental el avance de partidos de extrema derecha se hizo cada vez más tangible.

En 2017 Marine Le Pen conseguía el 34 por 100 de los votos –unos 10 millones de sufragios– en la segunda vuelta de las presidenciales francesas y el Partido de la Libertad Austriaco (FPÖ) accedía al gobierno del país alpino en coalición con los populares, tras haber estado muy cerca, el año anterior, de hacerse con la presidencia de la República con su candidato, Norbert Hofer. En la primavera de 2018 la Liga de Matteo Salvini formaba un Ejecutivo nacionalpopulista con el Movimiento 5 Estrellas (M5E) en Italia y a finales de año Jair Bolsonaro se convertía en presidente de Brasil. Además, por esas mismas fechas, la entrada en escena de Vox en Andalucía, seguida al año siguiente por la de Chega! en Portugal, ponía fin a la que se definió con ingenuidad la «excepción» ibérica. En la primavera de 2019 el ultraderechista Partido Popular Conservador de Estonia (EKRE), tras haber obtenido casi el 18 por 100 de los votos, entraba en un Ejecutivo de coalición de derecha en Tallin y en las elecciones europeas del mes de mayo los partidos ultraderechistas obtenían su mejor resultado tanto en votos como en escaños: en cinco países –Francia, Gran Bretaña, Italia, Polonia y Hungría– la ultraderecha fue el partido más votado. Podríamos seguir con esta panorámica a vista de pájaro mirando también al norte y, sobre todo, al este del Viejo continente, donde tanto Jarosław Kaczyński como Viktor Orbán han dado pasos de gigante hacia un modelo de democracia iliberal en Polonia y Hungría, respectivamente. El país magiar, en realidad, se ha convertido en un verdadero régimen autoritario en el corazón de la Unión Europea. Y Eslovenia, tras la vuelta al gobierno a principios de 2020 de Janez Janša, el «discípulo dilecto» de Orbán, parece que está tomando el mismo camino[1]. Las nuevas extremas derechas, pues, son hoy un actor político de primer plano en todo el mundo occidental, se sientan ya en todos los Parlamentos nacionales europeos –las únicas excepciones son Irlanda y Malta– e incluso gobiernan algunos Estados.

A esta sombría escena, bastante eurocéntrica a decir la verdad, debemos añadir también lo que pasa en otras latitudes. Desde 2014 India está presidida por Narendra Modi, cuyo partido, el nacionalista hindú Bharatiya Janata Party (BJP), dispone de mayoría absoluta en el Parlamento del segundo país más poblado del mundo. En 2019 Modi ha revalidado la presidencia, mejorando sus resultados. Tres años antes, Rodrigo Duterte, conocido con el apodo de *El Castigador* por su mano dura contra la criminalidad en la larga etapa en que ostentó la alcaldía de Davao, se hizo con la presidencia de Filipinas: durante su mandato, la guerra contra el narcotráfico ha sido la justificación para la aprobación de medidas autoritarias, los asesinatos y el recorte de derechos. Benjamín Netanyahu fue nombrado presidente de Israel en 2009 y solo en junio de 2021, tras más de doce años interrumpidos ejerciendo el cargo, fue sustituido gracias al acuerdo entre todos sus opositores después de cuatro elecciones legislativas en tan solo un bienio y una etapa marcada por una profunda inestabilidad política. El giro ultraderechista

---

[1] C. González-Villa, «Janez Janša, el discípulo dilecto de Orbán», *Revista Contexto*, 25 de junio de 2021, disponible en [https://ctxt.es/es/20210601/Politica/36429/Janet-Jansa-Eslovenia-presidencia-UE-iliberalismo-Orban-Hungria-Visegrado.htm], consultado el 26 de junio de 2021.

de la política israelí en las últimas dos décadas es una evidencia: los partidos progresistas no suman ni un cuarto de los escaños de la Knesset. Hoy en día Putin lleva ya más de dos décadas en el poder en Rusia: tras la última reforma constitucional podría quedarse en la presidencia hasta 2036. Algo similar puede decirse de Turquía donde Erdoğan lleva en el poder desde 2003, entre los cargos de primer ministro y de presidente de la República. Y podría quedarse hasta 2029 o 2034 después del giro presidencialista de la reforma de la Constitución de 2017[2]. No hace falta mencionar el caso chino, sin duda muy distinto comparado con todos los anteriores, pero también sintomático de la que podemos definir como la ola autoritaria global que nos está, literalmente, sumergiendo.

Sin embargo, tampoco se trata de algo totalmente nuevo o que debiera sorprendernos. Fijémonos en el caso europeo. En 1994, tras el final de la llamada Primera República a raíz del escándalo de corrupción de Tangentópolis, Italia, país fundador de la Comunidad Económica Europea (CEE) y por aquel entonces cuarta economía del continente, tuvo durante casi un año como presidente del Consejo a un empresario populista *sui generis,* Silvio Berlusconi, quien forjó una coalición electoral junto a los posfascistas del Movimiento Social Italiano (MSI) y a los etnorregionalistas de la Liga Norte (LN): la República italiana, nacida de la lucha antifascista, tenía por primera vez a unos cuantos ministros posfascistas sentados en el Palacio Chigi. No sería la única vez en el siguiente *ventennio* berlusconiano, al contrario. Seis años más tarde, el FPÖ liderado por Jörg Haider entraba en un gobierno de coalición con los conservadores del Partido Popular Austriaco (ÖVP) tras haber obtenido más del 26 por 100 de los votos en las elecciones legislativas de octubre de 1999. Dos meses más tarde moría el presidente croata Franjo Tuđman que a lo largo de la década anterior, y en medio de las guerras que desmembraron a la antigua Yugoslavia, había convertido Croacia en la práctica en un régimen autoritario. En 2001 los ultraderechistas del Partido Popular Danés obtenían el 12 por 100 de los votos y empezaron a apoyar al gobierno de centroderecha, una colaboración que duraría una década. Al año siguiente, Jean-Marie Le Pen pasaba a la segunda vuelta en las elecciones presiden-

---

[2] Sobre el caso turco, véase E. Temelkuran, *Cómo perder un país. Los siete pasos de la democracia a la dictadura,* Barcelona, Anagrama, 2019.

ciales francesas, dejando atónitos a la mayoría de los ciudadanos del Hexágono, y la xenófoba Lista Pim Fortuyn obtenía el segundo puesto en las legislativas holandesas del mes de mayo con el 17 por 100 de los votos.

Basten estos ejemplos para poner de relieve cómo en las últimas tres décadas se ha dado un aumento exponencial –no sin altibajos– del consenso a las formaciones de extrema derecha, impensable en la Europa occidental de los «treinta gloriosos» (1945-1975). En esas décadas, la ultraderecha, más o menos fascista, estaba considerada como una *patología normal* de la democracia occidental, es decir, un fenómeno premoderno apoyado por una parte muy reducida de la población. A finales de la década de los ochenta, a partir de la pionera intuición de Klaus von Beyme, los politólogos empezaron a hablar de diferentes olas ultraderechistas para intentar explicar y clasificar la evolución de la extrema derecha tras la derrota del fascismo en la Segunda Guerra Mundial[3]. La primera abarcaría la década que va de 1945 a 1955, y estaría marcada por el intento del fascismo de reubicarse en el nuevo contexto democrático, tanto a través de la vía partidista, como el MSI en Italia, así como a través de la vía asociacionista con la creación de grupos de apoyo a excombatientes y sus familias. La segunda ola ultraderechista abarcaría los años que van desde 1955 hasta 1980 con la creación de partidos y movimientos políticos que se movían entre un populismo en oposición al nuevo orden de posguerra –como el poujadismo en Francia o los Partidos del Progreso en Dinamarca y en Noruega– y una reformulación del fascismo –como el Partido Nacionaldemócrata de Alemania o el Frente Nacional británico–. La tercera ola marcaría un antes y un después: a lo largo de los ochenta una serie de nuevos partidos, fundados en algunos casos ya en la década anterior, obtuvieron resultados electorales inesperados como consecuencia de la crisis económica debida al cambio de modelo tras el fin del consenso keynesiano y el aumento de la inmigración en la mayoría de los países europeos. Encontramos aquí formaciones como el Vlaams Blok en Flandes, el Frente Nacional francés, el FPÖ austriaco o el Partido Popular Suizo que conseguirían en muy poco tiempo afianzarse en sus sistemas políticos nacionales. En la década de los no-

---

[3] K. von Beyme, «Right-Wing Extremism in Western Europe», *West European Politics* 11/2 (1988), pp. 1-18.

venta, además, tras la caída del Muro de Berlín y la transición poscomunista en la Europa oriental, la ultraderecha surgió también en diferentes países del Este del continente, como fueron los casos del Partido Croata de los Derechos, el Partido Nacional Eslovaco o el Partido de la Gran Rumanía.

Según Cas Mudde, con el nuevo milenio habría empezado una cuarta ola caracterizada por un importante aumento de los consensos de las formaciones ultraderechistas y su desmarginación, es decir, la aceptación de las ideas propias de la que Mudde define *derecha radical populista* por parte de los partidos tradicionales de la derecha que, además, consideran a estas formaciones como socios de coalición aceptables. De patología normal, la ultraderecha habría pasado a ser, según el politólogo holandés, una «normalidad patológica», esto es, «una radicalización de las posturas del sistema político establecido»[4]. Una sencilla muestra de los resultados electorales pone de manifiesto el cambio de escenario de las últimas décadas: si entre 1980 y 1989 el promedio de voto de los partidos de ultraderecha en las elecciones legislativas de los diferentes Estados miembros de la Unión Europea era del 1,1 por 100, en la década siguiente pasó a ser del 4,4 por 100 y entre 2010 y 2018 llegó al 7,5 por 100[5]. Obviamente, estamos hablando de promedio: no olvidemos que, en la última década, ha habido partidos ultraderechistas que, como se recordaba al principio de estas páginas, se han convertido en la primera o la segunda fuerza en su país, superando en algunos casos también el 25 por 100 de los votos.

En los últimos años, y aún más en el último lustro, se han vertido ríos de tinta para intentar describir e interpretar este fenómeno. Monografías científicas, libros colectivos, ensayos o artículos en diarios y revistas han propuesto desde posiciones distintas, y a veces distantes, análisis históricos, politológicos y sociológicos, como, entre otros, el de Mudde ahora citado. Si sobre las causas del avance de las nuevas ultraderechas parece que se pueda llegar, más allá de las diferencias, a un cierto consenso, estamos aún lejos de llegar a él en lo que respecta a cómo llamar este fenómeno. Hay quienes proponen llamarlo populismo de derecha radical, otros se decantan por nacionalpopulismo, hay quienes abogan por posfascismo y quienes

---

[4] C. Mudde, *La ultraderecha hoy,* Barcelona, Paidós, 2021, p. 145.
[5] *Ibid.,* pp. 35-43.

defienden la utilización del término fascismo a secas. Parece evidente que existe una cierta confusión. Además, hay divergencias también sobre si tiene sentido o no utilizar una macrocategoría en la cual incluir todos estos partidos y movimientos que, además de tener unas notables analogías, cuentan también con unas diferencias nada desdeñables. ¿Vox o Ley y Justicia serían algo distinto a Alternativa para Alemania o la Liga? ¿El trumpismo es algo incomparable con Fidesz, el partido liderado por Orbán? ¿El bolsonarismo y el lepenismo pueden ser considerados miembros de una misma familia política global? ¿Cómo interpretar los movimientos identitarios o las subculturas radicales alternativas como la Génération identitaire francesa o la Alt-Right estadounidense? ¿Y qué decir de partidos de la derecha tradicional que han virado hacia posiciones claramente ultraderechistas, como los Tories británicos? ¿Entran en esta misma categoría o no? Nada nuevo bajo el sol, por otro lado: tras más de medio siglo de investigaciones y debates aún no hay consenso en la historiografía sobre cuáles regímenes deben considerarse fascistas en la Europa de entreguerras, empezando por el franquismo.

No se trata de una cuestión baladí, ni, aunque pueda parecerlo, de un debate terminológico tan solo académico, enclaustrado, por así decirlo, en la angosta torre de marfil de los intelectuales. Definir un fenómeno es el primer paso para poder entenderlo. En este primer capítulo del volumen mi propósito es el de hacer un repaso de las diferentes interpretaciones existentes, poniendo de relieve sus virtudes, sus defectos y, a veces, sus contradicciones y, posteriormente, ofrecer una serie de elementos para explicar por qué sostengo una definición aparentemente *sui generis* de este fenómeno, la de *extrema derecha 2.0*.

El «escollo» del populismo

No se puede reflexionar sobre las nuevas extremas derechas sin antes abordar el concepto de populismo que, de alguna forma, se presenta como un «escollo» interpretativo. Aparte de unas pocas excepciones, a la ultraderecha de esta segunda década del siglo XXI se le pone generalmente la etiqueta de populista hasta el punto de considerarla una característica crucial para su misma definición, como en el caso de aquellos que se decantan por la fórmula de *nacio-*

nalpopulismo o la de *populismo de derecha radical* o *derecha radical populista*. Pero, si no cabe duda de que todas estas formaciones son populistas o utilizan un estilo populista, ¿tiene sentido definirlas así? De hecho, llevamos más de dos décadas preguntándonos qué es el populismo y hoy en día no tenemos –ni muy posiblemente tendremos en los años venideros– una respuesta satisfactoria que ponga de acuerdo a todo el mundo.

Siendo brutos, pero también francos, es indudable que el populismo se ha convertido en un cajón de sastre donde poner todo lo que no encaja en el pensamiento y la práctica política tradicional en una época que ya no es líquida, como dijo Zygmunt Bauman, sino más bien gaseosa. Todo *objeto político no identificado,* desde Trump al chavismo venezolano pasando por Podemos y el M5E, acaba siendo tachado de populista. Incluso al presidente galo Emmanuel Macron o al expremier italiano Matteo Renzi se le puso la etiqueta de populistas, en este caso de «extremo centro». Quizá el único consenso existente al respecto es justamente la «natura proteiforme» del populismo y su ser «un concepto esencialmente controvertido» y «polémico políticamente»[6]. De hecho, desde la ciencia política, la sociología y la historia se han desarrollado diferentes aproximaciones teóricas: hay quien lo considera una ideología –más bien «delgada» que se mezcla con otras más «gruesas»–; quien prefiere definirlo como una lógica o estrategia política utilizada por unos líderes carismáticos para conseguir o ejercer el poder; y quien se centra en la naturaleza discursiva o performativa del fenómeno.

El enfoque que ha tenido más éxito es quizá el «ideacional» del ya mencionado Cas Mudde a quien se debe en 2004 una de las más citadas definiciones del populismo[7]. En una obra más reciente, el politólogo holandés junto a Cristóbal Rovira Kaltwasser retoma su ya clásica definición, según la cual el populismo es «una ideología delgada, que considera que la sociedad está dividida básicamente en dos campos homogéneos y antagónicos, el "pueblo puro" frente a la "elite corrupta", y que sostiene que la política debe ser la expre-

---

[6] P. Graziano, *Neopopulismi. Perché sono destinati a durare,* Bolonia, Il Mulino, 2018, p. 13; C. Mudde y C. Rovira Kaltwasser, *Populismo. Una breve introducción,* Madrid, Alianza, 2019, p. 28; J.-W. Müller, *¿Qué es el populismo?,* Ciudad de México, Grano de Sal, 2017, p. 21, respectivamente.

[7] C. Mudde, «The populist zeitgeist», *Government and Opposition,* 39 (4), 2004, pp. 541-563.

sión de la voluntad general *(volonté générale)* del pueblo»[8]. En oposición a este enfoque encontramos otras propuestas: por un lado, Ernesto Laclau considera el populismo una lógica marcada por la lucha por la hegemonía; por otro, Ferran Sáez Mateu explica que es sencillamente el lenguaje de adulación de las masas; y, finalmente, Benjamin Moffitt y Sebastian Tormey lo definen como un estilo político caracterizado por la apelación al pueblo como portador de la soberanía y su oposición respecto a una elite corrupta, por la asunción de que hay una situación de emergencia debido a la percepción de crisis o amenaza y por la incorrección política[9].

Si intentamos huir de encasillamientos demasiado teóricos, que a veces pecan de querer moldear la realidad en vez de describirla, en realidad estos enfoques no son de por sí excluyentes. Más bien se yuxtaponen. También porque en sus acciones y su comunicación los distintos partidos y líderes utilizan en diferentes grados una amplia variedad de rasgos populistas. Así, si tenemos en cuenta las interpretaciones propuestas hasta la fecha y relativizamos el enfoque ideacional reteniendo de todos modos algunos de los elementos señalados por sus defensores, encontramos otras características del populismo que resultan útiles para definir las nuevas extremas derechas. En la estela de los trabajos de Pierre Rosanvallon, Nadia Urbinati apunta que el populismo establece una relación parasitaria con la democracia representativa y «define *ex ante* la sustancia [del pueblo] para oponerlo a lo que no es el pueblo», decretando una «exclusión ontológica e inmutable». La politóloga italiana subraya también que el líder populista quiere «una identificación emotiva más que una demanda de *accountability*»[10]. Por su lado, Jan-Werner Müller añade que todo populismo es «una forma de política identitaria» cuyo postulado principal es «una forma moralizada de

---

[8] Mudde y Rovira-Kaltwasser, *Populismo,* op. cit., p. 33.

[9] Véase E. Laclau, *La razón populista,* Buenos Aires, Fondo de Cultura Económica, 2005; F. Sáez Mateu, *El populisme. El llenguatge de l'adulació de les masses,* Barcelona, Publicacions de l'Abadia de Montserrat, 2018; B. Moffitt y S. Tormey, «Rethinking Populism: Politics, Mediatisation and Political Style», *Political Studies* 62/2 (2014), pp. 381-397.

[10] N. Urbinati, «Maggioranza o maggioritarismo? Sui caratteri della democrazia populista», en M. Anselmi, P. Blokker y N. Urbinati (eds.), *Populismo di lotta e di governo,* Milán, Fondazione Giangiacomo Feltrinelli, 2018, pp. 16-45.

antipluralismo»[11]. Asimismo, Mudde y Rovira Kaltwasser recuperan en su análisis la noción de *heartland* acuñada por Paul Taggart —«la idea populista de comunidad y territorio que retrata una identidad homogénea supuestamente auténtica e incorruptible»— y el elemento del «estilo paranoico en la política» –la creencia populista de que el poder no reside en los líderes elegidos democráticamente, sino en ciertas fuerzas en la sombra– puesto de relieve hace décadas en el contexto norteamericano por Richard Hofstadter[12].

En la categorización de los fenómenos populistas también se suele diferenciar entre un populismo inclusivo y otro excluyente a partir de la interpretación del concepto de pueblo como *plebs* o *populus*. Según Yves Mény e Yves Surel, serían al menos tres las definiciones de pueblo: el pueblo-soberano, basado en la idea de que la comunidad política debe tomar decisiones en plena autonomía defendiendo sus intereses; el pueblo-clase, identificado con los explotados del sistema económico dominante; y el pueblo-nación, fundado en una visión más cultural e identitaria que considera la comunidad de referencia como un conjunto de personas que ha desarrollado un sentimiento de pertenencia conectado con un determinado territorio, una lengua o una etnia[13]. A este respecto, Koen Abst y Rudi Laermans diferencian tres manifestaciones principales de populismo en el actual contexto europeo: el populismo de derecha radical, el populismo neoliberal y el populismo social o de izquierdas[14]. Poniéndole cara a estas categorías, Le Pen, Berlusconi y Tsipras vendrían a representar las tres manifestaciones del populismo actual.

Ahora bien, de forma similar a lo que hemos visto para la ultraderecha en el periodo posterior a 1945, también para el populismo tanto historiadores como politólogos suelen hablar a menudo de olas. La primera ola populista se habría dado a finales del siglo XIX cuando apareció por primera vez este término entre los *naródniki* –es decir, populistas– rusos, el Partido del Pueblo estadounidense y el movimiento boulangista en la Francia de la Tercera República.

---

[11] Müller, *¿Qué es el populismo?*, op. cit., pp. 14, 34.
[12] Mudde y Rovira-Kaltwasser, *Populismo*, op. cit., pp. 51, 43.
[13] Y. Mény e Y. Surel, *Populismo e democrazia,* Bolonia, Il Mulino, 2001.
[14] K. Abst y R. Laermans, «Populism: Definitions, Questions, Problems, and Theories», en G. Pallaver, M. Gehler y M. Cau (eds.), *Populism, Populists, and the Crisis of Political Parties. A Comparison of Italy, Austria, and Germany 1990-2015,* Bolonia-Berlín, Il Mulino-Duncker & Humboldt, 2018, pp. 63-79.

La segunda ola se habría dado a mediados del siglo XX: además de movimientos peculiares en Europa, como L'Uomo Qualunque (El Hombre Cualquiera), llamado comúnmente *qualunquismo,* en la Italia de finales de la década de los cuarenta y el poujadismo en la Francia de los cincuenta, esta ola tuvo su epicentro esencialmente en América Latina, con las experiencias de los gobiernos de Getúlio Vargas en Brasil y Domingo Perón en Argentina, los primeros casos en que el populismo se convirtió en una fuerza de gobierno. La tercera ola se habría dado en el último cuarto del siglo pasado y abarcaría fenómenos tan diferentes como las primeras formaciones de la nueva ultraderecha –el FPÖ o el Frente Nacional francés–, los etnorregionalismos identitarios –la Liga Norte de Umberto Bossi–, algunos líderes neoliberales –desde Margaret Thatcher y Ronald Reagan hasta Silvio Berlusconi–, toda una serie de políticos surgidos del espacio postsoviético –desde los rusos Boris Yeltsin y Vladímir Zhirinovski al serbio Slobodan Milošević, pasando por los polacos Lech Wałęsa y Stanisław Tymiński– y varios de los líderes latinoamericanos de los ochenta y los noventa, como el peruano Alberto Fujimori o el argentino Carlos Menem, sin olvidar a algunos políticos estadounidenses, como Ross Perot[15].

El caso latinoamericano, además, ha dado pie, sobre todo en las últimas tres décadas, a toda una serie de estudios y análisis que han llevado a hablar de unas olas populistas centradas en el subcontinente. Así, por ejemplo, además de un populismo histórico representado por Perón y Vargas (primera ola) y del neopopulismo de Menem y Fujimori (segunda ola), Susanne Gratius reconoce una tercera ola puramente latinoamericana representada por el llamado socialismo del siglo XXI lanzado por Hugo Chávez en 1999 y continuado en la década siguiente por líderes como Luiz Inácio Lula da Silva en Brasil, Evo Morales en Bolivia, Rafael Correa en Ecuador, Daniel Ortega en Nicaragua o Fernando Lugo en Paraguay[16]. Más recientemente, además, se ha hablado de fenómenos como el telepopulismo o el cyberpopulismo, reconocidos en el peculiar laboratorio político italiano en el berlusconismo o el M5E, respecti-

---

[15] P.-A. Taguieff, *L'illusione populista,* Milán, Bruno Mondadori, 2003, pp. 41-70.
[16] S. Gratius, «La tercera ola populista en América Latina», Documento de Trabajo, *FRIDE* 45, 2007.

vamente[17], e incluso de tecnopopulismo, es decir, de populismo tecnocrático, para describir experiencias híbridas como la de Emmanuel Macron en Francia o Andrej Babiš en República Checa[18].

Pierre-André Taguieff considera que en esta saturación de la utilización del concepto de populismo influye también la confusión entre dos términos rusos, *narodnicestvo* y *popoulizm:* el primero haría referencia al «populismo-tradición», es decir, una cultura política y una orientación ideológica, mientras el segundo haría referencia al «populismo-retórica», esto es, un modo moderno y «democratomorfo» de la demagogia[19]. Posiblemente esta distinción ayuda a aclarar un poco el panorama, aunque es dudoso que pueda aplicarse fácilmente fuera del contexto ruso. Así que, visto lo visto, parece bastante fácil compartir estas palabras del mismo Taguieff acerca de una categoría que

> aplicada a todo o a casi todo, a la popularidad como a la demagogia de los líderes, al éxito electoral, así como a la violencia del discurso, al estilo de protesta como a las ambiciones autoritarias (expresamente neofascistas), al nacionalismo clásico así como a los separatismos (dominados por el elemento étnico o no), a la xenofobia en contra de los inmigrantes como al racismo (en todas sus formas), […] no identifica ya nada[20].

Más allá del populismo

Las causas de la fase populista

Dicho lo cual, ¿nos sirve de algo una categoría tan amplia que abarca desde Podemos, la Liga o el peronismo, pasando por el People's Party estadounidense de finales del siglo XIX, Orbán, Syriza o Trump, hasta Fujimori, los Demócratas Suecos, el M5E o incluso Macron y Renzi? ¿Tiene sentido hablar del populismo como de una

---

[17] Véase R. Biorcio, *Il populismo nella politica italiana. Da Bossi a Berlusconi, da Grillo a Renzi,* Milán, Mimesis, 2015.
[18] Véase P. Guasti y L. Buštíková (eds.), «Varieties of Technocratic Populism around the World», *Politics and Governance* 8/4 (2020), pp. 468-602.
[19] Taguieff, *L'illusione populista,* op. cit., pp. 60-61.
[20] *Ibid.,* p. 70.

ideología, ya que no dispone de un verdadero *corpus* doctrinal ni tiene detrás a grandes figuras intelectuales? Quizá la solución, como sugiere Enzo Traverso, es la de considerar el populismo no como un sustantivo, sino como un adjetivo: no se trataría pues de una ideología, sino de un procedimiento retórico que consiste en exaltar las virtudes «naturales» del pueblo para movilizar a las masas contra el sistema[21].

El populismo vendría a ser entonces más bien una fase –o un *momento*, como vino a afirmar uno de los padres de la nueva ultraderecha europea, el filósofo francés Alain de Benoist[22]– que dibuja la época actual marcada por una crisis sistémica del mundo tal como lo conocíamos[23]. Una crisis que es el fruto de procesos que venían dándose, con desigual intensidad según los diferentes países, como mínimo a partir de las décadas de los ochenta y los noventa del siglo XX. No es casualidad, de hecho, que la llamada tercera ola populista tuviese lugar entre mediados de los setenta y los noventa, con la aparición de fenómenos como el berlusconismo y la Liga Norte en Italia o una serie de partidos de extrema derecha en el resto de Europa, como se recordaba más arriba. La razón principal se encuentra en la conclusión de los «treinta gloriosos» –es decir, del modelo keynesiano– a partir de la crisis del petróleo de 1973 y su progresiva sustitución, acelerada tras el final de la Guerra Fría, por el modelo neoliberal. Por un lado, el declive del fordismo implicó la consolidación de nuevas formas de organización productiva que conllevaron la reducción y la dispersión en el territorio de la presencia de la clase obrera industrial. Por el otro, el proceso de globalización sin reglas de la economía y liberalización de los mercados –caracterizado por la financiarización de la economía, las concentraciones empresariales, las privatizaciones, la deslocalización de las empresas y la precarización del trabajo– que comenzó en los ochenta, junto a las transformaciones tecnológicas de la llamada cuarta revolución industrial, ha tenido como consecuencia a medio y largo plazo un debilitamiento de la soberanía política. En el Viejo conti-

---

[21] E. Traverso, *I nuovi volti del fascismo*, Verona, Ombre Corte, 2017, p. 20 [ed. cast.: *Las nuevas caras de la derecha. Conversaciones con Régis Meyran*, Buenos Aires, Siglo XXI, 2018].

[22] Véase A. de Benoist, *Le moment populiste. Droite-gauche, c'est fini!*, París, Pierre-Guillaume de Roux, 2017.

[23] R. Brubaker, «Why populism?», *Theory and Society* 46/5 (2017), pp. 357-385.

nente, estas dinámicas se han solapado con el proceso de integración europeo que, tras dos décadas de generalizado optimismo, empezó a entrar en crisis a partir del fracaso del referéndum sobre la Constitución Europea en 2005 y, sobre todo, del estallido de la crisis económica entre 2008 y 2010. A todo esto, debe sumarse el aumento de las migraciones –que ha conllevado, de una u otra forma, un replanteamiento de lo que es la identidad– y la crisis de las democracias liberales con los corolarios de la desconfianza hacia los políticos y las instituciones, y del desalineamiento, es decir, el debilitamiento de los lazos entre los partidos mayoritarios tradicionales y la ciudadanía[24].

Como han mostrado Roger Eatwell y Matthew Goodwin, en el caso estadounidense la confianza de los ciudadanos en las principales instituciones había caído al punto más bajo a comienzos de la década pasada: cerca del 35 por 100 de los estadounidenses confiaban por aquel entonces en la Corte Suprema y en la Presidencia, solo el 21 por 100 en los bancos y apenas el 12 por 100 en el Congreso. No hace falta ir muchos años atrás para darse cuenta de la diferencia abismal respecto al pasado: es cierto que en los sesenta la confianza en todas estas instituciones era, como mínimo, del 60 por 100, pero aún a finales de los noventa se movía entre un mínimo de un 28 por 100 para el Congreso y un máximo de un 52 por 100 para la Presidencia, pasando por un 40 y un 50 por 100 para los bancos y la Corte Suprema, respectivamente[25]. Sin embargo, no se trata solo de Estados Unidos: la «sociedad de la desconfianza», como la definen Ilvo Diamanti y Marc Lazar, es una realidad en todo el mundo occidental. El barómetro de la confianza política elaborado por el Cevipof en Francia mostraba que en 2018 solo el 29 por 100 de los ciudadanos del Hexágono tenía confianza en la Asamblea Nacional, el 30 por 100 en el gobierno, el 32 por 100 en la Unión Europea y el 33 por 100 en la Presidencia[26].

No por casualidad, intentando definir el populismo contemporáneo, Marco Revelli habla de «revuelta de las periferias» y «fibri-

---

[24] R. Eatwell y M. Goodwin, *Nacionalpopulismo. Por qué está triunfando y de qué forma es un reto para la democracia,* Barcelona, Península, 2019, pp. 24-27.
[25] *Ibid.,* pp. 230-231.
[26] I. Diamanti y M. Lazar, *Popolocrazia. La metamorfosi delle nostre democrazie,* Bari-Roma, Laterza, 2018, pp. 138-139.

lación de los márgenes»: «una especie de rencoroso desapego y hostilidad hacia las elites de gobierno y los actores institucionales» por parte de los que «se sienten olvidados» que, por su situación material y la percepción de «haber caído fuera del relato colectivo» y haberse convertido en invisibles, buscan frenéticamente a alguien «que pueda representar su inseguridad». Se trataría del «síndrome del *forgotten man*», conectado con la idea de la existencia de unos ganadores y unos perdedores de la globalización, un tema repetido hasta la extenuación para explicar la victoria de Donald Trump en 2016[27]. Según Christophe Guilluy, que para el caso galo ha acuñado el concepto de «Francia periférica», todo lo que no son las grandes áreas urbanas globalizadas en proceso de gentrificación, se trata de un «sentimiento de relegación cultural y geográfica» que se conecta al menguamiento de la clase media occidental[28]. Justamente en el Hexágono, el estallido en otoño de 2018 del movimiento de los chalecos amarillos, surgido de esa Francia periférica, sería una prueba de ello. No por casualidad el escritor Hervé Le Corre los definía como «los hijos olvidados o abandonados»[29] de la Presidencia de Emmanuel Macron, un político considerado, por su experiencia en el banco Rothschild y sus políticas neoliberales, como el presidente de «los muy ricos», en palabras de su antecesor, François Hollande, o «el líder del libre mercado», según la revista norteamericana *Forbes*[30].

En el estudio de los resultados del referéndum británico de junio de 2016 y de la victoria de Trump del siguiente mes de noviembre, Marco Revelli mostraba que el clivaje geográfico –es decir, la oposición ciudad-campaña– se entrelazaba con el clivaje social. En Reino Unido no fue solo el campo a votar a favor del *Leave,* sino

---

[27] M. Revelli y L. Telese, *Turbopopulismo. La rivolta dei margini e le nuove sfide democratiche,* Milán, RCS, 2019, pp. 68-69, 105-106, 83, 90.

[28] C. Guilluy, *No Society. El fin de la clase media occidental,* Madrid, Taurus, 2019, p. 25.

[29] «Le Corre: Los periodos históricos más dramáticos son los más novelescos», *Eldiario.es,* 30 de enero de 2020, disponible en [https://www.eldiario.es/cultura/corre-periodos-historicos-dramaticos-novelescos_1_1053379.html], consultado el 21 de junio de 2021.

[30] E. Bonet, «Macron se consolida como "el presidente de los ricos"», *Público.es,* 6 de mayo de 2018, disponible en [https://www.publico.es/internacional/macron-consolida-presidente-ricos-eliseo.html], consultado el 21 de junio de 2021.

también «muchas ciudades de medias y grandes dimensiones, aquellas con un mayor asentamiento industrial, y sobre todo las áreas con mayor sufrimiento social, más marcadas por el declive de la *old economy* y el sector manufacturero». Así, en el caso de Estados Unidos, la otra América que no votó por Hillary Clinton representaría, en palabras del mismo Revelli, la «venganza de los *deprivados*», es decir, de los que han perdido algo:

> Cada uno de ellos –también entre los *middle* y los *upper class*– percibe haber perdido algo: su primacía de hombre, una parte de su renta, no importa lo alta que fuese, su estatus social, el reconocimiento de su trabajo, el respeto por la propia fe, su país y su papel en el mundo, su potencia, su hegemonía... No solo de haberlo perdido: de haber estado privado de ello. Por parte de otros: las elites, los poderes financieros y los bancos, el pantano de Washington, los gais y las lesbianas y los transgénero, las estrellas de Hollywood famosas y derrochadoras, los latinos que comen en sus jardines, los negros que dejan botellas vacías en las calles, los musulmanes que tienen más fe que ellos, los jeques árabes que se compran sus ciudades y financian los asesinos...[31].

Esta sensación de privación relativa es sumamente importante. Y muestra que el vínculo entre la situación económica y la estabilidad política es más complejo de lo que se suele pensar. No siempre son los más pobres en una sociedad quienes se rebelan contra el sistema, sino también, como apunta Yascha Mounk, las personas «que pertenecen a los colectivos que más tienen que temer: personas que todavía viven en una situación de confort material, pero en cuyos grupos de referencia ha cundido el miedo a que el futuro no les sea propicio»[32]. La sensación de ansiedad económica está causada más por lo que se piensa del futuro que por lo que se vive en el presente. Si, como confió Benito Mussolini al escritor alemán Emil Ludwig a principios de la década de los treinta «solo la fe mueve montañas, no la razón. Esta es un instrumento, pero no pue-

---

[31] M. Revelli, *Populismo 2.0,* Turín, Einaudi, 2017, pp. 73, 64-65.
[32] Y. Mounk, *El pueblo contra la democracia. Por qué nuestra libertad está en peligro y cómo salvarla,* Barcelona, Paidós, 2018, p. 164.

de ser nunca la fuerza motriz de las masas»[33], en la actualidad podríamos decir que es sobre todo el miedo lo que «mueve montañas» al convertirse, si no en una fuerza motriz, por lo menos en uno de los principales elementos que explican las decisiones electorales de los ciudadanos. Como apunta Bernard Guetta,

> este siglo se hace, en una palabra, conservador porque tiene tanto miedo de todas las disrupciones existentes que una parte cada vez más considerable de nuestras sociedades auspicia el retorno de las fronteras, de los puestos de trabajo y de las grandes industrias, así como el de costumbres capaces de protegerlas de un salto hacia lo desconocido. Presas por el vértigo de las excesivas novedades tecnológicas, culturales y geopolíticas, nuestras sociedades miran hacia atrás y entonces se deslizan en masa hacia el conservadurismo de derecha. Y, a veces, hacia el nacionalismo de las extremas derechas[34].

Miedo, inseguridad, relegación, insatisfacción, privación, percepción de ser olvidados… son todos conceptos que se conectan con el resentimiento generalizado que ha estallado en la última década; una década marcada «por el contraste entre las promesas de libertad, autonomía y prosperidad que nos ofrecía la globalización y la verificación empírica de desigualdades o asimetrías crecientes entre culturas, grupos o modos de vida»[35].

Las desigualdades, de hecho, en lugar de reducirse, han aumentado en el mundo occidental. Según el *Informe sobre la Desigualdad Global 2018* elaborado por el World Inequality Lab y coordinado, entre otros, por el economista francés Thomas Piketty, el 1 por 100 de la población con mayores ingresos a escala global recibió el doble de ingresos que el 50 por 100 más pobre. Europa occidental y Estados Unidos contaban con niveles similares de desigualdad en 1980: el 1 por 100 de la población que más ingresaba representaba el 10 por 100 del total de la renta en cada uno de los territorios. Sin embargo, en 2016, las situaciones eran radicalmente distintas. En Europa occidental, ese 1 por 100 percibió el 12 por

---

[33] E. Ludwig, *Colloqui con Mussolini,* Milán, Mondadori, 1965 [1932], p. 134.
[34] B. Guetta, «Tempi di destra, idee di sinistra», *La Repubblica,* 24 de junio de 2021, p. 29.
[35] F. Vallespín y M. M. Bascuñán, *Populismos,* Madrid, Alianza, 2017, p. 105.

100 de todos los ingresos, mientras que en Estados Unidos recibió el 20 por 100. Así, mientras el 50 por 100 de las rentas más bajas se repartía el 20 por 100 del total del ingreso nacional en Estados Unidos en 1980, en 2016 la porción se redujo al 13 por 100. De todos modos, si volvemos la mirada al Viejo continente, vemos cómo, aunque con menos desigualdades, el 10 por 100 que más gana representa el 37 por 100 de los ingresos totales[36]. Además, prácticamente ha desaparecido el ascensor social y la movilidad absoluta de renta: más de nueve de cada diez estadounidenses nacidos en 1940 ganaban más que sus padres a la edad de treinta años, mientras que solo uno de cada diez estadounidenses nacidos en 1980 ganaba más que sus padres con esa misma edad[37]. Las perspectivas de los jóvenes de vivir un futuro mejor que el que vivieron sus padres se han reducido mucho, en síntesis: según un sondeo de Ipsos, el 58 por 100 de los ciudadanos de la Unión Europea considera que sus hijos vivirán peor que ellos[38].

Resumiendo, la democracia liberal ha entrado en crisis porque, como explica Yascha Mounk, se han disipado las contingencias históricas que le habían permitido asentarse. Es decir, se iban a desvanecer en el aire un crecimiento económico –el de la posguerra mundial–, que redujo las desigualdades y permitió un aumento generalizado del nivel de vida; unos medios de comunicación moderadores del debate nacional que operaban como barreras a la difusión de ideas extremas; una composición étnicamente homogénea de las sociedades occidentales que evitaba que la cuestión de la identidad nacional cobrase centralidad en la competición política[39]. La triple crisis –económica, política y migratoria–, junto a la profunda transformación de los medios de comunicación tradicionales –y el desdibujamiento de su papel de generadores de opinión– a causa del auge de internet y las redes sociales, hicieron saltar por los aires este equilibrio.

Si quisiéramos ponerle unas fechas a las tres crisis de las cuales habla Mounk, estas serían posiblemente 2001, 2008 y 2015. El ata-

---

[36] F. Alvaredo, L. Chancel, T. Piketty, E. Saez y G. Zucman (coords.), *World Inequality Report 2018*, World Inequality Lab, disponible en [https://wir2018.wid.world/files/download/wir2018-full-report-english.pdf].

[37] Mounk, *El pueblo contra la democracia,* op. cit., p. 160.

[38] Diamanti y Lazar, *Popolocrazia,* op. cit., p. 145.

[39] Mounk, *El pueblo contra la democracia,* op. cit., pp. 139-186.

que del 11 de septiembre de 2001 a las Torres Gemelas en Nueva York cerró abruptamente unos «dulces» años noventa marcados, al menos en Occidente, por la fe neopositivista en el progreso, la democracia y el fin de los conflictos internacionales. Fue la década del «fin de la historia» de Francis Fukuyama, de la *pax americana*, del consenso de Washington, de las terceras vías socialdemócratas y de la aceleración del proceso de construcción de la Unión Europea. El 11S significó un neto cambio de paradigma con el inicio de la guerra al terrorismo y, consecuentemente, del aumento exponencial de la islamofobia en la mayoría de los países occidentales. El mundo se había vuelto de repente más complicado tras la calma chicha de los noventa y en el futuro se vislumbraban oscuros nubarrones que traían una gran tormenta para Occidente.

La quiebra de Lehman Brothers, el cuarto banco de inversión más grande de Estados Unidos, el 15 de septiembre de 2008 fue la espoleta de la crisis más grande del capitalismo desde 1929. Las políticas de austeridad aplicadas en los años siguientes, y en Europa especialmente tras la crisis de la deuda soberana de 2010, pusieron sobre la mesa no solo los excesos del sistema capitalista –cuyo lado «salvaje» no se había podido ni querido domesticar desde la conclusión de los «treinta gloriosos»–, sino también la profunda crisis que estaba sufriendo el modelo neoliberal, por aquel entonces hegemónico en Occidente desde hacía unas tres décadas. El optimismo desenfrenado de los años anteriores se convirtió, de repente, en un pesimismo que mezclaba estallidos de indignación y rabia –desde el 15M, pasando por Occupy Wall Street, hasta las Primaveras Árabes–, con una desilusión aceptada y una creciente resignación por parte de una población que se despertaba resacosa y malhumorada de una larga noche de farra.

La tercera crisis ha sido la migratoria o de los refugiados de 2015, ampliada por la cobertura que de ella hicieron la mayoría de los medios de comunicación, creando un verdadero clima en que las ideas ultraderechistas sobre la supuesta «invasión» de extranjeros pudieron calar con aún más facilidad. Solo en el verano de 2015, más de un millón de personas, provenientes de Siria, Afganistán, Irak, Libia, Nigeria o Eritrea, cruzaron el Mediterráneo para entrar en Europa, principalmente a través de Grecia e Italia, a causa de guerras civiles, falta de perspectivas de vida y procesos debidos al cambio climático, como la progresiva desertificación de amplios territorios de

África y Asia. En todo 2015 fueron casi dos millones los inmigrantes que llegaron a la Unión Europea y, todavía el año siguiente, aunque los números bajaron considerablemente, Frontex, la agencia comunitaria de control de fronteras exteriores, calculó unas 550.000 llegadas[40]. Las imágenes de las barcazas rebosantes de migrantes en el mar Egeo o en el estrecho de Sicilia y de las larguísimas colas de personas que atravesaban a pie los Balcanes para llegar al centro y el norte de Europa tuvieron un impacto incomparablemente mayor al de los números reales, por más que, sobre todo en 2015, fueron los mayores hasta la fecha. Se creó verdadero pánico en gran parte de la población europea, mezclado con la sensación de estar siendo invadidos. Además, la incapacidad de la Unión Europea para gestionar de forma conjunta la crisis agravó aún más, si cabe, el problema, no obstante la canciller alemana Angela Merkel intentó, con notable valentía, dar el buen ejemplo al decidir, a finales de agosto de 2015, abrir las fronteras de su país a los migrantes. Aunque la respuesta de muchos ciudadanos europeos fue ejemplar, prodigándose en ayudar a las decenas y decenas de millares de personas que llegaban a sus países, las consecuencias políticas fueron evidentes: el primer ministro húngaro Viktor Orbán construyó una valla de 175 kilómetros en las fronteras con Serbia; Nigel Farage utilizó las imágenes de las colas de migrantes para defender el Brexit; y la primera medida que tomó Matteo Salvini al ser nombrado ministro del Interior en junio de 2018 fue cerrar los puertos italianos y criminalizar a las ONG que salvaban migrantes en el Mediterráneo.

Obviamente, el fenómeno de la inmigración en Europa y Estados Unidos no empezó en 2015: el proceso migratorio, que, por otro lado, es consustancial a la historia de la humanidad, se venía dando con mayor o menor intensidad desde hace décadas, sobre todo en Norteamérica y en las antiguas potencias coloniales europeas, como Reino Unido o Francia. El fenómeno se aceleró notablemente a partir de principios de los noventa con la conversión de países históricamente emisores de inmigrantes, como Italia, España o Grecia, en países receptores, el fin de los regímenes comunistas en el Este de Europa, las guerras de la antigua Yugoslavia y los Acuerdos de

---

[40] C. Pérez, «Las llegadas de migrantes a la UE caen un 72% en 2016», *El País*, edición digital, 7 de enero de 2017, disponible en [https://elpais.com/internacional/2017/01/06/actualidad/1483696743_201421.html], consultado el 21 de junio de 2021.

Schengen, además de una serie de causas globales, como el rápido crecimiento de la población mundial en los países subdesarrollados o en vías de desarrollo, la aceleración de los procesos debidos al cambio climático o el afianzamiento del proceso de globalización[41]. En el caso de la Unión Europea, la tasa neta de inmigración, esto es, el número de efectivos extranjeros, ha pasado del 1,5 por 100 de 1950 al 4,2 por 100 en la Europa de los 15 hasta el 4,7 por 100 de 2019 (que se elevaba hasta un 7,7 por 100 teniendo en cuenta las personas nacidas fuera de la Unión Europea)[42].

En los principales países europeos el porcentaje es, sin embargo, más alto y muestra un incremento notable respecto a tan solo treinta años atrás: en Alemania se ha pasado del 7,4 por 100 de 1990 al 15,8 por 100 de 2019; en Reino Unido del 6,4 al 14,2 por 100; en Holanda del 7,9 al 13,1 por 100; en España del 2,1 al 12,9 por 100; en Grecia del 6 al 11,3 por 100; y en Italia del 2,5 al 10,5 por 100. Además, ya en 2015 el porcentaje de la población nacida en el extranjero oscilaba entre el 11 y el 17 por 100 en países como Austria, Suecia, Reino Unido, Alemania, Francia y Holanda. Añádase a estos datos la percepción que del fenómeno tiene la mayoría de la población: según un estudio del Parlamento italiano, la mayoría de la población del país transalpino cree que los extranjeros residentes son el 30 por 100 de la población, cuando realmente son alrededor del 10 por 100, y que los musulmanes son el 20 por 100, cuando son tan solo el 3 por 100. Aunque Italia parece ser el país europeo con la tasa más elevada de ignorancia sobre los niveles de inmigración, lo que es cierto es que la percepción distorsionada del fenómeno es más que generalizada: en el caso de España, frente a cerca del 10 por 100 de extranjeros residentes en el país, según diferentes encuestas la percepción es que esta representa más del 20 por 100[43].

---

[41] J. Rafael González-López, M. Lomas-Campos, M. Rodríguez-Gázquez, «Evolución de la inmigración en Europa y España durante los siglos XX y XXI», *Revista Cuidarte*, 1/1 (2010), pp. 73-81.

[42] Véase «Estadísticas sobre la migración a Europa», 2019, disponible en [https://ec.europa.eu/info/strategy/priorities-2019-2024/promoting-our-european-way-life/statistics-migration-europe_es#developmentsin20192018], consultado el 21 de junio de 2021.

[43] R. Ciccarelli, «La metà degli italiani crede alla propaganda razzista sui migranti», *Il manifesto*, 31 de enero de 2018 y «La percepción nos engaña: los españoles creen que hay el doble de población extranjera que la que en realidad hay», *Maldita Migra-*

Según el Eurobarómetro, publicado en la primavera de 2018, centrado en la integración de los inmigrantes en la Unión Europea, los ciudadanos europeos tienden a multiplicar por dos el número de extranjeros residentes en su país sobre el total de la población. Destacan los países del Este del continente donde, por cierto, la presencia de inmigrantes es prácticamente inexistente: los polacos piensan que son el 10 por 100 –cuando son el 1,1 por 100–, los rumanos el 9,7 por 100 –cuando son el 1,2 por 100– o los eslovacos el 8,3 por 100 –cuando son el 0,6 por 100[44].

A estas tres crisis (2001, 2008 y 2015) habría que añadir dos episodios previos que marcaron el desarrollo de los acontecimientos. Por un lado, el final de la Guerra Fría, entre 1989 y 1991, significó no solamente un cambio de época con el paso de un orden bipolar a uno unipolar –según el historiador británico Eric J. Hobsbawm fue entonces cuando se cerró el «breve» siglo XX[45]–, sino también una profunda transformación, más o menos radical, más o menos rápida, en todos los sistemas políticos, empezando por los países del antiguo bloque comunista. A lo largo de los que parecían los «felices» años noventa, en la Rusia postsoviética y en países como Rumanía o Eslovaquia aparecieron, en medio de situaciones a veces muy caóticas, caracterizadas por la puesta en marcha de la denominada «terapia de choque» neoliberal ideada por Jeffrey Sachs y la construcción de unos nuevos sistemas de partidos a semejanza de las democracias occidentales, formaciones claramente neofascistas o peculiares experimentos que mezclaban un nacionalismo radical y etnicista con una retórica izquierdista, como el Partido Nacional Bolchevique fundado por Eduard Limónov y Aleksandr Duguin en Rusia. Yugoslavia era, al mismo tiempo, devorada por las guerras civiles y el resurgir de unos nacionalismos, a menudo vinculados a fuerzas paramilitares y organizaciones criminales, que llevaron a muchos a recordar la limpieza étnica de los Ustacha de Ante Pavelić durante la Segunda Guerra Mundial. Dinámicas aparentemente pe-

---

ción, 25 de septiembre de 2019, disponible en [https://migracion.maldita.es/articulos/la-percepcion-nos-engana-los-espanoles-creen-que-hay-el-doble-de-poblacion-extranjera-que-la-que-en-realidad-hay/], consultado el 21 de junio de 2021.

[44] European Commission, *Special Eurobarometer 469. Report: Integration of immigrants in the European Union,* Abril de 2018, disponible en [http://www.europeanmigrationlaw.eu/documents/EuroBarometer-IntegrationOfMigrantsintheEU.pdf], p. 24.

[45] E. J. Hobsbawm, *Historia del siglo XX (1914-1991),* Madrid, Crítica, 2011 [1994].

culiares y que parecían exóticas a los ojos de los analistas occidentales, que no querían o no sabían verlas e interpretarlas, llegaron en los años siguientes también al otro lado del ya desaparecido Telón de Acero. Pero las señales del profundo cambio debido al final de la Guerra Fría no se dieron solo en Europa oriental. La estruendosa caída de la Primera República en Italia entre 1992 y 1994, con la desaparición de los principales partidos que habían gobernado el país en el medio siglo anterior, no se debió solamente al estallido del escándalo de Tangentópolis –que mostró con luz y taquígrafos la existencia de un sistema de financiación ilegal de los partidos políticos–, sino sobre todo al colapso de un orden mundial, el de la Guerra Fría, que había marcado el país y su gobernabilidad desde el nacimiento de la República en 1946[46].

Por otro lado, y aunque nadie haya reparado en él, sigue habiendo un elefante en la habitación: la revolución neoliberal de Thatcher y Reagan, empezada con la crisis de la estanflación de la década de los setenta y las victorias conservadoras en Reino Unido y Estados Unidos en 1979 y 1980, respectivamente. Como señala Wendy Brown, «esta revolución apuntó a liberar los mercados y la moral para gobernar y disciplinar a los individuos mientras maximizaba la libertad, y lo hizo demonizando lo social y la versión democrática de la vida política»[47]. No se trata, pues, solo del aumento de las desigualdades de las que se ha hablado anteriormente, sino también de los procesos que se encuentran *in nuce* en el proyecto y la racionalidad neoliberal, desde su mismo planteamiento en los tiempos de Friedrich von Hayek y Milton Friedman. La desregulación del capital, la privatización de bienes y servicios públicos, la reducción de la progresividad fiscal, la disminución del Estado de bienestar y los ataques a las organizaciones sindicales y de trabajadores han con-

---

[46] F. Veiga, C. González-Villa, S. Forti *et al.*, *Patriotas indignados. Sobre la nueva ultraderecha en la Posguerra Fría. Neofascismo, posfascismo y nazbols,* Madrid, Alianza, 2019, pp. 25-145, 285-288. Véase también F. Veiga, *El desequilibrio como orden. Una historia de la posguerra fría,* Madrid, Alianza, 2015, pp. 59-101. Sobre el tránsito de la Primera a la Segunda República en Italia, véase también S. Colarizi y M. Gervasoni, *La tela di Penelope. Storia della Seconda Repubblica, 1989-2011,* Roma-Bari, Laterza, 2012, pp. 3-84 y el análisis que ofrece P. Mossetti, *Mil máscaras. La deriva del nacional-populismo italiano,* Madrid, Siglo XXI de España, 2021, pp. 95-150.

[47] W. Brown, *En las ruinas del neoliberalismo. El ascenso de las políticas antidemocráticas en Occidente,* Madrid, Traficantes de Sueños, 2021, p. 35.

llevado un paulatino proceso de desmantelamiento de la sociedad, despolitización y desdemocratización, es decir, de vaciamiento de la democracia entendida como soberanía popular y poder político compartido. Aunque es indubable, como apunta la misma Brown, que el neoliberalismo por sí mismo no «*causó* la insurgencia de la derecha dura en el Occidente contemporáneo, o que todas las dimensiones del presente [...] pueden ser *reducidas* al neoliberalismo», es cierto también que «la racionalidad neoliberal preparó el terreno para la movilización y la legitimación de feroces fuerzas antidemocráticas en la segunda década del siglo XXI»[48]. Obviar, en síntesis, las consecuencias de la hegemonía neoliberal a partir de principios de los ochenta nos impediría entender tanto la eclosión del mal llamado populismo como el avance de la nueva ultraderecha.

Como ya se apuntaba más arriba, una de estas consecuencias es, sin duda alguna, el aumento de la desconfianza hacia los partidos tradicionales y las instituciones que ha llegado a trasladarse al propio sistema democrático. Según un estudio del Pew Research Center elaborado en 2019 en 34 países, el 52 por 100 de los encuestados mundiales no estaba satisfecho con el funcionamiento de la democracia en su país[49]. En la mayoría de los países occidentales la confianza en las instituciones es baja o incluso bajísima. Según un reciente Eurobarómetro, los ciudadanos españoles no consideran fiables a los partidos políticos (con un 90 por 100 de encuestados que no confían), ni al Congreso de los Diputados (76 por 100) ni al gobierno de España (74 por 100)[50]. Según el Instituto de Estudios Políticos, Económicos y Sociales italiano (EURISPES), en el país transalpino la confianza en el gobierno y en el Parlamento había llegado en 2013 a unos míseros 15,9 y 9 por 100, respectivamente. En los años siguientes la situación ha ido paulatinamente mejorando, aunque con avances y retrocesos, que de todos modos dejan «fuera» a tres cuartas partes de la población: en 2020, de hecho, la

---

[48] *Ibid.*, p. 29.

[49] Véase I.-C. Popescu, «La democracia, en declive», *La Vanguardia,* edición digital, 28 de febrero de 2020, disponible en [https://www.lavanguardia.com/internacional/20200228/473818070640/democracia-declive-pew-reserarch-center.html], consultado el 21 de junio de 2021.

[50] Eurobarómetro Standard 94, *Informe nacional. Opinión pública en la Unión Europea. España,* Invierno 2020/2021, disponible en [https://ec.europa.eu/spain/sites/default/files/eb94_clean_finalfinal.pdf], consultado el 21 de junio de 2021.

confianza en el gobierno había llegado al 26,3 por 100 y en el Parlamento al 25,4 por 100[51]. En Estados Unidos, el porcentaje de personas que consideraban que el gobierno se dirigía en beneficio de todos cayó de un 64 por 100 en 1964 a un 19 por 100 en 2012[52], mientras que según Ipsos MORI el 63 por 100 de la población mundial cree que los políticos convencionales «no se preocupan de personas como yo». Los datos por país resultan alarmantes: cree en esta afirmación el 52 por 100 de los alemanes, el 58 por 100 de los británicos, el 71 por 100 de los polacos y el 78 por 100 de los franceses[53]. La desconfianza, en síntesis, se ha convertido en una realidad y un problema enorme.

Además, es evidente la profunda crisis del modelo de partido de masas *novecentesco* y de las mismas ideologías que habían marcado la época contemporánea. Han desaparecido en buena medida los partidos que, junto a los sindicatos, muy debilitados respecto al pasado, canalizaban las reivindicaciones, protestas e insatisfacciones de los territorios, desempeñando un papel de válvula de escape o de correa de transmisión entre la ciudadanía y las instituciones. Como apunta Carlo Trigilia, en los años del modelo fordista «las estructuras de representación (partidos y sindicatos) permiten canalizar de forma democrática las demandas de una extensa clase de asalariados con una fuerte homogeneidad de condiciones de trabajo y de vida, y consecuentemente más fácilmente organizable y movilizable»[54]. En aquellas décadas se conformó lo que Peter Gourevitch llamó el gran *compromiso histórico:* los movimientos de los trabajadores aceptaron en Europa occidental la economía capitalista y la democracia representativa a cambio del pleno empleo, la contratación colectiva y el Estado de bienestar[55]. Aquellos partidos,

---

[51] Véase, respectivamente, *25º Rapporto Italia,* disponible en [https://eurispes.eu/ricerca-rapporto/rapporto-italia-2013/]; y *32º Rapporto Italia 2020,* disponible en [https://eurispes.eu/ricerca-rapporto/rapporto-italia-2020/].

[52] Eatwell y Goodwin, *Nacionalpopulismo,* op. cit., p. 155.

[53] Ipsos, «The Rise of Populism: A Global Approach. Entering a New Supercycle of Uncertainty», 24 de julio de 2017, disponible en [https://www.ipsos.com/en-us/knowledge/society/the-rise-of-populism-a-global-approach], consultado el 21 de junio de 2021.

[54] C. Trigilia, «Il grande esodo. Perché le classi deboli si stanno allontanando dai partiti di sinistra?», *Rivista Il Mulino,* 513 (2021), p. 28.

[55] Véase P. Gourevitch, *Politics in Hard Times: Comparative Responses to International Economic Crises,* Ithaca, Cornell University Press, 1986.

arraigados en el territorio, con secciones y militantes, se han debilitado fuertemente, han desaparecido o han sido sustituidos por organizaciones «ligeras» o *brands* que ya no consiguen, y a menudo ni quieren ni pueden, esterilizar y neutralizar los discursos populistas[56]. A veces, por mantenerse a flote o por su misma razón de ser, necesitan impulsarlos. Además, como reconoce Piero Ignazi, «la personalización de la política ha incidido profundamente en la cultura política de las democracias avanzadas»[57]: como han mostrado diferentes estudios, la identificación con los partidos pesa cada vez menos para los ciudadanos. En las últimas décadas, se ha detectado un paulatino declive de la fuerza de la adhesión afectiva a un partido en el momento del voto y el aumento simétrico de la figura del líder como catalizador del consenso[58].

El caso de Italia es paradigmático. Aún a mediados de la década de los ochenta, los tres principales partidos del país contaban con centenares de millares de afiliados y millares de sedes en toda la geografía nacional. Tanto la Democracia Cristiana (DC) como el Partido Comunista Italiano (PCI) tenían más de 1,5 millones de afiliados cada uno –el PCI, tras el final de la Segunda Guerra Mundial, superaba con creces los 2 millones de afiliados–, mientras que el Partido Socialista Italiano (PSI) se atestaba alrededor de los 600.000. En 2021, el primer partido representado en el Parlamento es el M5E que, aunque está viviendo ahora una fase de refundación cuyo futuro es una incógnita, surgió en 2009 defendiendo la inutilidad de dotarse de las estructuras típicas de los partidos políticos: aún hoy no tiene sede, ni federaciones locales, no ha celebrado congresos y los afiliados son una especie de simpatizantes que participan en votaciones *online* en la oscura plataforma Rousseau. Por lo que ha hecho público la misma formación fundada por el excómico Beppe Grillo, en 2021 el M5E tenía casi 200.000 afiliados *online*. Forza Italia, el partido fundado por Berlusconi en 1994 y refundado diecinueve años más tarde tras el fracaso de la experiencia de El Pue-

---

[56] Revelli y Telese, *Turbopopulismo,* op. cit., p. 77.
[57] P. Ignazi, «L'antipolitica dell'antipolitica. Una rappresentanza al massimo della sua tensione», *Rivista Il Mulino,* 513 (2021), p. 64.
[58] D. Garzia, F. Ferreira da Silva y A. De Angelis, «Partisan dealignment and the personalisation of politics in West European parliamentary democracies, 1961-2018», *West European Politics*, 2020, pp. 1-24.

blo de la Libertad, declaró tener poco más de 100.000 afiliados en 2015: en Bolonia, por ejemplo, el partido volvió a abrir una sede solo en mayo de 2021, tras siete años sin disponer de ningún lugar de encuentro en una ciudad de casi medio millón de habitantes que había administrado en los primeros años del milenio. Por más que la criatura del empresario milanés esté en horas bajas y, posiblemente, a punto de desaparecer, el dato es sintomático.

Sin embargo, el problema no se circunscribe solamente a los nuevos partidos nacidos tras el final de la Primera República que han guiñado el ojo a formas organizativas atípicas, sino también a las pocas estructuras partidistas que mantienen un cierto arraigo en el territorio. El Partido Democrático (PD), fruto de la fusión en 2007 entre los Demócratas de Izquierdas y la Margarita, es decir, las tradiciones comunista y católica progresista, se enorgullecía, no sin razón, de haber llegado en 2019 a 412.675 afiliados repartidos en 117 federaciones provinciales y más de 5.000 sedes. Mientras que la Liga, considerada por muchos un partido arraigado en el territorio, sobre todo en el norte de la península, entre 2011 y 2018, según datos oficiales del partido, ha pasado de tener 1.500 a solo 500 secciones. En 2021, la formación liderada por Matteo Salvini tenía oficialmente unos 100.000 afiliados, mientras que su nuevo competidor en el espacio de ultraderecha, Hermanos de Italia de Giorgia Meloni, declaraba haber emitido 130.000 carnés[59]. Los números, en síntesis, hablan por sí solos. Ni sumando los afiliados de todos los partidos en 2021, llegamos a rozar los que tenía solo el PCI en sus años más difíciles, justo después de la caída del muro de Berlín a punto de realizarse la transición, con Achille Occhetto a la cabeza, hacia el Partido Democrático de Izquierda. De la «República de los partidos», como Pietro Scoppola había definido a la Primera República italiana (1946-1993), se ha pasado a la que Francesco Tuccari ha llamado la «República posdemocrática»[60] o a la que, no sin ironía,

---

[59] «Pd "campione di tessere", boom Fratelli d'Italia», *AdnKronos,* 5 de abril de 2021, disponible en [https://www.adnkronos.com/pd-campione-di-tessere-boom-fratelli-ditalia_7cYIRKwzBa2U2thFWzLyaj], consultado el 21 de junio de 2021. Los datos sobre las secciones de la Liga en G. Passarelli y D. Tuorto, *La Lega di Salvini. Estrema destra di governo,* Bolonia, Il Mulino, 2018, p. 45.

[60] F. Tuccari, *La rivolta della società: l'Italia dal 1989 a oggi,* Roma-Bari, Laterza, 2020. La referencia anterior es a P. Scoppola, *La repubblica dei partiti. Evoluzione e crisi di un sistema politico (1945-1996),* Bolonia, Il Mulino, 1997.

Fausto Anderlini tachó, allá por 2013, como la «República de los detritos»[61].

Algo similar puede decirse de la participación electoral en el país transalpino que hasta 1979, en las elecciones legislativas, se había mantenido por encima del 90 por 100: en 2008 había bajado al 80,5, mientras que en 2018 no llegó al 73 por 100, marcando un récord de abstencionistas. Es cierto que los datos de participación son más altos que los de otros países, como por ejemplo España, pero teniendo en cuenta el perfil participativo de la democracia italiana la pérdida de un quinto de la participación en cuatro décadas pone de manifiesto tanto la creciente desconfianza hacia los partidos políticos y las mismas instituciones democráticas, así como el menor arraigo de esas mismas formaciones políticas[62]. En 2014, en las elecciones regionales de Emilia-Romaña la abstención llegó al 62,3 por 100, doblándose prácticamente respecto a las anteriores elecciones: como apuntó en esa ocasión el expresidente de la Comisión Europea, Romano Prodi, se trataba de un «dato preocupante que muestra malestar»[63].

La situación no es muy distinta en la mayoría de los países occidentales. La participación electoral ha ido variando según el contexto y el momento, dependiendo también de dinámicas políticas internas, pero, excepto en casos de fuerte polarización como el referéndum británico de 2016, las presidenciales norteamericanas de 2020 o las elecciones catalanas de 2017, el *trend* es de un aumento, más o menos marcado, de la abstención en todos los países occidentales. Sin llegar a los «excesos» de las regionales francesas de junio de 2021 con una abstención superior al 66 por 100, también en el Hexágono es evidente esta dinámica. Aparte de 1969, cuando, en una época de hiperpolitización, la abstención se debió, más bien, al reflujo del mayo parisino y la exclusión de la izquierda en el *ballotage,* la participación en la segunda vuelta de las presidencia-

---

[61] F. Anderlini, *Il voto, la terra, i detriti. Fratture sociali ed elettorali. Dall'alba del 2 giugno 1946 al tramonto del 25 febbraio 2013,* Bolonia, Editrice Socialmente, 2013.

[62] M. Cerruto, «La partecipazione elettorale in Italia», *Quaderni di Sociologia* 60 (2012), pp. 17-39.

[63] «Regionali, l'astensione vince in Emilia Romagna e Calabria», *La Repubblica,* edición digital, 23 de noviembre de 2014, disponible en [https://www.repubblica.it/politica/2014/11/23/news/regionali_emilia_romagna_e_calabria_al_voto_oltre_5_milioni_di_elettori-101210997/], consultado el 28 de junio de 2021.

les nunca bajó del 79 por 100 y se situaba más bien hacia el 85 por 100: en 2017, no obstante el escenario de notable polarización entre Macron y Le Pen, con un riesgo real de que el Frente Nacional se hiciese con la presidencia de la República, la abstención superó por primera vez el 25 por 100.

También en lo que atañe a la afiliación, el caso italiano no es para nada excepcional. En Reino Unido, en 2015 solo un ciudadano sobre ocho coincidía con uno de los partidos tradicionales, cuando en los años sesenta lo hacía casi la mitad de la población[64]. El Partido Conservador británico ha pasado de los 3 millones de afiliados a finales de la década de los cuarenta a menos de 200.000 tras 2010. Todavía en los años setenta y ochenta superaba el millón[65]. El caso de la Unión Demócrata Cristiana (CDU) alemana es parecido. De los 789.000 miembros de 1990, el año de la reunificación del país germano, el partido que será liderado desde 2000 por Angela Merkel ha ido perdiendo progresivamente afiliados hasta quedarse con casi la mitad de los de hace tres décadas: en 2019 declaraba tan solo 405.000 miembros[66]. Entre 1980 y 2019 también el Partido Socialdemócrata Alemán (SPD) ha perdido más de la mitad de sus afiliados, pasando de alrededor de un millón –en la sola Alemania Occidental, obviamente– a poco más de 400.000. Y no se trata de que los demás partidos hayan sumado muchas más adhesiones, aunque en algunos casos hayan crecido: en diciembre de 2019 los Verdes rozaban los 100.000 afiliados, los liberales y la Izquierda superaban por poco los 60.000, mientras que la ultraderechista Alternativa para Alemania llegaba a los 34.000[67].

Tampoco se salvan los sindicatos. En los países de la Organización para la Cooperación y el Desarrollo Económicos (OCDE), en 2018 se contabilizaron 82 millones de trabajadores afiliados a los sindicatos, es decir, el 16 por 100 de todos los trabajadores, con

---

[64] Eatwell y Goodwin, *Nacionalpopulismo,* op. cit., p. 267.
[65] L. Audickas, N. Dempsey y P. Loft, *Membership of UK Political Parties,* House of Commons Library, Briefing Paper, Number SN05125, 9 de agosto de 2019, pp. 6-9.
[66] Véase «Number of CDU party members in Germany from 1990 to 2019», disponible en [https://www.statista.com/statistics/955496/cdu-membership-development/], consultado el 21 de junio de 2021.
[67] Véase «Number of political party members in Germany as of December 31, 2019», disponible en [https://www.statista.com/statistics/955444/political-party-members-numbers-germany/], consultado el 21 de junio de 2021.

una pérdida de más de la mitad respecto a 1975, cuando eran el 33 por 100. En el caso italiano, un país que había mantenido un porcentaje bastante elevado de afiliación sindical, esta ha pasado del 48 al 34,4 por 100 en el mismo periodo[68]. En Reino Unido, entre 1990 y 2016, la cifra cayó del 38 al 23 por 100, mientras que en Estados Unidos, entre 1983 y 2015, se redujo del 20 al 11 por 100[69].

Todo esto también ha conllevado que el eje tradicional izquierda-derecha, si bien no haya desaparecido, haya perdido centralidad, siendo sustituido por el laclauniano «arriba-abajo» o el «99 frente al 1 por 100» en boga durante el movimiento Occupy Wall Street y el 15M. Según *The Economist,* de hecho, la nueva división política estaría entre los globalistas *(open)* y los que quieren levantar muros *(closed),* mientras que según David Goodhart esta fractura estaría entre las personas cosmopolitas que son de «cualquier lugar» *(anywhere)* y las que son de «algún lugar» *(somewhere),* es decir, aquellas más arraigadas y que priorizan los vínculos de grupo y valoran la seguridad que no tienen frente a incertidumbres y cambios[70]. En las últimas décadas, en suma, según muchos analistas, la lucha de clases marxista se habría transformado en un lejano recuerdo del siglo pasado, al menos en el mundo occidental: la división entre lo que un tiempo se llamaban proletariado y burguesía habría estado desplazada por una división que, más que sobre factores económicos, se debería a cuestiones culturales. Hay un gran debate al respecto entre los académicos y tampoco en esta cuestión se ha llegado a un verdadero consenso. Todo esto se conecta con el que Stefano Feltri define como *populismo soberano:*

> Esta renovada obsesión por la soberanía, por el poder de decidir a nivel nacional o regional el propio destino, está motivada por

---

[68] G. Licini, «Area Ocse, in calo iscritti ai sindacati e copertura contratti collettivi. Italia parziale eccezione», *Il Sole 24 Ore,* edición digital, 18 de noviembre de 2019, disponible en [https://www.ilsole24ore.com/art/area-ocse-calo-iscritti-sindacati-e-copertura-contratti-collettivi-italia-parziale-eccezione-ACvtdjz?refresh_ce=1], consultado el 21 de junio de 2021.
[69] Eatwell y Goodwin, *Nacionalpopulismo,* op. cit., p. 238.
[70] «The New Political Divide», *The Economist,* edición digital, 30 de junio de 2016, disponible en [https://www.economist.com/leaders/2016/07/30/the-new-political-divide], consultado el 21 de junio de 2021 y D. Goodheart, *The Road to Somewhere: The New Tribes Shaping British Politics,* Londres, Penguin, 2017.

una más que fundada sensación de inseguridad, producida por las consecuencias de la globalización, por la tecnología que reescribe el mercado del trabajo, por las migraciones de masas, por las perspectivas siempre más inciertas acerca del crecimiento económico y la sostenibilidad de nuestros niveles de vida occidentales. Un malestar individual que se convierte en petición colectiva[71].

No debería extrañar, consecuentemente, que el 68 por 100 de los checos, el 60 por 100 de los griegos o el 56 por 100 de los franceses consideren que la globalización representa una amenaza, como ha puesto de relieve un reciente sondeo de Ipsos[72]. A este respecto, Colin Crouch ha subrayado que «la globalización es, para muchas personas, un atentado a sus ganas de sentirse orgullosos en los diferentes ámbitos de la vida: en el trabajo, en la identidad cultural, en la comunidad, en las ciudades y los pueblos donde viven». El sociólogo inglés explica que una parte de la población, «aunque tenga una vida acomodada, ve en el resto del mundo una serie de cambios desconcertantes, y desea aquellas certezas que, quizá erróneamente, cree que caracterizaron el mundo del pasado»[73]. Como apuntan Jean-Yves Camus y Nicolas Lebourg, «en una sociedad desinstitucionalizada y mundializada donde el ciudadano ya no es integrado en la política a través de los sindicatos, los partidos y las iglesias, hay una exigencia de recinto de protección que, de momento, no encuentra otras vías que en la crítica al liberalismo cultural y la demanda social autoritaria»[74].

La que se ha venido creando en la última década es, pues, una verdadera crisis cultural y de valores que atañe especialmente al mundo occidental. Nuestras sociedades están cada vez más deshilachadas y atomizadas; además, carecen de referentes culturales y morales. La crítica a los expertos –intelectuales, científicos, etc.– se ve acompañada por el aumento de la desconfianza hacia los medios de comunicación que, en el caso de Estados Unidos, según las encuestas de Gallup, ha pasado del 28 por 100 en 1976 al 68 por 100

---

[71] S. Feltri, *Populismo sovrano,* Turín, Einaudi, 2018, p. 15.

[72] Diamanti y Lazar, *Popolocrazia,* op. cit., p. 145.

[73] C. Crouch, *Identità perdute. Globalizzazione e nazionalismo,* Roma-Bari, Laterza, 2019, pp. 4-5.

[74] J.-Y. Camus y N. Lebourg, *Les droites extrême en Europe,* París, Seuil, 2015, pp. 240-241.

en 2018[75]. Aún más revelador es que, como muestra un estudio realizado por la Knight Foundation en 2017, la falta de confianza en los medios es común entre los jóvenes de todo el espectro político[76]. Todo esto se ha juntado a la profunda crisis de los medios de comunicación tradicionales, el cambio de modelo vivido por la información en las últimas décadas y la implementación de una verdadera industria de la desinformación, como se analizará más en detalle cuando se afronte el tema de la posverdad y las *fake news*. Como apunta Enrique Ujaldón Benítez, las transformaciones generan miedo y el miedo es uno de los combustibles del populismo[77]. Y, obviamente, de la ultraderecha.

¿Turbopopulismo, nacionalpopulismo, tribalismo, pueblocracia?

Si populismo es un adjetivo y una fase, como sugiere por ejemplo Enzo Traverso, ¿cómo calificaríamos, pues, a los Trump, los Salvini, las Le Pen, los Orbán y los Abascal? Existen otras propuestas que, aunque intentan ir más allá del concepto de populismo y nos ofrecen ideas cautivadoras, acaban atrapadas, consciente o inconscientemente, en él.

Sin minusvalorar las diferencias de fondo entre un populismo más progresista y otro conservador o directamente reaccionario, el ya citado Revelli considera que, gracias a la ruptura de la transversalidad entre derecha e izquierda operada por el mismo populismo, este produce un nuevo populismo que, en parte, modifica algunos caracteres de rebelión y transgresión de los orígenes, torciéndolos hacia contenidos, lenguajes y formas de comportamiento claramente de derecha. Según Revelli, el populismo hoy es, pues, sinónimo de soberanismo, identitarismo y neonacionalismo con tenden-

---

[75] L. McIntyre, *Posverdad,* Madrid, Cátedra, 2018, p. 106.

[76] M. Madden, A. Lenhart y C. Fontaine, «How Youth Navigate the News Landscape», Knight Foundation, febrero de 2017, disponible en [https://kf-site-production.s3.amazonaws.com/publications/pdfs/000/000/230/original/Youth_News.pdf], consultado el 21 de junio de 2021.

[77] E. Ujaldón Benítez, «Populismo suicida», en A. Galindo Hervás y E. Ujaldón Benítez, (eds.), *¿Quién dijo populismo?,* Madrid, Biblioteca Nueva, 2018, pp. 281-310.

cias autoritarias y supremacistas. Por esto acuña el concepto de *turbopopulismo* o *populismo 3.0*[78].

En este reciente viraje del populismo, el historiador y politólogo italiano ve un paralelismo con lo que le pasó a finales del siglo XIX al primer partido declaradamente populista de la historia, el Partido del Pueblo estadounidense, que de una fuerza radicalmente democrática y libertaria, que se implicó directamente en el nacimiento de los primeros sindicatos obreros y en la batalla contra el segregacionismo, se transformó progresivamente en una formación racista y antisemita. De fondo, según Revelli, se produce la metamorfosis involucionista del concepto de «pueblo», como recordó también Hannah Arendt: «de la imagen edificadora y pura mostrada en el siglo XIX, como portador de todas las virtudes civiles, encarnación secularizada no solo de la potencia sino también de la bondad de Dios en la Tierra y de los buenos sentimientos de la Nación a posible vehículo de pasiones tristes, sentimientos agresivos, *populace* ahora, o "plebe" […], potencial autor de pogrom y linchamientos»[79].

Por otro lado, en un libro publicado ya en 2012, Pierre-André Taguieff se decanta por el concepto de nacionalpopulismo. Según el politólogo galo, todos los nuevos nacionalpopulismos, entre los cuales nombra al Frente Nacional francés, la Liga Norte, los húngaros de Jobbik y los Verdaderos Finlandeses, comparten algunas características comunes: «el llamamiento personal al pueblo lanzado por el líder», «el llamamiento al pueblo en su conjunto contra las elites ilegítimas», «el llamamiento directo al pueblo auténtico que es "sano", "sencillo" y "él-mismo"», «el llamamiento al cambio, que implica una ruptura purificadora con el presente ("el sistema", supuestamente "corrupto"), inseparable de una protesta antifiscal (en ocasiones ligada a la exigencia de referéndums de iniciativa popular)», y «el llamamiento a "limpiar" el país de elementos supuestamente "inasimilables" (nacionalismo excluyente, contrario a la inmigración)»[80].

A partir esencialmente del estudio del caso francés, Taguieff había acuñado ya en las décadas de los ochenta y los noventa el concepto de nacionalpopulismo para definir el Frente Nacional (FN) de Jean-Marie Le Pen. A diferencia de otros partidos definidos como

---

[78] Revelli y Telese, *Turbopopulismo,* op. cit., pp. 195-199.
[79] *Ibid.,* p. 205.
[80] P.-A. Taguieff, *Le nouveau national-populisme,* París, CNRS, 2012, p. 62.

populistas, el FN ponía en primer lugar el llamamiento a la autodefensa identitaria: el antielitismo estaba pues subordinado a la xenofobia en contra de los inmigrantes. Sin embargo, Taguieff apuntaba también que en la criatura de Le Pen, así como en el Partido Popular danés, el FPÖ y la Liga Norte, convivían las dos categorías ideales de populismo: el protestatario y el identitario. El primero se centra en una decidida crítica al sistema de representación política y social, exige mayor democracia y se caracteriza por el antiintelectualismo, la hiperpersonalización y la defensa de los valores del liberalismo económico. En el populismo identitario, en cambio, el llamamiento al pueblo encuentra su significado esencialmente en la dimensión nacional siguiendo la lógica de que el pueblo homogéneo se confunde con la nación dotada de una identidad permanente y de una unidad sustancial. El nacionalpopulismo concibe, pues, el pueblo como *ethos* y como *demos,* característica que le permitiría pasar, sin muchos aspavientos –como en el caso de la Liga Norte, mucho antes del viraje nacionalista italiano de Salvini–, de un «etnorregionalismo protestatario» a un «etnonacionalismo xenófobo»[81]. El concepto de nacionalpopulismo quedaría consecuentemente un poco descolorido o, más bien, confuso siendo concebido, en palabras de Taguieff, como

> una mezcla de bonapartismo o cesarismo nacionalpopular a la Perón, de populismo reaccionario marcadamente xenófobo, si no directamente racista (encarnado por George C. Wallace en Estados Unidos o Enoch Powell en Gran Bretaña), de democraticismo populista «a la suiza» (elogio de la democracia directa, a través del recurso al referéndum de iniciativa popular) y de «populismo de los políticos», llamamiento al pueblo en que a las bases ideológicas se las sustituye por los valores «morales», «tradicionales», «naturales» o de «sentido común» con la intención de realizar una reagrupación interclasista[82].

No extraña pues que en un libro publicado en Francia más o menos en las mismas fechas Guy Hermet hablase de nacionalpopulismo para definir tanto los populismos latinoamericanos de mediados del siglo xx –como el peronismo– así como algunos gobier-

---

[81] Taguieff, *L'illusione populista,* op. cit., p. 128.
[82] *Ibid.,* pp. 140-141.

nos autoritarios de la Europa de entreguerras –como el del mariscal Piłsudski en Polonia– y un sinfín de regímenes aparecidos tras la descolonización en África y Oriente Medio, desde el Egipto de Nasser al Irak de Saddam Hussein pasando por toda una serie de «socialismos africanos», como la Tanzania de Nyerere o el Ghana de Nkrumah[83]. Si al tener una carga populista y al representar una ideología nacionalista –aunque en épocas históricas distintas– todo puede ser tachado de nacionalpopulista, entonces el nacionalpopulismo acaba vaciado de contenido, se vuelve una categoría inútil desde el punto de vista interpretativo.

Más recientemente, también Roger Eatwell y Matthew Goodwin han recuperado el término nacionalpopulismo para aplicarlo en un sentido más estricto a la eclosión ultraderechista de los últimos tiempos. Los dos politólogos británicos consideran que el nacionalpopulismo es una ideología, distinta del fascismo histórico, «basada en corrientes muy profundas y duraderas». Por esto, están convencidos de que, en primer lugar, debe examinarse como un todo por su carácter internacional y, en segundo lugar, que ha llegado para quedarse porque su avance depende de «cambios profundos y a largo plazo» en las sociedades occidentales que pueden resumirse en cuatro palabras clave: la desconfianza, la destrucción, la privación y el desalineamiento. Añaden que el nacionalpopulismo no es de por sí un desafío antidemocrático; al contrario, plantea también interrogantes democráticos legítimos y sus partidarios «no son fascistas que quieren derribar nuestras principales instituciones políticas»[84]. Según Eatwell y Goodwin, en síntesis, el nacionalpopulismo no es un «refugio de racistas y gente que se deja llevar por un miedo irracional a "lo diferente"», sino que «refleja en parte los miedos profundos de la gente ante el modo en que esta nueva era de inmigración e hipercambio étnico podría llevar a la destrucción de su grupo más amplio y su forma de vida»[85]. Asimismo, consideran que la «revuelta nacionalpopulista» se conecta con «el auge del neoliberalismo, sobre todo debido a una creciente sensación de privación relativa que une a numerosos ciudadanos»[86].

---

[83] G. Hermet, «Populisme et nationalisme», en J.-P. Rioux (ed.), *Les populismes,* París, Perrin, 2007, pp. 61-83.
[84] Eatwell y Goodwin, *Nacionalpopulismo,* op. cit., pp. 11, 41, 13.
[85] *Ibid.,* pp. 161-162.
[86] *Ibid.,* p. 209.

La búsqueda de un concepto satisfactorio ha entrañado proponer otras alternativas. Por un lado, Marlene Wind ha acuñado el concepto de *tribalismo* para definir el Brexit, la Hungría de Orbán, la Polonia de Kaczyński o el *procés* catalán. Según la politóloga danesa, el fenómeno de la tribalización está representado por una mezcla de antiglobalismo y política identitaria: su principal consecuencia es la reducción de la democracia a mera voluntad del pueblo. El tribalismo o «neonacionalismo» es el fenómeno en el que «grupos culturales, étnicos y nacionalistas de tamaño y niveles de organización diversas aspiran cada vez más a revocar las estructuras internacionalistas creando, fundando o manteniendo sus propios Estados o entidades análogas a estos, al tiempo que (retóricamente o en la práctica) excluyen de ellos a otros»[87].

Por otro lado, tenemos la propuesta de Marc Lazar e Ilvo Diamanti: más que de populismo, sostienen, se debería hablar de un concepto más amplio, el de *pueblocracia,* reconocible por la adaptación de todos los actores políticos al lenguaje y las reivindicaciones de los populistas. Es decir, la difusión generalizada, más allá de fuerzas políticas definidas claramente como populistas, no solo de prácticas como la personalización de los partidos y las instituciones, sino también de ideas como la de la soberanía popular sin límites, donde la separación de poderes es vista como un estorbo para una democracia que debe ser inmediata, sin intermediaciones. «En la época de la pueblocracia», apuntan los dos autores, «el populismo se convierte en una marca social y cultural. Un modelo de comunicación y de acción que conviene a todo el mundo reproducir y enfatizar para no sentirse excluidos, acusados de populismo»[88].

Un concepto como el de *pueblocracia* encaja perfectamente con la idea de que, por un lado, el populismo no es una ideología, sino un estilo o una retórica y, por el otro, de que estamos viviendo una fase o un momento populista. El populismo lo impregna todo. ¿Qué sentido tiene entonces tachar a alguien de populista?

---

[87] M. Wind, *La tribalización de Europa. Una defensa de nuestros valores liberales*, Madrid, Espasa, 2019 (Kindle), pos. 125.
[88] Diamanti y Lazar, *Popolocrazia,* op. cit., p. 153.

Más allá del fascismo

¿Qué fue el fascismo?

En octubre de 2020, la web progresista estadounidense *Vox* preguntaba a ocho especialistas si Donald Trump era un fascista. No era la primera vez que se planteaba la cuestión, al contrario. Ya se había dado el mismo debate, con cierta regularidad, desde la entrada en política del *tycoon* neoyorquino. El interrogante tampoco se limitó solo al caso de Estados Unidos. En diciembre de 2018, tras el éxito de Vox en las elecciones andaluzas, *El País* preguntaba a tres expertos si la formación liderada por Santiago Abascal era un partido fascista[89]. Lo mismo puede decirse para prácticamente todos los países occidentales en los últimos tiempos, sobre todo según se producía el avance o la victoria de algún partido ultraderechista.

En la prensa o en las redes sociales es fácil encontrar artículos o declaraciones donde algún que otro líder o partido de la nueva extrema derecha es tachado de fascista. Tras el asalto del Capitolio del 6 de enero de 2021, Nick Cohen señalaba en *The Guardian*, por ejemplo, que si Trump parece un fascista y actúa como un fascista, quizá debería ser considerado un fascista[90]. En un largo e interesante reportaje de otoño de 2018, Zack Beauchamp definía como una especie de «fascismo *soft*» a la Hungría de Orbán[91]. Enric Sopena no se andaba con rodeos en noviembre de 2019 cuando, en una columna de opinión en *El Plural*, definió a Vox como un partido fascista[92]. En los debates políticos o en las campañas electorales, la acusación

---

[89] P. Ordaz, «¿Es Vox un partido fascista?», *El País*, edición digital, 7 de diciembre de 2018, disponible en [https://elpais.com/politica/2018/12/05/actualidad/1544044017 _653308.html], consultado el 21 de junio de 2021.

[90] N. Cohen, «If Trump looks like a fascist and acts like a fascist, then maybe he is one», *The Guardian*, edición digital, 16 de enero de 2021, disponible en [https://www. theguardian.com/commentisfree/2021/jan/16/if-trump-looks-like-a-fascist-and-acts-like-a-fascist-then-maybe-he-is-one], consultado el 21 de junio de 2021.

[91] Z. Beauchamp, «It happened there: how democracy died in Hungary», *Vox*, 13 de septiembre de 2018, disponible en [https://www.vox.com/policy-and-politics/2018/9/13/17823488/hungary-democracy-authoritarianism-trump], consultado el 21 de junio de 2021.

[92] E. Sopena, «Vox es un partido fascista», *ElPlural.com*, 19 de noviembre de 2019, disponible en [https://www.elplural.com/opinion/enric-sopena-opinion-vox-es-un-partido-fascista_228115102], consultado el 21 de junio de 2021.

de fascismo está aún más presente. Baste recordar, para ceñirnos solo al caso español, a las elecciones autonómicas madrileñas del 4 de mayo de 2021 donde uno de los principales lemas de campaña de Unidas Podemos fue justamente «Democracia o fascismo».

Superado, no sin dificultades, el escollo del populismo, nos encontramos pues con otro obstáculo, posiblemente aún más grande: el del fascismo. El mismo Comité Económico y Social Europeo de la Unión Europea emitió a finales de 2018 una declaración en la cual se afirmaba que «el fascismo está en auge otra vez, en Europa y en todo el mundo»[93]. ¿Ha vuelto pues el fascismo justo a un siglo de distancia de la fundación de los *Fasci di Combattimento* por parte de Benito Mussolini? ¿O, más bien, el fantasma del fascismo nos impide ver qué hay de nuevo –y diferente– en fenómenos como el trumpismo, el bolsonarismo, la Liga de Salvini, el lepenismo, la Fidesz de Orbán, la misma Vox o el Partido de la Libertad austriaco?

A la pregunta de *Vox* –la revista, no la formación política– la mayoría de los especialistas contestó de forma bastante clara negando que Trump fuese un fascista. Aun así, destacaban los matices y la dificultad para encontrar una definición consensuada. Robert Paxton prefería utilizar términos como oligarquía o plutocracia para hablar del sistema de poder trumpista, mientras que Roger Griffin tildaba al entonces presidente de populista iliberal y Ruth Ben-Ghiat de autoritario que utiliza tácticas propias del fascismo. Jason Stanley iba un poco más allá: Trump no es un fascista, pero el trumpismo sí es un movimiento político y social fascista. Según el filósofo estadounidense, más que centrarse en el modelo de los regímenes fascistas, se debía mirar a las políticas fascistas que se encuentran también en la actualidad, incluso en el caso de Trump[94].

Es cierto que, tras el asalto al Capitolio, el mismo Robert Paxton se planteaba por primera vez llamar fascista a Donald Trump[95], sin embargo, a diferencia del periodismo o del mundo de la política, en la academia podríamos decir que hay un cierto consenso en

---

[93] Cit. por R. Griffin, *Fascismo. Una inmersión rápida*, Barcelona, Tibidabo, 2020, p. 17.
[94] D. Matthews, «Is Trump a fascist? 8 experts weigh in», *Vox*, 23 de octubre de 2020, disponible en [https://www.vox.com/policy-and-politics/21521958/what-is-fascism-signs-donald-trump], consultado el 21 de junio de 2021.
[95] R. Paxton, «I've Hesitated to Call Donald Trump a Fascist. Until Now», *Newsweek*, edición digital, 11 de enero de 2021, disponible en [https://www.newsweek.com/robert-paxton-trump-fascist-1560652], consultado el 21 de junio de 2021.

diferenciar el fascismo de la época de entreguerras de la ultraderecha de hoy en día. Esto no quita, de todas formas, el hecho de que existe una notable dificultad para ponerse de acuerdo en cómo llamar a los Trump, los Salvini, las Le Pen, los Abascal y sus partidos o movimientos políticos. Tampoco hay un acuerdo sobre si conviene utilizar una macrocategoría para etiquetar a todos estos partidos y movimientos o si es más correcto mantenerlos en buena medida separados, poniendo de relieve sus diferencias, más que los elementos que comparten. Así que entre las dudas y los debates de los académicos y la simplificación que a menudo hacen el periodismo y la política, la confusión, podríamos decir, reina soberana.

En realidad, el problema viene de lejos. Entre los historiadores, de hecho, ha habido −y sigue habiendo− un intenso debate sobre la definición misma del concepto de fascismo. Es cierto que a partir de la década de los noventa se han acercado las posiciones, pero el consenso que defiende, por ejemplo, Roger Griffin a partir de su definición de un llamado fascismo genérico −«el fascismo es una ideología política cuya esencia mítica, en sus distintos cambios, es una forma palingenética de ultranacionalismo populista»[96]− tampoco convence a la mayoría de los expertos en este ámbito de estudios. Las divergencias aumentan, además, cuando entramos en el análisis de casos concretos, más allá de la Italia de Mussolini o la Alemania de Hitler. ¿Fueron la Francia del mariscal Pétain, la Hungría de Horthy, el Portugal de Salazar, la España de Franco o la Austria de Dollfuss unos regímenes fascistas? ¿O se trató de unos regímenes más o menos fascistizados o sencillamente autoritarios? El caso del franquismo, donde existen interpretaciones que defienden cada una de estas categorías, es más que paradigmático. Hay quien ha propuesto, como el historiador italiano Enzo Collotti, hablar de *fascismos,* en plural, para poner de manifiesto las distintas declinaciones nacionales que se dieron: las diferencias existentes entre un régimen y otro no implicarían, en suma, que no podamos poner todas estas experiencias bajo el mismo paraguas[97].

¿Qué fue entonces el fascismo? Es necesario aclararlo para poder superar, o al menos rodear, este inmenso obstáculo y acercarnos a la nueva ultraderecha. El fascismo fue un movimiento político

---

[96] Griffin, *Fascismo,* op. cit., p. 88.
[97] Véase E. Collotti, *Fascismo, fascismi,* Florencia, Sansoni, 1989.

que nació al final de la Primera Guerra Mundial y que vivió su apogeo en las dos décadas siguientes en todo el continente europeo: su arraigo y propagación fue favorecida por la crisis económica de 1929 y por la llegada al poder de Hitler en Alemania en enero de 1933 –y su expansionismo militar durante la Segunda Guerra Mundial–. Nadie pone en duda que la cuna del fascismo fue Italia con la fundación, en marzo de 1919, de los *Fasci di Combattimento,* así como en considerar que la llegada al poder de Benito Mussolini a finales de 1922 y, sobre todo, su giro autoritario a comienzos de 1925, permitieron que allende los Alpes se mirara con interés a ese nuevo fenómeno político, planteándose adaptarlo o directamente importarlo. Sin embargo, y aunque la historiografía tardó mucho en aceptarlo –a grandes rasgos, al menos hasta los pioneros estudios de Emilio Gentile y Piergiorgio Zunino a caballo entre los años setenta y los ochenta–[98], el fascismo no fue solo un movimiento político: fue también una ideología política y un «mito» que se basaba en la mística patriótica, las tradiciones revolucionarias y dinámicas, y la continuación de la experiencia bélica en tiempos de paz, pero incluía también, en las palabras del historiador George L. Mosse, «sobras de anteriores ideologías y actitudes políticas, muchas de las cuales contrarias a las tradiciones fascistas. Fue un organismo saprófago que intentó apropiarse de todo lo que entre el siglo XIX y el XX había fascinado a la gente: el romanticismo, el liberalismo y el socialismo, así como el darwinismo y la tecnología moderna»[99].

Como definiciones sintéticas, además de la de Griffin citada anteriormente, podemos añadir otras dos consideradas ya como clásicas. Según Norberto Bobbio, «el fascismo es un sistema político que trata de llevar a cabo un encuadramiento unitario de una sociedad en crisis dentro de una dimensión dinámica y trágica promoviendo la movilización de las masas por medio de la identificación de las reivindicaciones sociales con las reivindicaciones nacionales»[100]. Mientras que, en palabras de Robert Paxton,

---

[98] Véase E. Gentile, *Le origini dell'ideologia fascista (1918-1925),* Bari, Laterza, 1975; y P. Zunino, *L'ideologia fascista. Miti, credenze e valori nella stabilizzazione del regime,* Bolonia, Il Mulino, 1985.

[99] G. L. Mosse, *L'uomo e le masse nelle ideologie nazionaliste,* Roma-Bari, Laterza, 1999, p. 172.

[100] N. Bobbio y N. Matteucci (eds.), *Diccionario de política,* 2 vols., Madrid, Siglo XXI de España, 1981.

se puede definir el fascismo como una forma de conducta política caracterizada por una preocupación obsesiva por la decadencia de la comunidad, su humillación o victimización y por cultos compensatorios de unidad, energía y pureza, en que un partido con una base de masas de militantes nacionalistas comprometidos, trabajando en una colaboración incómoda pero eficaz con elites tradicionales, abandona las libertades democráticas y persigue con violencia redentora y sin limitaciones éticas o legales objetivos de limpieza interna y expansión exterior[101].

Hoy en día es preciso, pues, considerar el ultranacionalismo, el anticomunismo, el antiliberalismo, el antiparlamentarismo, la condena de los valores de la Ilustración, el autoritarismo, el culto al líder y a la fuerza, elementos militaristas e imperialistas, la mística del heroísmo, de la acción y de la violencia, el corporativismo o sindicalismo nacional, esto es, la negación de la división social en clases, y el racismo y, aunque no siempre, el antisemitismo como las características principales del fascismo. Para entenderlo, no obstante, como un fenómeno histórico hay que añadir, por lo menos, una serie de elementos adicionales a este listado de características, teniendo presente, de todas formas, que puede haber diferencias entre un fascismo y otro. Como apuntó Roger Griffin,

> cada fascismo será distinto debido a que cada cultura nacional es única, así como las crisis a las que se enfrentan sus revolucionarios y los obstáculos que tendrán que superar para establecer un nuevo orden. Pero todos los fascismos comparten una serie de hipótesis sobre la evolución y la forma de la historia, además del tipo de enemigo de la nación, la raza [...] y la civilización a la que tienen que vencer[102].

En primer lugar, el fascismo fue hijo de la Gran Guerra: la experiencia que vivieron millones de hombres en las trincheras del primer conflicto mundial permitió el surgimiento de algo nuevo en oposición a lo que estaba considerado como viejo, caduco y carcomido. No es casualidad que ya en 1917 Mussolini, en las páginas de su periódico, *Il popolo d'Italia,* acuñase el neologismo de *trincero-*

---

[101] R. O. Paxton, *Anatomía del fascismo,* Barcelona, Península, 2005.
[102] Griffin, *Fascismo,* op. cit., pp. 80-81.

crazia, es decir, el poder o la aristocracia que estaba naciendo en las trincheras: el llamamiento que hizo a principios de 1919, recién terminada la guerra, a los excombatientes –concebidos como la fuerza revolucionaria para regenerar la nación– es más que sintomático, así como el mismo nombre que dio a su movimiento, *Fasci di Combattimento.* La experiencia en los frentes conllevó también la que el ya citado George L. Mosse definió como la brutalización de la política: tras más de cuatro años en que para muchas personas la vida había perdido su valor y la muerte se había convertido en una compañera de viaje, la violencia se transformó en un arma política. La entrada en escena de las escuadras fascistas, cuyos miembros llevaban un atuendo pseudomilitar representado por la camisa negra, modificó completamente la manera en que se concebía la política en tiempos de paz: los fascistas tomaron desprevenidos a los partidos democráticos y, gracias a los apoyos de industriales y grandes terratenientes, además de la condescendencia, en la mayoría de los casos, de las fuerzas del orden, destruyeron en pocos meses, entre 1920 y 1921, todo el entramado de casas del pueblo, asociaciones, cooperativas y sedes de partidos que el movimiento socialista italiano había creado con inmensos esfuerzos en el medio siglo anterior. Los números hablan por sí solos: hay historiadores como Franco Fabbri que, no sin razón, utilizan el sintagma de «guerra civil» para definir lo que pasó en la Italia de la primera posguerra[103]. Salvando todas las distancias, el caso alemán, entre otros, nos muestra unas características similares, a partir de la centralidad de las fuerzas paramilitares, en ese caso las *Sturmabteilung* (SA), las camisas pardas, en la acción política del partido en el ocaso de la República de Weimar.

Asimismo, el impacto de la Revolución rusa –un acontecimiento que es imposible entender si se desconecta de la Primera Guerra Mundial– y la conquista del poder por parte de los bolcheviques en octubre de 1917, con la consiguiente construcción de un régimen de tipo nuevo en el antiguo Imperio zarista, comportó no solamente una inmensa ola de simpatía en todo el mundo, con un trienio de gran protagonismo del movimiento obrero, sino también un miedo atávico a la expansión del comunismo en Europa e, incluso, en Estados Unidos. Resumiendo, y simplificando un poco, el fas-

---

[103] F. Fabbri, *Le origini della guerra civile. L'Italia dalla Grande guerra al fascismo,* Turín, UTET, 2009.

cismo fue una de las respuestas que se dio al ingreso de las masas en la historia y en la vida política; una respuesta que mostró cómo también la derecha, y no solo la izquierda, podía y sabía, a su manera, organizarse en partidos de masas.

Ahora bien, si la influencia y la importancia de la Gran Guerra es indudable, tampoco todo comienza en las trincheras del Somme o los Alpes. Ya a finales del siglo XIX había aparecido un nuevo tipo de nacionalismo, bien distinto del que había insuflado ánimos a dos generaciones de europeos que lucharon en la primera mitad de esa centuria para poner fin de una vez por todas a lo que quedaba del absolutismo del Antiguo Régimen que se había reformulado tras la etapa napoleónica. El ultranacionalismo antiliberal de la Acción Francesa, teorizado por Charles Maurras y Maurice Barrès, poco tenía que ver con el nacionalismo liberal de Giuseppe Mazzini o el patriotismo revolucionario de Giuseppe Garibaldi. Se insertaba, en cambio, en una época marcada por el imperialismo y se presentaba como una alternativa radical –o directamente revolucionaria– al orden existente, además de acudir y difundir la xenofobia y el racismo, como mostró claramente, en el caso francés, el antisemitismo defendido en los tiempos del *affaire* Dreyfus[104]. Tampoco el racismo será una invención del fascismo, así como la eugenesia, hija del darwinismo social que se impondrá en el último tercio del siglo XIX, como explicó de forma aguda el historiador Alejandro Andreassi estudiando la biologización de la política alemana tras 1870[105]: las políticas aplicadas por el régimen nacionalsocialista en la década de los treinta, incluido el genocidio de judíos, gitanos y homosexuales en los campos de exterminio, fueron sus máximas y dramáticas consecuencias. Lo mismo puede decirse por el irracionalismo anticonformista, bien representado por las obras de un filósofo como Friedrich Nietzsche, o las interpretaciones de la psicología de las masas, estudiada por Gustave Le Bon, que Mussolini consideraba uno de los autores que más le habían influenciado.

En síntesis, la Gran Guerra puede ser concebida como un punto de no retorno, un momento crucial donde diferentes ideas y teorías

---

[104] Z. Sternhell, *La droite révolutionnaire, 1885-1914, Les origines françaises du fascisme,* París, Seuil, 1978.
[105] Véase A. Andreassi, *El compromiso fáustico. La biologización de la política en Alemania, 1870-1945,* Barcelona, El Viejo Topo, 2015.

se mezclaron permitiendo el nacimiento de un nuevo y extraño mejunje y donde se aceleraron procesos que se habían vislumbrado en las décadas anteriores, como la unión de socialismo y nacionalismo. Piénsese, en el lustro anterior al estallido de la contienda, en la experiencia del Círculo Proudhon en que los ultranacionalistas de la Acción Francesa pusieron las bases para un diálogo con los sindicalistas revolucionarios influenciados por el pensamiento de Georges Sorel que, tras la guerra, el fascismo desarrolló a su manera[106]. O la experiencia similar que se dio en Italia alrededor de la Guerra ítalo-turca, o Guerra de Libia, de 1911-1912, cuando sectores del sindicalismo revolucionario defendieron la intervención italiana al lado de los más enfervorizados nacionalistas agrupados en la Asociación Nacionalista Italiana liderada por Enrico Corradini[107].

En segundo lugar, el fascismo se presentó y fue percibido como un fenómeno reaccionario y, al mismo tiempo, revolucionario. Los fascistas italianos consideraban la marcha sobre Roma de octubre de 1922 como una revolución. En el décimo aniversario, de hecho, el régimen organizó una imponente exposición para celebrar la llegada al poder del fascismo: su nombre fue, no por casualidad, el de *Mostra della Rivoluzione Fascista [Exposición de la Revolución Fascista]*. O, por poner otro ejemplo, una de las principales revistas del fascismo, fundada por el mismo Mussolini, *Gerarchia [Jerarquía]*, llevaba como subtítulo *Rassegna mensile della rivoluzione fascista [Reseña mensual de la revolución fascista]*. No hay que olvidar, además, que el inicio de la que se consideraba una nueva época marcó incluso el mismo calendario, mirando a la experiencia pasada de la Revolución francesa. Durante el régimen mussoliniano, de hecho, se contaban los años a partir de la marcha sobre Roma: según las camisas negras, el 28 de octubre de 1922 había empezado la era fascista. Esta característica, obviamente, no se circunscribe solo al caso italiano. La percepción y el convencimiento de que el fascismo era un fenómeno revolucionario era extendida en los años de entreguerras. Y no solo entre los fascistas. Entre otras, una prueba

---

[106] Al respecto véase, entre otros, Z. Sternhell, M. Sznajder y M. Asheri, *Naissance de l'idéologie fasciste,* París, Fayard, 1989 [ed. cast.: *El nacimiento de la ideología fascista,* Madrid, Siglo XXI de España, 1998].

[107] Véase M. Carli, *Nazione e rivoluzione. Il «socialismo nazionale» in Italia: mitologia di un discorso rivoluzionario,* Milán, Unicopli, 2001.

de ello es lo que escribió en 1935, en el *Discurso a las Juventudes de España,* Ramiro Ledesma Ramos, el fundador en 1931 de las Juntas de Ofensiva Nacional Sindicalistas (JONS) que se fusionarían unos años más tarde con la Falange Española de José Antonio Primo de Rivera:

> Mussolini organizó y dirigió el fascismo con arreglo a una mística *revolucionaria.* Y lo que de verdad hace de él un creador y un inventor, es decir, un caudillo moderno, es precisamente haber intuido o descubierto, antes que nadie, la presencia en esta época de una nueva fuerza motriz con posibilidades *revolucionarias,* o lo que es lo mismo, la presencia de una nueva palanca, de signo y estímulo diferentes a los tradicionalmente aceptados como tales, pero capaz también de conducir a la conquista *revolucionaria* del Estado[108].

Aunque hoy en día pueda parecer un contrasentido, el fascismo se concebía a sí mismo como un proyecto profundamente revolucionario: la voluntad no era solo la de construir un régimen de tipo nuevo –totalitario, de hecho–, sino también de plasmar unos hombres y unas mujeres nuevas a partir de una visión palingenésica de la sociedad. Las nuevas generaciones representaban, según los fascistas, el futuro de la nación: debían pues convertirse en unos «nuevos italianos» o en unos «nuevos alemanes» o en unos «nuevos españoles», dotados de nuevos valores, con el objetivo de continuar una revolución que habría transformado completamente las sociedades de sus países.

Todo esto se entrelaza con la que podemos considerar la tercera característica del fascismo como fenómeno histórico: la mezcla de lo tradicional y lo moderno, de lo «viejo» y lo «nuevo». El fascismo supo mantener esta tensión constante, sin percibirla como una verdadera contradicción. Así, mientras encontramos una evidente defensa de los valores tradicionales –empezando por la familia o las jerarquías sociales hasta el papel de la mujer concebida como ama de casa y madre de la patria–, a la par, el fascismo utilizó y quedó fascinado por la modernidad. La arquitectura es un ejemplo para-

---

[108] R. Ledesma Ramos, *Discurso a las Juventudes de España* (1935), disponible en [http://patriasindicalista.es/ateneoazul/ps_textos/ramiro_ledesma_ramos_discurso_juventudes.pdf], consultado el 21 de junio de 2021. La cursiva es mía.

digmático: piénsese, en el caso italiano, en el proyecto de la EUR en la periferia de la capital italiana, concebido para la Exposición Universal de Roma que se habría debido realizar en 1942, o en la recreación de unos edificios o monumentos que recordaban la arquitectura clásica con el objetivo de conectar directamente los fastos de la Roma imperial con el nuevo Imperio fascista mussoliniano. En el caso alemán, baste pensar en el proyecto de la Welthauptstadt Germania, una profunda reformulación de Berlín, ideado por Albert Speer o, entre otros, en el pabellón alemán de la Exposición Universal de París de 1937: el gigantismo, mezclado con un evidente culto a la modernidad, convivía, sin demasiados problemas, con el neoclasicismo, el *revival* medieval o el Art Decó, más conectados con el movimiento *Völkisch* de los años anteriores[109].

Así, en la literatura esta tensión aparentemente inconciliable es aún más evidente: en la Italia de Mussolini, sobre todo, las corrientes artísticas más tradicionales compartían espacios con las vanguardias –progresivamente domesticadas en sus expresiones más rupturistas y revolucionarias, todo sea dicho–, *in primis* el futurismo. Mussolini podía alabar a Filippo Tommaso Marinetti –el fundador del futurismo que en el manifiesto fundacional del movimiento, en 1909, proclamaba que quería destruir los museos, las bibliotecas y las academias– y nombrarlo miembro de la Academia de Italia, y al mismo tiempo podía impulsar la investigación arqueológica para reforzar la lectura del fascismo como una nueva Roma imperial. En la segunda mitad de los años veinte, esta tensión se plasmó en dos movimientos literarios y culturales: Strapaese (literalmente Extraaldea), representado por revistas como *Il Selvaggio* de Mino Maccari y *L'Italiano* de Leo Longanesi, defendía los valores tradicionales y rurales de Italia, mientras que Stracittà (literalmente Extraciudad), representado por *900* de Massimo Bontempelli, sostenía la relación entre fascismo y mundo moderno, y se proponía modernizar la cultura italiana. Ambos eran igual de fascistas, por así decirlo, tanto que uno de los *enfants prodiges* de la cultura del *ventennio*, Curzio Malaparte, participó al mismo tiempo en ambos. Esta capacidad omnívora del fascismo –Mosse lo calificó también por esto de organismo saprófago– ha llevado a la historiadora Maria Susan Stone a

---

[109] Véase R. Griffin, *Modernismo y fascismo. La sensación de comienzo bajo Mussolini y Hitler,* Madrid, Akal, 2010.

introducir el concepto de «pluralismo estético» para el caso de la Italia mussoliniana[110].

En cuarto lugar, aunque es evidente que conquistó y mantuvo el poder con la violencia, el fascismo no fue solamente violencia y represión. Es impensable que un régimen conserve el poder durante diez, veinte o cuarenta años solo con la fuerza bruta y el miedo. De hecho, una vez llegados al poder, los regímenes fascistas buscaron y, en buena medida, consiguieron el consenso de una parte importante, o incluso mayoritaria, de la población a través de distintas herramientas –desde la propaganda al encuadramiento de la población–, como mostró, para el caso italiano, el historiador Renzo De Felice[111]. El fascismo, en síntesis, venció con la violencia y convenció con un complejo entramado de «armas», incluso las más modernas como la radio o el cinematógrafo, que permitieron obtener una mezcla de obediencia pasiva y movilización activa de la población[112].

En quinto lugar, la búsqueda de un enemigo es otro de los elementos cruciales para entender el fascismo. El judío, así como los comunistas –o los bolcheviques o los «rojos»– se convirtieron en las principales amenazas para la nación, entendida como un organismo vivo y homogéneo. El enemigo, que debía ser derrotado y eliminado, incluso físicamente, no desaparecía nunca de la retórica, del discurso y de la propaganda del fascismo aunque este controlase ya todos los resortes del poder y los opositores que seguían con vida se encontrasen en las cárceles, en los campos de concentración o en el exilio. El título de un libro como *Giudaismo, bolscevismo, plutocrazia, massoneria [Judaísmo, bolchevismo, plutocracia, masonería]* escrito durante la Segunda Guerra Mundial por Giovanni Preziosi, periodista fascista italiano y excura, es una excelente muestra de la incesante necesidad de buscar y explotar unos supuestos enemigos, así como la idea del contubernio judeo-masónico-comunista, repetida hasta mediados de los setenta por el régimen franquista. La creación de un enemigo venía además a reforzar

---

[110] M. S. Stone, *The Patron State: Culture and Politics in Fascist Italy*, Princeton, Princeton University Press, 1998.

[111] Véase, a este repecto, R. De Felice, *Mussolini il Duce. Gli anni del consenso (1929-1936)*, Turín, Einaudi, 1974 y también P. V. Cannistraro, *La fabbrica del consenso. Fascismo e mass media*, Roma-Bari, Laterza, 1975.

[112] Véase S. Forti, «Vèncer, convèncer i subvencionar. Violència i consens al feixisme italià», *L'Espill (segona època)* 49 (2015), pp. 46-59.

la idea de *Volksgemeinschaft*, término alemán que podemos traducir como comunidad popular, entendida como el sentimiento de pertenecer a una sociedad armoniosa y libre de conflictos.

En sexto y último lugar, cabe mencionar también que, excepto algunos casos como el español, el fascismo llegó al poder de forma legal. Los partidos fascistas supieron aprovechar los contextos de crisis económica, social, política o nacional, como la crisis de la primera posguerra en Italia o la Gran Depresión en Alemania, para agrandar las grietas existentes en los aún débiles sistemas políticos liberales. El partido nazi, de hecho, abandonó la vía revolucionaria y abrazó la vía electoral tras el fracaso del golpe de Estado de la Cervecería de 1923, sin por esto dejar de lado el reforzamiento de sus fuerzas paramilitares y la utilización de la violencia en las calles. La marcha sobre Roma, por otro lado, no puede concebirse como un golpe de Estado, tampoco *sui generis,* sino como una forma, extrema hasta su máxima expresión, de presionar al jefe del Estado para que nombrase a Mussolini presidente del gobierno. El fascismo, en suma, negaba radicalmente la democracia, pero utilizó todos los resortes que esta ofrecía, empezando por la participación en las elecciones, para hacerse con el poder y destruirla desde dentro.

No se olvide, además, que los partidos conservadores tuvieron una enorme responsabilidad en el avance, la legitimación y la llegada al gobierno de los fascismos: en las elecciones italianas de mayo de 1921, los liberales y los conservadores incluyeron candidatos fascistas en las listas de los llamados Bloques Nacionales con el objetivo de evitar una posible victoria de los socialistas. Los fascistas fueron «utilizados» como fuerza de choque, no solo en las calles, sino también en la movilización electoral y en el mismo Parlamento, para pararle los pies a la tan temida «hidra bolchevique». En aquel entonces el fascismo, que aún no se había constituido en partido, no tenía representación parlamentaria: fue gracias a figuras como Giovanni Giolitti, quien luego se transformaría en opositor de la dictadura, que Mussolini pudo hacerse con el acta de diputado, junto a otros 34 dirigentes del movimiento fascista. Asimismo, tras la marcha sobre Roma, conservadores y liberales votaron a favor del primer gobierno presidido por el líder del fascismo, en el cual se sentaron incluso como ministros.

Salvando todas las distancias, la situación en Alemania fue parecida: durante la profunda crisis de la República de Weimar, los conservadores y los liberales no se opusieron como hubiesen podido al partido nacionalsocialista, favoreciendo su llegada a la cancillería en enero de 1933. Para más inri, el 23 de marzo de ese mismo año todas las formaciones políticas, excepto los comunistas –que no pudieron recoger las actas de diputados tras las elecciones del anterior 5 de marzo– y los socialdemócratas, votaron a favor de la Ley Habilitante que entregó en la práctica todos los poderes a Hitler y quebró la separación de poderes, abriendo el camino a la rápida instauración de la dictadura. Los conservadores, en suma, o al menos una gran parte de ellos, pensaron utilizar el fascismo para evitar una revolución comunista y derrotar al movimiento obrero, pero en realidad el monstruo que ellos mismos alimentaron y legitimaron acabó en muy poco tiempo por devorarles.

Estos seis elementos nos muestran la importancia de estudiar históricamente un fenómeno para poder comprenderlo. En caso contrario, el riesgo es que, como dice el refrán español, «de noche, todos los gatos son pardos».

Fascismo eterno frente a fascismo histórico

Volviendo a las interpretaciones que se están ofreciendo de la nueva ultraderecha, quizá lo que enredó aún más las cosas fue la publicación de una breve y sugerente obra de un intelectual respetado y admirado como Umberto Eco. El semiólogo italiano nos dejó en febrero de 2016, justo al principio de un año que marcaría un antes y un después en la política internacional. No pudo así escribir sobre la última ola ultraderechista que estaba ya asomando al horizonte. Sin embargo, un año después de su muerte se volvió a publicar –antes en Italia, luego también en traducción española– una conferencia que dio en Estados Unidos en 1995 titulada *Eternal Fascism*[113]. Ahí Eco planteaba el concepto de *Ur-Fascismo* o *fascismo eterno*, es decir, una serie de características típicas –ahistóricas podríamos decir– de lo que sería el fascismo: desde el culto de la tradición, el rechazo del modernismo y el culto de la acción por la acción a la indisponibilidad en aceptar cualquier crítica, el miedo

---

[113] U. Eco, *Il fascismo eterno*, Milán, La nave di Teseo, 2017 [ed. cast.: *Contra el fascismo*, Barcelona, Penguin Random House, 2018].

al Otro, el llamamiento a las clases medias frustradas y la obsesión por el complot, pasando por el culto de la guerra, un elitismo popular, el heroísmo, el machismo, un «populismo cualitativo» y la creación de una neolengua. Según Eco, la presencia de al menos una de estas características sería suficiente para que se pudiese crear «una nebulosa fascista»[114].

La propuesta de Eco no deja de ser interesante y, no cabe duda de ello, cautivadora. Lo mostraba también el periodista Antonio Maestre en un artículo publicado en *Eldiario.es* en octubre de 2019 donde aplicaba las características típicas expuestas por el semiólogo italiano en el análisis de la cuenta de Instagram de Santiago Abascal[115]. Sin embargo, se debe también contextualizar el texto de Eco: el autor de *El nombre de la rosa* hablaba frente a un público de estudiantes norteamericanos un 25 de abril, día de la liberación del nazifascismo en Italia, poco después de que Estados Unidos hubiera sufrido el atentado de Oklahoma City y hubiera descubierto la existencia de organizaciones militares de extrema derecha. Además, a Eco no podía no rondarle en la cabeza lo que había pasado un año antes en su país: el colapso de la Primera República nacida de la resistencia y la llegada al poder de Berlusconi que abrió las puertas del poder a los posfascistas del Movimiento Social Italiano que estaba a punto de transformarse en la más presentable Alianza Nacional.

En el último lustro, la tesis de Eco ha tenido un gran predicamento sobre todo entre las izquierdas: al contrario de lo que sostiene prácticamente toda la historiografía internacional, el fascismo –se dice directa o indirectamente– habría seguido existiendo también después de la derrota del Eje en 1945 y, como un río kárstico, puede reaparecer también en la actualidad. Salvini, Trump y Abascal serían la prueba fehaciente de ello. En continuidad con la tesis de Eco, en una obra publicada en Estados Unidos en 2018, Jason Stanley apuesta por definir al *fascismo* como el «ultranacionalismo de distinto tipo (étnico, religioso, cultural), en el que la figura de

---

[114] Eco, *Il fascismo eterno,* op. cit., pp. 45, 33.
[115] A. Maestre, «El *ur-fascismo* de Abascal a través de su cuenta de Instagram», *Eldiario.es,* 5 de octubre de 2019, disponible en [https://www.eldiario.es/opinion/zona-critica/ur-fascismo-abascal-traves-cuenta-instagram_129_1326014.html], consultado el 21 de junio de 2021.

un líder autoritario representa a la nación y habla por ella»[116]. Consecuentemente, el líder húngaro Viktor Orbán sería un «fascista posmoderno». El filósofo estadounidense se centra especialmente en los casos de Rusia, Hungría, Polonia, la India, Turquía y Estados Unidos, pero se refiere, a fin de cuentas, a toda la ola autoritaria y nacionalista que ha calado en gran parte del mundo. Stanley analiza lo que denomina «*política* fascista», es decir, «las tácticas fascistas, como mecanismo para obtener el poder», a saber: «el pasado mítico, la propaganda, el antiintelectualismo, la irrealidad, la jerarquía, el victimismo, el orden público, la ansiedad sexual, el llamamiento al espíritu de la nación y el desmantelamiento del Estado de bienestar y la unidad»[117].

Ahora bien, volvemos otra vez a la misma pregunta: ¿tiene sentido utilizar el concepto de fascismo –aunque hablemos de políticas o estrategias fascistas– para definir las nuevas extremas derechas del siglo XXI e, incluso, regímenes autoritarios en diferentes latitudes? Utilizándolo tanto y, a veces, de forma totalmente indiscriminada ¿no corremos el riesgo de vaciar de significado el concepto de fascismo, haciendo además un flaco favor al conocimiento histórico? De hecho, fascista, o más sencillamente *facha,* hoy en día no es nada más que un insulto que ha perdido todas (o casi todas) sus connotaciones ideológicas. Baste un ejemplo sacado de la política española: en octubre de 2017, durante un pleno municipal, Teófila Martínez increpó al alcalde de Cádiz, José María *Kichi* González, gritándole «¡Eres un cacique, un cobarde y un fascista!»[118]. Más allá de las trifulcas de la política local gaditana, el hecho en sí es interesante porque quien acusa de fascista a *Kichi* González no es una *black bloc* que adoptara la resistencia al sistema capitalista como estilo de vida, sino nada menos que la líder del Partido Popular de Cádiz. Para más inri, Teófila Martínez ha sido alcaldesa de la antigua Gadir durante veinte años hasta perder las elecciones en 2015, desbancada por la coalición municipalista Por Cádiz Sí Se Puede.

---

[116] J. Stanley, *Facha. Cómo funciona el fascismo y cómo ha entrado en tu vida,* Barcelona, Blackie Books, 2019, p. 7.
[117] Stanley, *Facha,* op. cit., p. 8.
[118] «Teófila Martínez al alcalde de Cádiz: "Eres un cacique y un fascista"», *Eldiario.es,* 24 de octubre de 2017, disponible en [https://www.eldiario.es/andalucia/cadiz/teofila-martinez-alcalde-cadiz-fascista_1_3115068.html], consultado el 21 de junio de 2021.

Parece el mundo al revés: los herederos del franquismo que tachan de fascista a un activista social. Como reconocía Roger Griffin, «el término fascismo sufrió una inflación semántica y, cuanto más lo usaba la gente, su valor como concepto se devaluaba más, como una divisa sin valor»[119].

A este respecto, Emilio Gentile afirmaba que «el fascismo es el único fenómeno político al cual se le atribuye una extraordinaria capacidad mimética, la vocación de volver camuflado con otros ropajes». El historiador italiano considera la tesis del *fascismo eterno* como una consecuencia de la defascistización y la banalización del fascismo que ha llevado a la que define una especie de «ahistoriología [...] en la que el pasado histórico se va adaptando continuamente a los deseos, esperanzas y temores actuales»[120]. Según Gentile, «no podemos prescindir del fascismo histórico para definir quién es fascista o usar el término "fascista" para movimientos políticos que no presentan en absoluto sus características peculiares, o incluso tienen características opuestas al fascismo histórico»; es decir, al fenómeno político que se impuso en Italia en los años de entreguerras «como partido milicia, régimen totalitario, religión política, regimentación de la población, militarismo integral, preparación belicosa a la expansión imperial» y que se convirtió en un modelo para otros partidos y regímenes surgidos en la Europa de entreguerras. Así, el historiador italiano defiende que «los actuales neonacionalistas populistas, que poseen una legitimación democrática» son algo distinto: en su origen se encuentra «un temor a la modernidad, la adopción de una política de proteccionismo defensivo, para cerrar puertas y ventanas, para salvaguardar inciertas identidades nacionales, amenazadas por la globalización y por las "invasiones de inmigrantes"»[121].

Según Roger Griffin, en cambio, el fascismo como ideología sobrevivió a la Segunda Guerra Mundial y supo mutar y adaptarse a los nuevos tiempos, transformándose en *neofascismo*. El historiador británico, cuya definición de fascismo genérico hemos visto en las páginas anteriores, defiende que la esencia ineliminable del fascismo es «la visión de la nación renacida que se concibió en térmi-

---

[119] Griffin, *Fascismo,* op. cit., p. 45.
[120] E. Gentile, *Quién es fascista,* Madrid, Alianza, 2019, pp. 181, 14-15.
[121] *Ibid.,* pp. 28-29, 139-140.

nos ultranacionalistas y con tendencias racistas»[122] con el objetivo de realizar un cambio revolucionario para un nuevo orden. La propuesta de Griffin junta los submitos de la ultranación, entendida como una comunidad imaginada que abarca el pasado de la nación y su futuro, y la palingénesis, esto es, el resurgimiento de la decadencia que se produciría al eliminar los enemigos de la renovación de la nación. Ya durante el periodo de entreguerras, el fascismo mostró su esencia polimorfa y se dieron diferentes casos de lo que el historiador británico llama «fascismos fallidos», es decir, fascismos que fueron marginalizados, suprimidos o reducidos al estado de régimen títere. Según Griffin, la era fascista terminó en 1945, con la derrota del Eje, pero en las décadas posteriores el fascismo habría mostrado una gran «vitalidad y adaptabilidad» para sobrevivir en unos «hábitats muy tóxicos»[123]. Habrían surgido pues una serie de nuevas formas, tácticas y estrategias para «permitir que el nacionalismo revolucionario se adaptara a una era esencialmente posfascista», como la grupuscularización, la internacionalización, la metapolitización y la virtualización. Esta evolución se habría hecho visible en diferentes formatos como «el partido pseudodemocrático; grupos paramilitares y violentos sin partidos; redes internacionales político-culturales o virtuales en busca de una "tercera posición" o "tercera dirección" entre el capitalismo y el bolchevismo [...]; la rehabilitación del nacismo a través del revisionismo histórico y la apuesta de la Nueva Derecha por el resurgimiento cultural metapolítico»[124].

De todas formas, para Griffin es prácticamente imposible que el fascismo en la actualidad pueda conseguir los éxitos de entreguerras o, en sus palabras, duplicar el «proceso de agregación orgánica» que le permitió conquistar el poder en diversos países. Resumiendo la tesis del autor de *Fascismo y modernismo*, el fascismo no habría muerto, pero se habría transformado y en la actualidad representaría sectores marginales o muy marginales. Ahora bien, ¿cómo definir la nueva extrema derecha, ya que queda claro que no se trata de fascismo? A esta pregunta Griffin contesta a medias, en realidad. Trump representaría un «populismo "democrático" de derechas» o un «populismo radical de derechas», que no se debe con-

---

[122] Griffin, *Fascismo,* op. cit., p. 90.
[123] *Ibid.,* pp. 134, 174, 175.
[124] *Ibid.,* p. 176.

fundir con el «nacionalismo revolucionario», ya que «no pretende crear un nuevo orden, sino "limpiar" el sistema actual». En síntesis, el auge de Trump, así como el de Salvini o Farage, demostraría, más que el resurgir del fascismo, «una inquietante normalización dentro de la sociedad corriente de una interpretación identitaria y etnocéntrica de la democracia»[125].

También Federico Finchelstein defiende que el fascismo terminó con el final de la Segunda Guerra Mundial. Sin embargo, afirma que es justamente la derrota del Eje en 1945 lo que comporta una transformación del populismo que de movimiento en la oposición, es decir, un *populismo incompleto,* pasa a ser un *populismo moderno.* Según el historiador argentino, habría pues una continuidad histórica: «el populismo está genética e históricamente ligado al fascismo. Se podría sostener que es su heredero: un posfascismo para tiempos democráticos, que combina un compromiso limitado con la democracia y que presenta impulsos autoritarios y antidemocráticos». Dicho de otro modo, el populismo vendría a ser «una reacción posfascista contra el liberalismo y la izquierda». «El fascismo», explica Finchelstein, «postulaba un orden totalitario que produjo formas radicales de violencia política y genocidio». En cambio el populismo «intentaba reformar y modular el legado fascista en clave democrática», es decir, «transmite una concepción plebiscitaria de la política y rechaza la forma fascista de la dictadura». Según el historiador argentino, el populismo es pues «una forma de democracia electoral autoritaria», puede ser de izquierda, centro o derecha y tiene puntos en común con el neofascismo –la mitificación del pueblo, el liderazgo carismático, la identificación del pueblo con una comunidad nacional que para el populismo de derecha radical se define en término étnicos–, pero también diferencias. Así «cuando el populismo se vuelve antidemocrático totalmente, deja de ser populismo» y se convierte en una dictadura. En el caso de Trump, por ejemplo, Finchelstein afirma que a partir de 2017 «el populismo norteamericano se ha convertido en el posfascismo más relevante del nuevo siglo»[126]. En fin, se ha circunnavegado el escollo del fascismo para volver a chocar con la misma piedra, la del populismo.

---

[125] *Ibid.,* pp. 233-235.
[126] F. Finchelstein, *Del fascismo al populismo en la historia,* Madrid, Taurus, 2019, pp. 259, 42, 15, 19, 21, 27, 258.

De forma similar a Gentile, Enzo Traverso considera que la palabra *fascismo* es más bien un obstáculo para entender la difusión de la ultraderecha en la actualidad y prefiere hablar de *posfascismo*. A diferencia del *neofascismo*, que reivindica abiertamente el fascismo histórico, el *posfascismo* ha conseguido emanciparse de él y ya no reivindica esa matriz político-cultural. «Lo que caracteriza al posfascismo», escribe Traverso, «es un particular régimen de historicidad –el inicio del siglo XXI– que explica su contenido ideológico fluctuante, inestable, a menudo contradictorio, en el cual se mezclan filosofías políticas antinómicas»[127]. Según el historiador italiano, no se puede reducir el fascismo al carácter de un líder ni a las predisposiciones psicológicas de sus partidarios: al contrario de lo que afirmaron varios intelectuales de la izquierda *liberal* estadounidense, Trump no sería un fascista, sino «un líder posfascista sin fascismo». El posfascismo, explica Traverso, no tiene unos valores «fuertes» como sus antepasados en la década de los treinta, sino que «pretende llenar el vacío dejado por la política reducida a *impolítica*» a través de unas recetas políticamente reaccionarias y socialmente retrógradas, además de la defensa de un modelo de democracia plebiscitaria que anula toda deliberación colectiva en una relación emotiva entre el pueblo y el líder[128].

En el campo de la politología, el análisis es parcialmente distinto. Piero Ignazi, por ejemplo, en un estudio pionero publicado a mediados de la década de los noventa, trazaba una distinción entre lo que definía como partidos de la «extrema derecha tradicional» o neofascistas y aquellos de la «extrema derecha postindustrial» que definía también como «nueva extrema derecha». Entre los primeros, que representarían los intentos para reciclar algunas formas de fascismo histórico, ponía el Movimiento Social Italiano, el National Front británico o el Vlaams Blok en Bélgica. Los segundos, en cambio, representarían una extrema derecha *modernizada* aparecida a partir de finales de los setenta, como el Frente Nacional francés, el FPÖ austriaco, los Republikaner alemanes o el Partido del Progreso danés. Se trataría de una serie de formaciones que expresaban y explotaban los miedos y las angustias que la globalización y la construcción europea habían causado entre los ciudadanos de la Europa occidental,

---

[127] Traverso, *I nuovi volti del fascismo,* op. cit., p. 13.
[128] *Ibid.,* pp. 26, 32.

junto a una protesta antifiscal y un sentimiento de inseguridad alimentado por la xenofobia en contra de los inmigrantes[129].

Así, Cas Mudde, uno de los mayores expertos sobre estas temáticas, propone hablar de *ultraderecha,* una macrocategoría –que «no es singular, sino plural»– en la cual entrarían tanto la *extrema derecha* como la *derecha radical.* Ambas se oponen, según el politólogo holandés, al consenso liberal de posguerra, pero tienen unas posturas distintas a propósito de la democracia: la primera es esencialmente antidemocrática, esto es, que rechaza la esencia misma de la democracia, mientras que la segunda es «anti-liberal-demócrata», es decir, que «acepta la esencia de la democracia, pero se opone a elementos fundamentales de la democracia liberal, y de manera muy especial, a los derechos de las minorías, al Estado de derecho y a la separación de poderes». La primera sería revolucionaria y la segunda sería reformista, así que solo la derecha radical puede ser populista porque, según Mudde, el populismo es, al menos teóricamente, prodemocrático. Enmarcando su análisis en una cronología delimitada por las diferentes olas ultraderechistas, de las que ya hablamos al principio de este volumen, Mudde considera que en la cuarta ola, que ha empezado con el nuevo milenio, la ultraderecha se ha desmarginado y normalizado. Este proceso afecta sobre todo a la derecha radical –representada por fenómenos como el Frente Nacional, el FPÖ, Trump, la Liga de Salvini, etc.– que ha implicado una radicalización de los partidos convencionales que han ido asumiendo, en muchos casos, discursos y políticas de la derecha radical. Así, por ejemplo, hablando de Vox, Mudde considera el partido liderado por Abascal como «una versión ligeramente más radical (y "nativista") del conservadurismo convencional, antes que una versión moderada del neofascismo como habían sido la mayoría de los partidos ultraderechistas en España», en referencia a formaciones como Democracia Nacional o las diferentes refundaciones de Falange[130].

La propuesta interpretativa de Mudde es sin duda interesante y tiene la virtud de superar el obstáculo del fascismo, pero plantea otro problema. Como apunta Beatriz Acha Ugarte, «¿podemos concebir una democracia no pluralista? ¿Podemos calificar de de-

---

[129] P. Ignazi, *L'estrema destra in Europa,* Bolonia, Il Mulino, 1994.
[130] Mudde, *La ultraderecha hoy,* op. cit., pp. 215, 25, 14.

mocráticas –aunque no en su "versión liberal"– a fuerzas que, en su tratamiento del "otro" (inmigrante, extranjero), muestran su desprecio al principio democrático de igualdad?». Según esta socióloga, «no se puede rechazar la democracia liberal sin rechazar también, de alguna manera, la democracia», así que se debería ser «cautos al considerar[las] formaciones democráticas, pues defienden una *ideología de la exclusión* incompatible, incluso con [la] versión meramente procedimental» de la democracia[131].

Además, hay otra cuestión que hay que tener en cuenta: en la ciencia política se ha llegado a un cierto consenso en definir como *radical left*, es decir, *izquierda radical*, a los partidos de la nueva izquierda que nacieron o se refundaron tras la disolución de la Unión Soviética, como Syriza, Izquierda Unida, Podemos, Die Linke o Rifondazione Comunista. ¿Podemos consecuentemente definir con el adjetivo «radical», como si existiese una especie de homología, a las formaciones de la nueva ultraderecha? Personalmente, creo que es un error: la izquierda radical, de hecho, critica a los sistemas liberales existentes, centrándose sobre todo en el modelo neoliberal y las cuestiones económicas, y pide una reforma de estos, pero no pone en discusión los logros y los derechos democráticos garantizados por estos sistemas. Más bien, pide una ampliación y profundización de estos mismos derechos, junto a una disminución de las desigualdades. Como apunta Marco Damiani, los partidos de la izquierda radical en la Unión Europea no son partidos antisistema, sino *anti-political establishment parties*[132]. No se proponen, en síntesis, ni tumbar a las democracias liberales ni vaciarlas de su contenido: la actuación de las formaciones de izquierda radical que han llegado en los últimos años al gobierno en algunos países europeos, como Syriza en Grecia (2015-2019) o Unidas Podemos a partir de 2020 en España, así como, ya antes, Rifondazione Comunista en Italia (2006-2008), son una prueba fehaciente de ello. La nueva extrema derecha, en cambio, no solo critica a las democracias liberales, como ha apuntado también Cas Mudde, sino que se opone claramente a su misma esencia y propone, más o menos explícitamente, transitar

---

[131] B. Acha Ugarte, *Analizar el auge de la ultraderecha*, Barcelona, Gedisa, 2021, pp. 43, 44, 58.
[132] M. Damiani, *La sinistra radicale in Europa. Italia, Spagna, Francia, Germania*, Roma, Donzelli, 2016, pp. 12-21.

hacia un sistema distinto, como muestra el caso de la democracia iliberal de Hungría. Si llamamos derecha radical a Orbán, Trump o Salvini lo que estamos haciendo es, a fin de cuentas, blanquearlos.

También Jean-Yves Camus y Nicolas Lebourg comparten la idea de que el fascismo terminó con la derrota del Eje en la Segunda Guerra Mundial. De forma similar a Griffin, apuntan que tras 1945 «el fascismo ha sobrevivido como sustrato ideológico, pero ha perdido todo lo que eran sus marcas distintivas […]. Conserva su decoro solamente en microsectas folclóricas que muestran justamente más la vertiente cultural que la política». Sin embargo, incluyen el fascismo en la macrocategoría de *extrema derecha,* de la cual subrayan la pluralidad y heterogeneidad a lo largo del siglo XX y también en estos comienzos de milenio. La extrema derecha de Camus y Lebourg vendría a ser, en buena medida, lo que es la ultraderecha para Mudde, una macrocategoría en la cual podemos abarcar tanto los grupúsculos neofascistas o neonazis, así como formaciones como el Frente Nacional o la Liga Norte.

A partir de los años setenta y los ochenta, en la que vendría a ser, a grandes rasgos, la tercera ola ultraderechista que describió Klaus von Beyme, los dos autores franceses ponen el énfasis en el fenómeno populista del cual muestran tres diferentes matrices y evoluciones. La primera tipología de populismo, como el austriaco y el de Flandes, tenía una matriz radical y ha evolucionado hacia un populismo identitario. La segunda tipología, representada por los partidos danés o noruego, tenía una matriz antifiscal y ha evolucionado hacia un «identitarismo de la prosperidad». Finalmente, la tercera tipología de populismo, como el suizo o el finlandés, tenía una matriz agraria y ha evolucionado hacia un «liberalismo hedonista securitario». Estos populismos se explicarían «por un comportamiento posmoderno […], pero que está dirigido contra la posmodernidad»[133]. Para la cuarta ola, es decir, con el inicio del nuevo milenio, Camus y Lebourg prefieren hablar de *neopopulismo* que seguiría tres modelos en Europa: el Partido de la Libertad holandés, liderado por Geert Wilders; los griegos de Amanecer Dorado; y el Frente Nacional (FN) francés. Además, según los dos autores, tras la llegada a la presidencia del partido de Marine Le Pen, el FN habría pasado del nacionalpopulismo a un «soberanismo inte-

---

[133] Camus y Lebourg, *Les droites extrême en Europe,* op. cit., pp. 50, 239-240.

gral», es decir, «un soberanismo político, económico, cultural que promete al elector de todas las clases sociales la protección de la globalización económica, demográfica y cultural y, al mismo tiempo, el disfrute tanto de los beneficios del capitalismo empresarial [...] como de la protección del Estado-providencia»[134]. En síntesis, Camus y Lebourg nos hablan, para los movimientos y los partidos que nos interesan, de una extrema derecha nacionalpopulista o neopopulista.

Mencionemos todavía una última propuesta interpretativa: recogiendo en buena medida las propuestas de Ignazi y Mudde, Aitor Hernández-Carr se decanta por el concepto de *nueva extrema derecha,* dentro de la cual reconoce una extrema derecha tradicional, esto es, los partidos neofascistas o muy vinculados a la experiencia del fascismo histórico como el Frente Nacional francés, el FPÖ y el Vlaams Belang flamenco, y una derecha radical populista, es decir, unos partidos completamente nuevos que no hacen ningún tipo de referencia al universo político fascista, como la Liga Norte, la Lista de Pim Fortuyn o el Partido de la Libertad holandés[135].

Entre todas las diferentes interpretaciones que hemos visto, no es difícil percibir, pues, que «hay un gran desorden bajo el cielo». Sin embargo, al contrario de lo que afirmó Mao Tse-Tung, la situación dista mucho de ser «excelente».

---

[134] *Ibid.,* pp. 61-62.
[135] A. Hernández-Carr, «El resurgir de la extrema derecha en Europa: características y clave interpretativas», en J. A. Mellón (coord.), *El fascismo clásico (1919 1945) y sus epígonos,* Madrid, Tecnos, 2012, pp. 263-297.

II. EXTREMA DERECHA 2.0: UNA DEFINICIÓN

Entonces, ¿con qué nos quedamos? ¿Neonacionalismo populista? ¿Populismo «democrático» de derecha? ¿Posfascismo? ¿Extrema derecha postindustrial? ¿Ultraderecha o derecha radical? ¿Extrema derecha neopopulista? ¿O deberíamos considerar el populismo como una especie de posfascismo? La «guerra terminológica», de la cual hablaban hace más de quince años Sarah De Lange y Cas Mudde, parece seguir sin que se vislumbre ninguna tregua en el horizonte[1]. Sin duda, todas estas propuestas tienen sus virtudes y podemos compartir mucho de cómo describen este fenómeno. Sin embargo, creo que la respuesta sobre cómo debemos llamar a los Bolsonaro, los Abascal o los Orbán debe ser otra.

Por un lado, debemos partir de una premisa que, a grandes rasgos, comparten todos los historiadores y politólogos antes mencionados: nos encontramos ante un fenómeno radicalmente nuevo. La Liga, Alternativa para Alemania, el Partido de la Libertad holandés, la Agrupación Nacional o Fidesz no son el partido milicia fascista de la época de entreguerras. No quieren encuadrar a la sociedad, instaurar un régimen autoritario unipartidista, construir un «hombre nuevo» o crear una religión política. No tienen un proyecto imperialista en política exterior. Como mucho, y no todos, llenan su retórica de la grandeza nacional del pasado: la Hungría milenaria de Orbán, el «*Make America Great Again*» trumpista o la Iberosfera de Vox, que le guiña el ojo a la memoria del Imperio español. Tampoco son algo parecido a los partidos neofascistas de la segunda mitad del siglo XX. Los ultras de la actualidad visten camisa y americana, a veces incluso se ponen una corbata: ya no se les ve con cabeza rapada, chupas de cuero y esvásticas tatuadas haciendo el saludo romano en concentraciones autoguetizantes. Esto no quiere

---

[1] S. De Lange y C. Mudde, «Political extremism in Europe», *European Political Science* 4 (2005), pp. 476-488.

decir, *ça va sans dire,* que no sean peligrosos. Hablan, así dicen, el lenguaje de la gente corriente, defienden el «sentido común», se alejan formalmente de las ideologías del pasado. Al mismo tiempo, el mundo ha cambiado. Radicalmente. Aunque nuestros sistemas institucionales son hijos de la época contemporánea y no han sufrido grandes transformaciones, nuestras sociedades ya no son las mismas. Además, el miedo a los cambios rápidos que estamos viviendo –en el mundo del trabajo, las comunicaciones, la tecnología, etc.– han conllevado una verdadera crisis cultural y de valores difícilmente comparable con épocas anteriores. Estas formaciones son hijas de este comienzo de principios de siglo XXI, de sus transformaciones, miedos y percepciones.

Tal como apuntan Gentile, Traverso, Griffin, Finchelstein o Eatwell y Goodwin, no tiene sentido hablar de fascismo o neofascismo para definir estas formaciones políticas. Para un fenómeno nuevo es necesaria una definición nueva: no podemos recurrir a conceptos ya existentes. Ahora bien, si consideramos que el populismo no es una ideología, sino un estilo, un lenguaje o una estrategia política, como defienden, entre otros, Laclau, Moffitt y Tormey, Diamanti y Lazar o el propio Traverso, tampoco nos sirve el concepto de populismo, se decline como se decline: nacional, turbo o de derecha radical. Eso sí, todas estas formaciones y sus líderes son demagogos y utilizan sin duda alguna las herramientas populistas porque nos encontramos en una fase o momento populista. Definirlos por lo que es una marca de los tiempos –y, a fin de cuentas, un adjetivo– no aporta gran cosa a su comprensión. Al contrario: acaba, consciente o inconscientemente, blanqueándolos.

A todo esto hay que añadir otras tres consideraciones. Por un lado, aunque Trump, Salvini, Le Pen y compañía rechacen definirse de extrema derecha y jueguen con el desdibujamiento de las ideologías y la superación del eje izquierda-derecha, no cabe duda alguna de que se sitúan, ideológica y políticamente hablando, en la extrema derecha, aunque puedan tener algunos elementos, para así decirlo, inusuales o peculiares en sus discursos y propuestas. No olvidemos, de todas formas, que también el fascismo del periodo de entreguerras se diferenciaba de las derechas reaccionarias del siglo XIX: sin embargo, esto no implica que no se le considere de extrema derecha. Por otro lado, las nuevas tecnologías han revolucionado nuestras sociedades: no hace falta recordar aquí cómo y cuánto han cambiado el papel de los medios de comunicación, las mismas relaciones sociales y la propaganda política en los últimos veinte años. Todas estas formaciones han demostrado ampliamente saber aprovechar más y mejor que los partidos tradicionales estas nuevas tecnologías, empezando por las redes sociales –Facebook, Twitter, Instagram, WhatsApp, TikTok, etc.– y continuando con la perfilación de datos de forma alegal o directamente ilegal, como demostró el escándalo de Cambridge Analytica. Es esta una característica que no podemos pasar por alto ni considerar secundaria.

En tercer lugar, las macrocategorías son útiles para entender los procesos históricos. Nadie, por ejemplo, ha puesto en duda la utilización del concepto de liberalismo o comunismo para hablar de fenómenos muy distintos en la época contemporánea. Para centrarnos en el segundo caso, todo el mundo, sin grandes aspavientos ni intensos debates teóricos, ha llamado y sigue llamando *comunistas* tanto a la Unión Soviética de Stalin como a la de Gorbachov, tanto a la China de Mao como a la de Xi Jinping, así como a la Cuba castrista, a la Camboya de Pol Pot, a la Hungría de Kádár o a la Corea del Norte de Kim Jong-un. Eso no quiere decir que se sostenga que sean experiencias idénticas: sencillamente, hay un consenso generalizado en que todas entran en una macrocategoría que define algunos de sus rasgos principales. Como sabemos, en el caso del fascismo no ha ocurrido lo mismo. De fondo, la cuestión es si es útil una macrocategoría o no. Personalmente, creo que lo es en la estela de lo que planteó hace más de tres décadas el ya citado Enzo Collotti. Y lo mismo pienso para la actualidad. Volveríamos de alguna forma a la cuestión primigenia: ¿por qué entonces no podemos definir como fascistas a Salvini o a Trump? La respuesta está en los contextos históricos: el fascismo es una experiencia que tiene unos límites cronológicos claramente establecidos (1919-1945), y por ello la macrocategoría de fascismo es útil para el periodo de entreguerras. Ahora es necesaria otra macrocategoría para definir este nuevo fenómeno que se está produciendo en la actualidad.

Para resumir lo que vengo señalando hasta ahora, considero que:

a) nos encontramos ante un fenómeno radicalmente nuevo;
b) si bien puede tener –y, de hecho, tiene– algunos elementos que ya encontramos en los fascismos de entreguerras, este fenómeno no puede llamarse fascismo ni neofascismo;

c) a pesar de que utilice las herramientas populistas, tanto en su discurso como en su práctica política, tampoco puede llamarse populismo, nacionalpopulismo o populismo de derecha radical ya que nos encontramos en una fase o momento populista que lo impregna todo;
d) aunque estas formaciones no se autodefinan de extrema derecha y jueguen con el fin de las ideologías, todos estos partidos se sitúan claramente en la derecha extrema del espectro político;
e) entre sus características, resulta particularmente importante la capacidad de utilizar las nuevas tecnologías, sobre todo en lo que respecta a la propaganda política;
f) acuñar, crear y utilizar macrocategorías para entender los procesos históricos es útil y, en el caso concreto que nos atañe, es necesaria una para incluir todos estos partidos, más allá de las diferencias que tienen en los programas políticos, las formas organizativas y las decisiones que toman una vez entran en las instituciones o llegan al gobierno.

Por estas razones, propongo definir este fenómeno como *extrema derecha 2.0*. En esta definición entrarían toda una serie de formaciones políticas (el Frente Nacional/Agrupación Nacional francesa, la Liga italiana, el Partido de la Libertad de Austria y el de Holanda, Hermanos de Italia, Vox, Chega!, el Brexit Party, Fidesz, Ley y Justicia, Alternativa para Alemania, el Partido Popular Danés, los Demócratas Suecos, el Partido del Progreso noruego, el Partido de los Finlandeses, la Nueva Alianza Flamenca, Solución Griega, etc.) que son miembros de los grupos de Identidad y Democracia y de los Conservadores y Reformistas Europeos en el Europarlamento. Entrarían también movimientos identitarios que se mueven en las mismas coordenadas y fenómenos *sui generis* como el trumpismo y el bolsonarismo. Se trata de una macrocategoría en la cual, sin embargo, no entrarían los partidos de la derecha tradicional –miembros en general del Partido Popular Europeo– aunque en algunos casos, como los Tories británicos o el PP en España, vemos un más o menos marcado proceso de ultraderechización, o lo que Eatwell y Goodwin llaman «nacionalpopulismo ligero»[2]. Tampoco entra-

---

[2] Eatwell y Goodwin, *Nacionalpopulismo*, op. cit., p. 310.

rían partidos o movimientos políticos como Amanecer Dorado, CasaPound Italia u Hogar Social Madrid, así como organizaciones y asociaciones como Combat 18, Lealtà e Azione u otros grupos que participan en redes transnacionales como Blood & Honour que, por la vinculación ideológica directa con el fascismo de entreguerras y por asumir la violencia como una herramienta imprescindible en su estrategia política, pueden definirse como neofascistas o neonazis. Tampoco entrarían los gobiernos y los movimientos políticos liderados por Duterte en Filipinas, Modi en India o Erdoğan en Turquía, tratándose de experiencias fruto de culturas y contextos políticos muy distintos de los occidentales: Duterte, Modi y Erdoğan, así como Putin, responden más bien a la ola autoritaria global y van más allá de una definición como la de *extrema derecha 2.0*. Para estos casos podríamos hablar de *autoritarismo competitivo* retomando la fórmula acuñada por Steven Levitsky y Lucan Way, es decir, regímenes que se basan en el recurso periódico a elecciones formalmente libres, pero cuya realización es fraudulenta[3].

La que aquí se propone es, consecuentemente, una macrocategoría que, como mínimo, permite, por un lado, ubicar ideológicamente sin medias tintas estas formaciones y, por el otro, subrayar su diferencia respecto al pasado, poniendo de relieve la importancia de las nuevas tecnologías.

Todas las formaciones de la *extrema derecha 2.0* tienen de hecho unos mínimos comunes denominadores. Entre estos, podemos mencionar un marcado nacionalismo, el identitarismo o el nativismo, la recuperación de la soberanía nacional, una crítica profunda al multilateralismo –y, en Europa, un alto grado de euroescepticismo–, la defensa de los valores conservadores, la defensa de la ley y el orden, la islamofobia, la condena de la inmigración tachada de «invasión», la crítica al multiculturalismo y a las sociedades abiertas, el antiintelectualismo y la toma de distancia formal de las pasadas experiencias de fascismo. A grandes rasgos, además, todas estas formaciones se suelen centrar, como explica Cas Mudde, en cuatro temas principales en su discurso y en sus propuestas políticas: la inmigración, la seguridad, la corrupción y la política exterior[4].

---

[3] Véase S. Levitsky y L. A. Way, *Competitve Authoritarism. Hybrid Regimes after the Cold War,* Cambridge, Cambridge University Press, 2010.
[4] Mudde, *La ultraderecha hoy,* op. cit., pp. 53-66.

Todo esto nos lleva a hablar de la llamada *fórmula ganadora* de la ultraderecha, una idea popularizada por el politólogo Herbert Kitschelt en la década de los noventa. Según Kitschelt, durante los setenta y los ochenta los grandes partidos tradicionales europeos experimentaron una transformación en su oferta política al moverse paulatinamente hacia el centro, tanto en cuestiones económicas como en cuestiones relacionadas con los valores. Las grandes fuerzas socialdemócratas y democristianas dejaron así un espacio libre a su izquierda y a su derecha: este último espacio sería el que ocuparía, a partir de la década de los ochenta, la ultraderecha, proponiendo una fórmula que pasaba por la combinación de xenofobia y liberalismo económico. Los casos del Frente Nacional de Jean-Marie Le Pen o del FPÖ de Jörg Haider son un claro ejemplo de esta oferta política marcadamente neoliberal en lo económico y claramente autoritaria en el plano de los valores[5]. A lo largo de los noventa, sin embargo, se percibieron unos cambios debido a la introducción de nuevos elementos en la oferta política de algunas de estas formaciones.

De hecho, en 2005 el mismo Kitschelt desarrolló la idea de una nueva fórmula ganadora que, a partir del estudio del caso del FPÖ austriaco y de la Unión Democrática del Centro (SVP) de Suiza, mantiene la dimensión autoritaria en la vertiente de los valores, pero modifica su postura económica, pasando a criticar las políticas neoliberales y a defender lo que se ha llamado Estado de bienestar chovinista[6]. Más recientemente, Guillermo Fernández-Vázquez ha planteado que el Frente Nacional liderado por Marine Le Pen ha encontrado una posible tercera fórmula ganadora, definida en buena medida como la «hypótesis Philippot» por el nombre del estratega del partido entre 2011 y 2017, Florian Philippot. Esta nueva fórmula consistiría en un desplazamiento más a la izquierda en los temas económicos y en posiciones más centristas en lo que respecta a los valores[7].

---

[5] Véase H. Kitschelt y A.-J. McGann, *The Radical Right in Western Europe: a Comparative Analysis,* Ann Arbor, University of Michigan Press, 1995.

[6] Véase Ids., «The Radical Right in the Alps: Evolution of Support for the Swiss SVP and Austrian FPÖ», *Party Politics* II, 2 (2005), pp. 147-171.

[7] G. Fernández-Vázquez, «¿Fórmulas ganadoras en el discurso político de la extrema derecha? Un análisis del Frente Nacional de Marine Le Pen», en A. Guamán, A. Aragoneses y S. Martín (dirs.), *Neofascismo. La bestia neoliberal,* Madrid, Siglo XXI de

Lo que se comentaba más arriba no excluye, de todos modos, la posibilidad de hablar también de posfascismo entendido, siguiendo al filósofo húngaro Gáspár Miklós Tamás, como un fenómeno que implica una «fascistización generalizada de la sociedad neoliberal debido a varios fenómenos concurrentes que deterioran la condición cívica en los países socialmente más avanzados»[8]. Teniendo en cuenta estas dos categorías –extrema derecha 2.0 y posfascismo– podemos consecuentemente comprender también fenómenos y procesos peculiares o directamente extravagantes de difícil categorización como los nacional-bolcheviques o rojipardos, los movimientos aparentemente despolitizados y aideológicos que representan a grupos sociales reconocibles y que tienen reivindicaciones concretas orientadas a la ultraderecha o los «partidos tradicionales de la derecha clásica o liberales que pueden adoptar temporalmente actitudes o discursos de corte fascista o aliarse con la ultraderecha»[9].

Diferencias esenciales de la nueva ultraderecha

Las divergencias económicas

Ahora bien, entre estas formaciones encontramos también unas diferencias nada desdeñables en al menos tres asuntos: la economía, los valores/derechos civiles y la geopolítica. Efectivamente, como sugiere Clara Ramas San Miguel, se podrían clasificar estas formaciones bajo dos categorías, los «social-identitarios» y los «neoliberales autoritarios». Esto no significa que no sean parte de lo que Ramas define como «Internacional Reaccionaria»[10]. Adaptando lo que comentó el politólogo y constitucionalista Ricardo Chueca hablando de los fascismos de entreguerras, podemos afirmar que en la actualidad cada país da vida a la *extrema derecha 2.0* que necesita. En síntesis, sus diferencias no impiden incluirlas en una misma macrocategoría.

España, 2019, pp. 229-242. Del mismo autor, véase también Id., *Qué hacer con la extrema derecha en Europa. El caso del Frente Nacional,* Madrid, Lengua de Trapo y CTXT, 2019.

[8] Veiga, González-Villa, Forti *et al., Patriotas indignados,* op. cit., p. 414.
[9] *Ibid.,* p. 398.
[10] C. Ramas San Miguel, «Social-identitarios y neoliberales autoritarios: dos corrientes en la nueva Internacional Reaccionaria», en Guamán, Aragoneses y Martín (eds.), *Neofascismo,* op. cit., pp. 73-87.

Dicho esto, es interesante profundizar más en los elementos de divergencias entre los partidos de la nueva ultraderecha. En cuanto a las propuestas económicas, y teniendo en cuenta la evolución de las posiciones de algunas de estas formaciones en las últimas décadas, como pone de manifiesto el debate sobre las llamadas fórmulas ganadoras, encontramos partidos que defienden el llamado *Welfare Chauvinism* o Estado de bienestar chovinista –una propuesta que «combina la reivindicación de ciertos elementos del Estado social con una posición muy restrictiva respecto de *quién* puede recibir los beneficios de la solidaridad nacional»[11]–, como por ejemplo el Frente Nacional, ahora Agrupación Nacional, de Marine Le Pen en Francia, y otras que apuestan por un programa marcadamente neo o utraliberal, como Chega! o Vox.

En suma, no todas las formaciones de ultraderecha han virado entre la última década del siglo XX y la primera del XXI hacia la izquierda en temas económicos. Al contrario. El programa económico del partido liderado por Santiago Abascal, por ejemplo, se centra en la reducción de la intervención del Estado en la economía al basarse, en palabras de Ricardo Rodríguez, «por el lado de los ingresos, en una completa redistribución fiscal cuyo flujo se orienta de abajo arriba y, por el lado del gasto, en la reducción a la mínima dimensión posible del sector público»[12]. Vox propone rebajar el Impuesto sobre la Renta de las Personas Físicas (IRPF) al 22 por 100 para quien declara hasta 60.000 euros y al 30 por 100 para quien declara más de 60.000 euros, mientras el Impuesto sobre Sociedades se rebajaría al 22 por 100. Las pérdidas para las arcas públicas serían enormes y el beneficio sería esencialmente para los más ricos. En la actualidad, el IRPF cuenta de hecho con cinco tramos: para quienes declaran más de 60.000 euros el IRPF es del 45 por 100. Es decir, si se aplicaran las medidas propuestas por Vox, incluso los multimillonarios pagarían un tercio menos de lo que hacen ahora. Los que declaran menos de 60.000 euros se dividen en la actualidad

---

[11] Fernández-Vázquez, «¿Fórmulas ganadoras en el discurso político de la extrema derecha?», op. cit., p. 233.

[12] R. Rodríguez, «El programa económico de Vox, analizado por un técnico de Hacienda: bueno para las rentas altas, malo para el resto», *Eldiario.es,* 22 de abril de 2019, disponible en [https://www.eldiario.es/economia/programa-economico-vox-realidad_1_1159273.html], consultado el 21 de junio de 2021.

en cuatro tramos que pagan entre el 19 por 100 –los que declaran hasta los 12.450 euros– y el 37 por 100 –los que declaran entre 35.200 y 60.000 euros–. Es decir, los más pobres saldrían perjudicados. No olvidemos, además, que España no es ni de lejos uno de los países con la mayor presión fiscal en la UE: si en 2019 la media europea era del 41,1 por 100 –y en Francia superaba el 47 por 100–, en España la presión fiscal se quedaba en el 35,4 por 100. Asimismo, el partido de Abascal propone derogar definitivamente los impuestos sobre el patrimonio y sobre sucesiones y donaciones. En síntesis, la propuesta de Vox se puede resumir en la fórmula «desregulación y privatizaciones», a partir de la idea de la eliminación de la deuda pública y una concepción del Estado autonómico como un sistema corrupto prácticamente irreformable[13]. Aún más radical es el programa económico de los portugueses de Chega! que, además de defender un impuesto plano sobre la renta, la eliminación del impuesto municipal sobre bienes inmuebles o un reforzamiento del Impuesto sobre el Valor Añadido (IVA), han llegado a defender la «extinción» del Ministerio de la Educación[14]. No debería extrañar que su líder, André Ventura, admire a Ronald Reagan[15]. Algo similar podríamos decir del Brasil de Bolsonaro. El equipo de economistas neoliberales, provenientes en gran medida de la Universidad de Chicago y capitaneados por el ultraliberal Paulo Guedes, ha profundizado las políticas iniciadas durante la presidencia de Michel Temer, resumible en la tríada formada por batalla contra el déficit público, descapitalización y despatrimonialización del Estado brasileño. El programa de privatizaciones ha sido especialmente acelerado: solo en el primer año de gobierno se recaudaron más de 25.000 millones de dólares por la venta de 71 activos públicos y desde los primeros

---

[13] Vox, *España siempre. Programa económico. Resumen ejecutivo,* 2019, disponible en [https://www.voxespana.es/espana/programa-economico], consultado el 21 de junio de 2021.

[14] M. Torres da Silva, «Programa político do Chega: o mercado é quem mais ordena», *SIC Notícias,* 12 de febrero de 2021, disponible en [https://sicnoticias.pt/especiais/extremos/2021-02-12-Programa-politico-do-Chega-o-mercado-e-quem-mais-ordena], consultado el 21 de junio de 2021.

[15] A. Tavares-Teles, «André Ventura: Quis ser padre e escreveu romances», *Jornal de Notícias,* edición digital, 18 de mayo de 2019, disponible en [https://www.jn.pt/nacional/canal/europeias-2019/andre-ventura-quis-ser-padre-e-escreveu-romances-10912791.html], consultado el 21 de junio de 2021.

meses de la Presidencia de Bolsonaro se trabajaba en la privatización de grandes empresas como Correos o Electrobras[16].

Entre estos dos extremos, el blanco del *Welfare chauvinism* y el negro del ultraliberalismo, encontramos muchos grises, aunque a veces la propaganda dificulta ver las políticas reales, cubriéndolas con un espeso manto de retórica populista. En el caso de la Liga de Salvini, por ejemplo, a la clara apuesta neoliberal que había marcado el partido desde sus orígenes se han ido sumando propuestas que podrían enmarcarse bajo la etiqueta del Estado de bienestar chovinista. En el programa electoral con que se presentó a las elecciones italianas de 2018, la Liga defendía tanto el recorte de los costes laborales, el impuesto plano y una amnistía fiscal como un recorte de la edad de jubilación, un salario mínimo y medidas proteccionistas. En su etapa en el gobierno en alianza con el M5E entre junio de 2018 y agosto de 2019, Salvini implementó o intentó implementar algunas de estas medidas[17]. Mirando al otro lado del Atlántico, nos damos cuenta de estos múltiples grises si analizamos la política económica realizada por Donald Trump durante su mandato como presidente de Estados Unidos (2017-2021). De hecho, Trump aprobó una de las mayores bajadas de impuestos de la historia del país, comparable a las de la época de Reagan –del 35 por 100 al 21 por 100 para las empresas–, pero llevó a cabo, al menos retóricamente, una política proteccionista para defender la producción nacional y libró la que se conoció como la guerra de los aranceles, no solo contra China, sino también contra la Unión Europea o México[18].

Sin embargo, los casos más interesantes son los de la Polonia de Ley y Justicia (PiS) y la Hungría de Orbán, unos países donde, tras más de un lustro y una década ininterrumpida, respectivamente, de

---

[16] S. Martín-Carrillo, «Primer año de políticas económicas de Jair Bolsonaro y perspectivas para 2020», *Centro Estratégico Latinoamericano de Geopolítica, Celag.org*, 25 de enero de 2020, disponible en [https://www.celag.org/primer-ano-de-politicas-economicas-de-jair-bolsonaro-y-perspectivas-para-2020/], consultado el 21 de junio de 2021.

[17] Lega Nord, *Elezioni 2018. Programma di governo. Salvini premier: la rivoluzione del buonsenso*, 2018, pp. 3-6, 11-12, disponible en [https://www.leganord.org/component/phocadownload/category/5-elezioni?download=1514:programma-lega-salvini-premier-2018], consultado el 21 de junio de 2021.

[18] Véase J. Stiglitz, «La verdad sobre la economía de Trump», *Nueva Sociedad*, edición digital, enero de 2020, disponible en [https://nuso.org/articulo/la-verdad-sobre-la-economia-de-trump/], consultado el 21 de junio de 2021.

gobiernos ultraderechistas, podemos ver más claramente las consecuencias de la aplicación de las políticas defendidas por la extrema derecha 2.0. Esta ambivalencia que junta, empleando una expresión popular, una de cal y otra de arena, se percibe muy bien en Varsovia. Desde su regreso al gobierno en 2015, el PiS llevó a cabo los principales puntos de su programa político en materia económica, es decir, una reducción de la edad de jubilación (de 67 a 65 años para los hombres y 60 años para las mujeres), el cierre de las lagunas del sistema fiscal, limitar la «anarquía» del capital extranjero y polaco, además de la introducción de medidas como un salario mínimo por hora, llamado PLN 13/h, y, sobre todo, el Programa 500 Plus que dese 2016 ofrece un subsidio mensual universal de 500 eslotis –cerca de 120 euros– para cada hijo. Al mismo tiempo, sin embargo, el gobierno de PiS ha recortado la asistencia sanitaria a los pensionistas actuales y futuros, no ha invertido en servicios sociales y el sistema fiscal tiene solamente dos tramos, uno al 18 por 100 y otro al 32 por 100, lo que propone en buena medida Vox en España. En suma, las reformas antineoliberales, que revertieron algunas de las políticas realizadas durante el gobierno de centroderecha de Plataforma Cívica entre 2007 y 2015, y que le dieron al PiS un amplio apoyo en las clases trabajadoras polacas, sobre todo en las zonas rurales, se juntan sin contradicción aparente con otras medidas de corte claramente neoliberal[19].

Si nos trasladamos a Budapest, vemos cómo la situación es solo hasta cierto punto similar. La redistribución de la renta, de hecho, es mucho menos inclusiva que en Varsovia. Según Marton Vegh, el de Orbán es, de hecho, un «régimen neoliberal de política social»: la *Orbanomics,* esto es, la política económica aplicada en Hungría desde 2010, tan alabada en algunos círculos conservadores estadounidenses, es intervencionista, pero esencialmente unida al credo económico neoliberal[20]. El historiador Stefano Bottoni habla también de «una variante del turbocapitalismo de las semiperiferias europeas regida por el nuevo garante autoritario de un modelo

---

[19] B. M. Rydliński, «Poland: Nationalism and Neo-Fascism Under Jarosław Kaczyński», en S. Ehmsen y A. Scharenberg (eds.), *The Far Right in Government. Six Cases From Across Europe,* Nueva York, Rosa Luxemburg Stiftung, 2018, pp. 19-28.

[20] M. Vegh, «Orbán ha amplificado las políticas neoliberales y las desigualdades», *Viento Sur,* 22 de abril de 2021, disponible en [https://vientosur.info/orban-ha-amplificado-las-politicas-neoliberales-y-las-desigualdades/], consultado el 21 de junio de 2021.

(neo)liberal que nadie, en Hungría, ha contestado seriamente en las últimas décadas»[21]. No debería extrañar, entonces, que el premier húngaro haya sido uno de los pocos jefes de Estado fuera de la Commonwealth que asistió a los funerales de Margaret Thatcher en 2013 o que, durante su mandato, se erigieron las estatuas de Ronald Reagan o George Bush padre en una de las plazas centrales de Budapest. Como explican Gábor Scheiring y Kristóf Szombati,

> Orbán adoptó la opinión de Thatcher de que la mejor manera de revitalizar una economía en dificultades, además de aplicar restricciones presupuestarias, es liberar el poder creativo de la empresa privada reduciendo los impuestos y alentando la inversión productiva y extraer la máxima cantidad de mano de obra de la fuerza laboral reduciendo drásticamente los subsidios de desempleo, estigmatizando y castigando la ociosidad, y recompensando a quienes aceptan trabajo en sectores mal pagados de la economía[22].

La retórica en contra de las multinacionales y el discurso marcado por la recuperación de la soberanía económica, trufado de ataques a la Unión Europea, esconde la puesta en marcha de toda una serie de políticas claramente neoliberales. Por un lado, las tensiones con el Fondo Monetario Internacional (FMI) –que Orbán se jactó de haber «echado» de Hungría– se fundaban sobre los más puros principios de la ideología que había marcado el premier húngaro desde sus comienzos en política a finales de los ochenta, es decir, la reducción de la deuda pública y el respeto del déficit acordado con Bruselas. Por el otro, los tan cacareados impuestos a las multinacionales o la renacionalización de los fondos de pensiones –aprobados sobre todo entre 2010 y 2014– han sido sustituidos a partir de mediados de la pasada década por los acuerdos bajo cuerda entre las autoridades y las multinacionales que controlan más de la mitad de la economía del país, el dato más alto de todos los países de la Unión Europea. La dependencia del capital y las infraestructuras extranjeras es extremadamente elevada no obstante la parcial renacionalización de los bancos y los servicios públicos. De hecho,

---

[21] S. Bottoni, *Orbán. Un despota in Europa,* Roma, Salerno Editrice, 2019, p. 243.
[22] G. Scheiring y K. Szombati, «From neoliberal disembedding to authoritarian re-embedding: The making of illiberal hegemony in Hungary», *International Sociology* 35/6 (2020), pp. 721-738.

las multinacionales gozan del tipo impositivo efectivo más bajo de Europa –en 2017 ha pasado del 19 al 9 por 100– y se benefician de generosas ventajas fiscales especiales.

A todo esto se añade un impuesto fijo sobre la renta del 15 por 100 que favorece además la población con la renta más alta, que goza de otras desgravaciones fiscales. Además, desde 2010 se han mantenido unas políticas de austeridad, tanto que la proporción del gasto social y educativo en el Producto Interior Bruto ha disminuido en la última década: solo durante el segundo gobierno de Orbán (2010-2014) la administración pública, la educación y la sanidad sufrieron recortes por un valor de entre el 30 y el 40 por 100. Sin contar que mientras tanto se ha subido el IVA al 27 por 100. Así, los salarios del sector público han perdido gran parte de su valor real y las políticas laborales han mostrado un decidido ataque a los sindicatos y los derechos de los trabajadores. El código laboral adoptado en 2012 ha anulado prácticamente a las instituciones de negociación salarial tripartita, ha prohibido las huelgas en el sector público y ha recortado las pensiones de incapacidad permanente y los subsidios de desempleo, sustituidos por los trabajos socialmente útiles. Añádase que en 2019 se aprobó la llamada Ley de Esclavitud que ha desatado la mayor ola de protestas en el país magiar desde la crisis política del otoño de 2006. La normativa ha aumentado de 250 a 400 las horas extra obligatorias al año que los empleadores les pueden exigir a sus trabajadores y cuyo pago aquellos pueden posponer hasta 36 meses.

Resumiendo, en palabras de Vegh, la política económica de la Hungría de Orbán muestra que

> la ortodoxia del libre mercado y las disposiciones punitivas de protección social se pueden combinar rápidamente con intervenciones económicas específicas sin dar paso a un régimen político keynesiano y militante que tenga como objetivo principal elevar el nivel de vida de las y los trabajadores. A pesar de algunos gestos retóricos, Fidesz no es amigo de los trabajadores húngaros y su búsqueda de la «soberanía económica» son esencialmente intentos de subvencionar a oligarcas locales[23].

---

[23] M. Vegh, «Orbán ha amplificado las políticas neoliberales y las desigualdades», *Viento Sur*, 22 de abril de 2021, disponible en [https://vientosur.info/orban-ha-ampli-

Como apunta Bottoni, frente a las proclamas de patriotismo, proteccionismo y pauperismo, el gobierno puso en práctica desde su vuelta al poder en 2010 «un darwinismo social de tipo neoliberal», renunciando «al carácter universal de la asistencia estatal para transformar los beneficios [...] en un Estado de bienestar sectorial y altamente discrecional»[24]. Es lo que Gábor Scheiring define un régimen paternalista y de acumulación: un Estado que redistribuye de forma limitada y según lógicas clientelares las cuotas de capitales y bienes que sustrae a los mecanismos del mercado y pone bajo su control[25]. Sobre esta redistribución controlada, Orbán ha construido y reforzado su consenso interno. Por un lado, hay un sector de la población que se beneficia de sus políticas: además de los nuevos oligarcas que, de forma similar al caso putiniano, deben su enriquecimiento a la dependencia del poder, las rentas altas pagan poquísimos impuestos y los jubilados, aunque cobran poco, tienen las pensiones actualizadas con la inflación. A estos debemos añadir a los más pobres –incluida la numerosa comunidad romaní– que el sistema integra a través de los trabajos socialmente útiles controlados por redes clientelares. Por otro lado, encontramos a los excluidos o castigados por el sistema, un heterogéneo conjunto formado por las clases medio-bajas, los funcionarios públicos –que han perdido en una década un cuarto de su poder adquisitivo– y las familias monoparentales, cada vez más difundidas en el país. De hecho, las ayudas que el gobierno otorga a las familias numerosas para combatir la baja natalidad excluyen a más del 90 por 100 de las familias, ya que conciernen solo a los núcleos con tres o más hijos. Las políticas de Fidesz, en síntesis, no se dirigen a los individuos, sino a los núcleos familiares, así que no están muy equivocados los analistas que han hablado de «paternalismo familiar» para definir el sistema instaurado por Orbán. Según Dorit Geva, la Hungría de Orbán representaría una nueva forma de neoliberalismo autoritario e hipernacionalista, el *ordonacionalismo,* que combinaría

---

ficado-las-politicas-neoliberales-y-las-desigualdades/], consultado el 21 de junio de 2021.

[24] Bottoni, *Orbán,* op. cit., p. 165.
[25] Cit. por Bottoni, *Orbán,* op. cit., pp. 223-224.

1) un Estado nacionalista nuevamente empoderado que invierte en la flexibilización del trabajo doméstico y en el control del acceso a la acumulación capitalista doméstica;
2) un Estado nacional capturado por los actores políticos como medio para controlar el acceso a la acumulación de capital doméstico;
3) un nuevo régimen de reproducción social que vincula la financiarización y la flexibilización del trabajo al control de la sociedad[26].

Esta interpretación no se alejaría de la manera en que Pierre Dardot ha explicado las nuevas ultraderechas. Entrevistado por el periódico italiano *Il manifesto*, el filósofo francés apuntaba que «el neoliberalismo nacionalista de la derecha radical ha avanzado practicando un conflicto contra la igualdad, los migrantes, los sujetos de las diferencias sexuales en nombre de una libertad individual y de la empresa. Ha utilizado las herramientas del Estado, del derecho y de la ley, aunque puede recurrir a una represión brutal»[27].

Las divergencias en los valores

En cuanto al tema de los valores, si bien es indudable que todas estas formaciones defienden un general conservadurismo, podemos apreciar unos cuantos matices en las posiciones que han adoptado sobre cuestiones como el aborto, la igualdad de género, la familia o los derechos del colectivo LGTBI, sobre todo en los últimos tiempos. No es lo mismo, de hecho, el discurso de Fidesz en Hungría o de PiS en Polonia con el del Partido Popular danés, los Demócratas de Suecia, el Partido de la Libertad holandés o, incluso, la Agrupación Nacional de Le Pen. Las culturas y las tradiciones políticas de cada país influyen en cómo la nueva ultraderecha aborda estas temáticas: en los países católicos u ortodoxos defiende posiciones mucho más duras si se compara con países protestantes o donde senci-

---

[26] D. Geva, «Orbán's Ordonationalism as Post-Neoliberal Hegemony», *Theory, Culture & Society*, 24 de abril de 2021, disponible en [https://journals.sagepub.com/doi/full/10.1177/ 0263276421999435], consultado el 21 de junio de 2021.

[27] R. Ciccarelli, «Pierre Dardot: un abbraccio mortale per la gauche», *Il manifesto*, 16 de junio de 2021, p. 13.

llamente la religión ha tenido históricamente un peso mucho menor en la época contemporánea. Hay una cada vez más clara diferencia, pues, entre las extremas derechas del Este y el Sur de Europa, y también de América Latina, con las del Norte del Viejo continente. En Hungría, por ejemplo, el gobierno de Orbán aprobó en junio de 2021 una ley que prohíbe hablar a menores de 18 años sobre diversidad sexual y de género en los colegios y medios de comunicación, tomando como modelo la ley rusa de 2013 «contra la propaganda gay». La ley, en síntesis, vincula a la homosexualidad con la pornografía y la pederastia. Como explica el jurista Pablo Capel, con esta reforma legislativa en el país magiar se entiende «como "desviación" todo aquello que se aparte de la concepción originaria de familia». La norma «compagina prohibiciones de difusión iconográfica o simbólica que tengan relación con el colectivo LGTBI con preceptos que aspiran a impedir la pornografía infantil, la pederastia o el maltrato a menores, por lo que de forma indirecta, se vincula a este colectivo con la comisión de tales prácticas ilícitas»[28]. Ya en diciembre de 2020 se había reformado la Constitución de 2011 –que de por sí ya determinaba que el matrimonio es la unión de un varón y una mujer– para reforzar la idea de la familia tradicional. En la enmienda constitucional se precisa que «la madre es mujer, el padre es varón» y que se garantiza el desarrollo del niño de acuerdo con su «identidad de género»[29]. Además, el gobierno magiar, aunque había firmado en un primer momento la Convención de Estambul, decidió no ratificar este convenio del Consejo de Europa sobre prevención y lucha contra la violencia contra las mujeres y la violencia doméstica. Tampoco República Checa, Eslovaquia, Letonia, Lituania, Bulgaria, Rusia, Moldavia y Ucrania lo han ratificado,

---

[28] Véase, N. López Trujillo, «La ley anti LGTBI en Hungría: preguntas y respuestas», *Newtral.es*, 28 de junio de 2021, disponible en [https://www.newtral.es/ley-antilgtbi-hungria-derechos-lgtbi/20210628/], consultado el 18 de septiembre de 2021.

[29] Véase M. P. López, «Hungría aprueba una polémica ley que prohíbe la "promoción" de la homosexualidad ante menores», *La Vanguardia*, edición digital, 15 de junio de 2021, disponible en [https://www.lavanguardia.com/internacional/20210615/7531843/hungria-homosexualidad-orban-ley-menores-genero-discriminacion-lgbt.html] y «Hungría modifica su constitución para impedir adoptar a parejas homosexuales», *RTVE.es,* 15 de diciembre de 2020, disponible en [https://www.rtve.es/noticias/20201215/hungria-modifica-su-constitucion-para-impedir-adoptar-parejas-homosexuales/2060121.shtml], consultados el 21 de junio de 2021.

mientras que Turquía ha sido el primer país en retirarse en marzo de 2021. El texto presentado en mayo de 2020 en el Parlamento de Budapest contra la ratificación explicaba que no se quería «incorporar ni el concepto de género ni el enfoque del convenio al Derecho húngaro»[30].

Así, en Polonia el gobierno de PiS, en el poder desde 2015, se opone al matrimonio homosexual y, a pesar de las manifestaciones masivas de protesta en las calles, ha aprobado una ley que prohíbe abortar incluso en caso de malformación del feto. Además, alrededor de un tercio de las localidades del país se han proclamado «zonas libres de ideología LGTBI». Ambas decisiones, así como las tomadas por el Ejecutivo húngaro, han levantado una polvareda notable a nivel internacional con una dura reacción por parte de las instituciones europeas. Sin embargo, el presidente polaco, Andrzej Duda, no se inmutó y afirmó en su campaña para la reelección en 2020 que la ideología LGTBI es una forma de «neobolchevismo introducido en las escuelas para adoctrinar a los niños y para dirigir su mirada a través de la sexualización». Según ILGA Europe, organización a favor de los derechos LGTBI, Polonia es el país europeo que más ha restringido los derechos de la comunidad, mientras que Human Rights Watch denunciaba que en 2019 los derechos de la comunidad LGTBI y los derechos de las mujeres no han recibido ninguna financiación pública[31].

Tampoco Jair Bolsonaro ha perdido ocasión para atacar a la comunidad LGTBI y al movimiento feminista: el mandatario brasileño intentó eliminar las producciones LGTBI del Programa de apoyo al desarrollo audiovisual brasileño, aunque finalmente la medida fue bloqueada por los tribunales, y propuso un proyecto de ley contra

---

[30] «El Parlamento de Hungría rechaza el Convenio de Estambul sobre violencia machista y aboga por no ratificarlo», *EuropaPress*, 5 de mayo de 2020, disponible en [https://www.europapress.es/internacional/noticia-parlamento-hungria-rechaza-convenio-estambul-violencia-machista-aboga-no-ratificarlo-20200505201238.html], consultado el 21 de junio de 2021.

[31] Véase M. Odeh, «El infierno del colectivo LGTB en Polonia: acoso y odio del Gobierno ultra, agresiones y bulos», *Público.es*, 31 de octubre de 2020, disponible en [https://www.publico.es/sociedad/infierno-del-colectivo-lgtb-polonia.html], y L. Ros, «Polonia limita de forma casi total el aborto», *La Vanguardia*, edición digital, 1 de febrero de 2021, disponible en [https://www.lavanguardia.com/vida/junior-report/20210201/6209063/polonia-limita-forma-total-aborto.html], consultados el 21 de junio de 2021.

lo que califica de «ideología de género», anunciando que en los libros de texto en las escuelas se suprimirían referencias al feminismo, la homosexualidad y la violencia contra las mujeres, además de al marxismo.

Las propuestas de Vox no se alejan mucho de las del partido de Jarosław Kaczyński o del mismo Bolsonaro: desde su mismo ingreso en política, la formación de Abascal ha hablado de «yihadismo de género» y ha pedido derogar la ley de violencia machista, sacar el aborto de la sanidad pública, fomentar «la familia natural» e incluso eliminar el uso del término «género»[32]. Así, Matteo Salvini, declaraba sin tapujos que «los niños deben crecer con un padre y una madre. Cada llegada [de migrantes] a Italia significa una cuna vacía», juntando claramente el tema de la inmigración con la cuestión demográfica y la defensa de la familia tradicional[33]. La postura de su partido no tiene dobles lecturas al respecto: la Liga propuso la limitación del aborto y se opuso con fuerza a la ley contra la homofobia presentada en el Parlamento italiano en la primavera de 2021. Salvini, cuando era ministro del Interior, intervino en el Congreso Mundial de las Familias, un poderoso *lobby* integrista cristiano e internacional, celebrado en marzo de 2019 en Verona, afirmando que luchará toda su vida contra la teoría de género[34].

Sin embargo, si esta es la postura que consideramos, por así decirlo, más esperable de la ultraderecha, más allá de su grado de radicalidad y su lenguaje más o menos violento, en los últimos años se ha dado también un cierto giro en la posición de algunas de estas

---

[32] M. Borraz, «Las ideas de Vox sobre aborto, homosexualidad y violencia de género: la vuelta de tuerca a lo que ya intentó el PP», *Eldiario.es,* 4 de diciembre de 2018, disponible en [https://www.eldiario.es/politica/vox-violencia-lgtbi-propuestas-pp_1_1804937.html], consultado el 21 de junio de 2021.

[33] A. Gennaro, «Lega, Salvini: "Difesa famiglia tradizionale? Bimbi hanno diritto di avere papà e mamma. Ogni sbarco in Italia è una culla vuota"», *Il Fatto Quotidiano,* edición digital, 27 de enero de 2018, disponible en [https://www.ilfattoquotidiano.it/2018/01/27/lega-salvini-difesa-famiglia-tradizionale-bimbi-hanno-diritto-di-avere-papa-e-mamma-ogni-sbarco-in-italia-e-una-culla-vuota/4120271/], consultado el 21 de junio de 2021.

[34] Sobre los *lobbies* integristas cristianas, véase K. Stoeckl, «The rise of the Russian Christian Right: the case of the World Congress of Families», *Religion, State & Society,* 48/4 (2020), pp. 223-238 y D. Buss y D. Herman, *Globalizing Family Values. The Christian Right in International Politics,* Minneapolis, University of Minnesota Press, 2003.

formaciones. El líder ultraderechista holandés Pim Fortuyn, asesinado en la primavera de 2002, era, por ejemplo, abiertamente homosexual. Geert Wilders, fundador y líder del Partido de la Libertad, quien le ha tomado el relevo en la práctica a Fortuyn en los Países Bajos, defiende sin medias tintas los derechos de la comunidad LGTBI: en verano de 2016, además, participó en un mitin organizado en Cleveland, durante la convención republicana, por Gays for Trump, una organización fundada por Peter Boykin para apoyar al *tycoon* en su carrera presidencial[35]. Incluso en la derecha estadounidense, por lo menos en la Alt-Right, encontramos figuras absolutamente *sui generis,* como el *influencer* Milo Yiannopoulos, declaradamente gay y misógino, una estrella fugaz que cayó rápidamente en desgracia tras unas declaraciones en las que defendía las relaciones entre hombres mayores y chicos jóvenes. Yiannopoulos organizó una gira llamada *Dangerous Faggot Tour* que se puede traducir como *Gira del Maricón Peligroso.*

Sin embargo, el movimiento trumpista no es el único que tiene una organización gay: en Alemania existe Alternativa Homosexual, la agrupación gay de Alternativa para Alemania. Asimismo, diferentes dirigentes del Frente Nacional (FN) francés salieron del armario en los últimos tiempos, provocando, todo sea dicho, la reprobación de Jean-Marie Le Pen, quien considera la homosexualidad una «anomalía biológica y social» que, como la baja natalidad, constituye una amenaza para el país galo[36]: en diciembre de 2014, el entonces número dos de Marine Le Pen, Florian Philippot, acabó en la portada de la revista *Closer* paseando por Viena de la mano de su novio, y el año anterior se supo que también Steeve Briois, antiguo secretario general del FN, eurodiputado y alcalde de Hénin-Beaumont, es homosexual. El tema empujó a que diferentes medios galos se preguntasen si el FN era un partido *gay friendly*. Según un estudio publicado por *Le Monde,* en las elecciones regionales de diciembre

---

[35] J. Lester Feder, A. Schulte y K. Deen, «The Man Who Taught Donald Trump To Pit Gay People Against Immigrants», *BuzzFeed.News,* 4 de marzo de 2017, disponible en [https://www.buzzfeednews.com/article/lesterfeder/geert-wilders-the-netherlands], consultado el 21 de junio de 2017.

[36] V. Igounet, «Jean-Marie Le Pen et l'homosexualité : un tabou?», *Derrière Le Front,* blog, 10 de mayo de 2016, disponible en [https://blog.francetvinfo.fr/derriere-le-front/2016/05/ 10/jean-marie-le-pen-et-lhomosualite-un-tabou.html], consultado el 21 de junio de 2021.

de 2015 el 32,4 por 100 de las parejas gais votaron por el partido de Le Pen[37].

Podríamos seguir con más ejemplos. Sin embargo, lo que importa señalar y retener es que parte de la extrema derecha 2.0 se ha renovado y reformulado, llegando a intentar hacer propias reivindicaciones históricas de la izquierda. Lo mismo pasa, por ejemplo, con el tema de la defensa del medioambiente, hasta el punto de que varios especialistas han empezado a hablar de ecofascismo. En esta operación, que tiene mucho de *pinkwashing*, pesa notablemente la islamofobia: la ultraderecha cultiva el terror al islam y el miedo a una supuesta invasión de inmigrantes —uno de sus principales caballos de batalla— para intentar conquistar el voto de una parte de la comunidad homosexual. La denuncia de la homofobia musulmana se junta así a la reivindicación de las conquistas occidentales en cuanto a derechos civiles. Dicho esto, no cabe duda de que en las últimas décadas ha habido también una paulatina transformación de la comunidad LGTBI que, en algunos casos y aunque no de forma mayoritaria, se ha acercado a posiciones más conservadoras. A este respecto el historiador argentino Pablo Stefanoni, recuperando la expresión acuñada por Jean Stern, habla de *homonacionalismo*[38].

Podemos hacer una lectura similar sobre la cuestión de género. Es evidente que la nueva extrema derecha defiende políticas antifeministas y a veces directamente misóginas, pero «para salir de su condición minoritaria», como apunta Nuria Alabao, ha asumido «discursivamente algunas de las conquistas de las revueltas del 68 y de las luchas de los setenta, que podemos decir que forman parte ya del sentido común mayoritario de la sociedad»[39]. También es cierto que tiene más a menudo de lo que podíamos imaginar a líderes mujeres que además tienen perfiles que no encajan exactamente con el

---

[37] O. Faye, «Le FN capte l'attention d'une partie de l'électorat gay», *Le Monde*, edición digital, 11 de abril de 2016, disponible en [https://www.lemonde.fr/politique/article/2016/04/12/l-attraction-en-hausse-du-front-national-aupres-de-la-communaute-gay_4900269_823448.html], consultado el 21 de junio de 2021.

[38] P. Stefanoni, *¿La rebeldía se volvió de derecha?*, Buenos Aires, Siglo XXI, 2021, pp. 131-156.

[39] N. Alabao, «¿Por qué el neofascismo es antifeminista?», en Guamán, Aragoneses y Martín (dirs.), *Neofascismo*, op. cit., p. 208. Véase también M. Pérez Colina, «Instrumentalización de la defensa de los derechos de las mujeres y racialización del sexismo», en Fundación de los Comunes (ed.), *Familia, raza y nación en tiempos de posfascismo*, Madrid, Traficantes de Sueños, 2020, pp. 99-110.

modelo femenino ultraderechista. Esta «feminización del rostro», como la define Arsenio Cuenca[40], está bien representada por la dos veces divorciada Marine Le Pen, pero también por Giorgia Meloni en Italia, por Pia Kjærsgaard en Dinamarca –fundadora y líder del Partido Popular danés entre 1995 y 2012–, por Alice Weidel en Alemania o, para quedarnos más cerca, por Rocío Monasterio. Todas ellas reivindican claramente ser mujeres: Giorgia Meloni lo proclamó fieramente en una manifestación de la derecha italiana contra el gobierno de centroizquierda en la plaza San Giovanni de Roma en octubre de 2019. Su frase –«Yo soy Giorgia, soy una mujer, soy una madre, soy cristiana, soy italiana»– se convirtió en un *meme*, en concreto, en un videoclip, que obtuvo en pocos meses más de 10 millones de visualizaciones. El vídeo tenía el objetivo de ironizar sobre la líder de Hermanos de Italia, pero, en realidad, se transformó en un bumerán para sus creadores, dos jóvenes *DJ* milaneses que se conocen con el nombre artístico de MEM & J, ya que Meloni lo relanzó hasta convertirlo en una especie de *spot* propagandístico tanto que su reciente autobiografía se titula *Io sono Giorgia*[41]. El caso de Weidel es aún más peculiar: la líder de la ultraderecha alemana no tiene apuros en defender públicamente que es lesbiana, que tiene una relación con una mujer de Sri Lanka y que ha adoptado a dos hijos. Es un cambio de paradigma notable respecto al pasado.

Una vez más, aunque podamos criticar, con razón, este supuesto feminismo ultraderechista poniendo de manifiesto que es empresarial y clasista, no podemos perder de vista su conexión directa con el tema de la inmigración y teorías conspirativas como la del gran reemplazo o gran sustitución, según la cual la migración de pueblos no europeos y su crecimiento demográfico está supliendo a la población blanca, cristiana y europea. Marine Le Pen lo ha expresado claramente al afirmar, tras las agresiones sexuales que se dieron durante las celebraciones de víspera de Año Nuevo en Colonia en 2016, que «temo que la crisis migratoria señale el comienzo del fin de los dere-

---

[40] A. Cuenca, «Alter-feminismos: las mujeres de ultraderecha se abren camino», *La Marea*, edición digital, 7 de julio de 2021, disponible en [https://www.lamarea.com/2021/07/07/alter-feminismo-mujeres-ultraderecha/], consultado el 10 de julio de 2021.

[41] G. Meloni, *Io sono Giorgia. Le mie radici, le mie idee*, Milán, Rizzoli, 2021. El vídeoclip de MEM & J, *Io Sono Giorgia (Giorgia Meloni Remix)*, se puede ver en YouTube, disponible en [https://www.youtube.com/watch?v=fhwUMDX4K8o], consultado el 21 de junio de 2021.

chos de las mujeres»[42]. Su figura de mujer se asocia a los conceptos de seguridad y laicidad. Como apunta Nuria Alabao, las nuevas extremas derechas «básicamente buscan legitimar o encubrir sus propuestas racistas más disruptivas y lo hacen precisamente mediante la instrumentalización de las cuestiones de género y diversidad sexual»[43]. Hay quien lo hace con más *finezza,* por así decirlo, y quien, como en Hungría, Polonia, Brasil o España, lo hace sin medias tintas.

Al mismo tiempo, el feminismo identitario o alterfeminismo hurga en las contradicciones generadas por el sistema capitalista que perjudican la vida de las mujeres, como la dificultad en conciliar la vida laboral y la familiar: en vez de ofrecer respuestas para acortar realmente la brecha de género, como unas políticas de conciliación más ambiciosas, la ultraderecha defiende un repliegue al hogar de las mujeres[44]. Este tema no se conecta solo con las cuestiones de la inmigración y la seguridad, sino también con la obsesión demográfica, el nacionalismo, el indentitarismo y la mitificación del pasado presentado como una Arcadia Feliz –más bien rural, contrapuesta a las grandes metrópolis multiétnicas– a la cual sería posible y necesario regresar[45].

Esto, junto con las transformaciones de la estructura socioeconómica y el aumento de la precariedad en el mundo del trabajo, explicaría el crecimiento del voto femenino a diferentes formaciones de extrema derecha en la última década. El caso del Frente Nacional es sintomático. De tener un electorado predominantemente masculino, ahora el electorado del FN está mucho más repartido en cuanto a género: en la primera vuelta de las elecciones presidenciales de 2012, el electorado masculino del FN representó el 19 por 100 del voto total, mientras que el femenino el 17,5 por 100, cuando veinte años antes la diferencia era de un 7 por 100[46]. Un sondeo realizado

---

[42] M. Le Pen, «Un référendum pour sortir de la crise migratoire», *l'Opinion,* 13 de enero de 2016, disponible en [https://www.lopinion.fr/edition/politique/marine-pen-referendum-sortir-crise-migratoire-94568], consultado el 21 de junio de 2021.

[43] N. Alabao, «La extrema derecha que dice defender a las mujeres», *Nueva Sociedad,* edición digital, enero de 2020, disponible en [https://nuso.org/articulo/extrema-derecha-Le-Pen-Europa/], consultado el 21 de junio de 2021.

[44] Véase A. Cuenca, «Alter-feminismos», op. cit.

[45] Véase N. Alabao, «Defender a la familia contra migrantes y mujeres: convergencias entre antifeminismo y soberanismo», en Fundación de los Comunes (ed.), *Familia, raza y nación en tiempos de posfascismo,* Madrid, Traficantes de Sueños, 2020, pp. 111-125.

[46] N. Mayer, «Le plafond de verre électoral entamé, mais pas brisé», en S. Crépon,

por el Institut français d'opinion publique (Ifop) en abril de 2017 confirmaba este *trend:* el 22 por 100 de hombres y el 21 por 100 de mujeres declaraban que habrían votado por Le Pen contra Macron en la segunda vuelta de las presidenciales[47]. El *gender gap* ha desaparecido prácticamente. También en Italia el voto femenino a la extrema derecha va en aumento: según un estudio del instituto de investigación política y social Demos-La Polis, en las generales de 2018 el 18 por 100 de las mujeres y el 17 por 100 de los hombres votó a la Liga, mientras el 5 por 100 de mujeres y el 3 por 100 de hombres lo hizo por Hermanos de Italia[48]. En las europeas del año siguiente, además, el partido de Salvini fue la fuerza más votada entre las mujeres italianas[49].

Así, en Estados Unidos diferentes análisis han puesto de manifiesto que la mayoría de las mujeres blancas votó por Trump tanto en 2016 (52 por 100) como en 2020 (55 por 100): en el país norteamericano la diferencia es que las mujeres negras (91 por 100), las latinas (70 por 100) y las de otras razas distinta a la blanca (60 por 100) escogieron en 2016 la papeleta de Hillary Clinton y, con datos similares, en 2020, la de Joe Biden[50]. En Alemania, en cambio, el voto a AfD es prevalentemente masculino: en las legislativas de 2017, el partido liderado por Weidel y Gauland obtuvo el 16,3 por 100 del voto entre los hombres y el 9,2 por 100 entre las mujeres. Pero hay un dato interesante que pone de relieve que AfD ha conseguido arañar voto también entre las mujeres: en los *Länder* del este del país

---

A. Dézé y N. Mayer (eds.), *Les faux-semblants du Front National. Sociologie d'un parti politique,* París, Presses de Sciences Po, 2015, pp. 299-321.

[47] «Présidentielle: ce que votent les femmes», *Elle,* edición digital, 28 de abril de 2017, disponible en [https://www.elle.fr/Societe/News/Presidentielle-ce-que-votent-les-femmes-3474446], consultado el 21 de junio de 2021. Véase también C. Marchand-Lagier, «Le vote des femmes pour Marine Le Pen. Entre effet générationnel et précarité socioprofessionnelle», *Travail, genre et sociétés* 40/2 (2018), pp. 85-106.

[48] F. Bordignon, L. Ceccarini e I. Diamanti, *Le divergenze parallele. L'Italia: dal voto devoto al voto liquido,* Roma-Bari, Laterza, 2018, pp. 112-114.

[49] F. Giansoldati, «L'analisi del voto in chiave femminile, le donne hanno preferito Salvini (ma il 50% è rimasto a casa)», *Il Messaggero,* edición digital, 28 de mayo de 2019, disponible en [https://www.ilmessaggero.it/mind_the_gap/salvini_voto_europee_lega_m5s_donne-4521531.html], consultado el 21 de junio de 2021.

[50] L. Leal, «Las mujeres blancas aparcaron sus dudas y votaron por Donald Trump», *La Vanguardia,* edición digital, 9 de noviembre de 2020, disponible en [https://www.lavanguardia.com/politica/20201109/49339107084/las-mujeres-blancas-aparcaron-sus-dudas-y-votaron-por-donald-trump.html], consultado el 21 de junio de 2021.

entre el 14 y el 22,4 por 100 de las mujeres escogieron la papeleta de la ultraderecha, mientras en los del oeste lo hicieron solo entre el 5,6 y el 9,3 por 100[51]. Más que de *gender gap*, ¿deberíamos hablar de otro tipo de *gap* como el racial o el territorial?[52].

Las divergencias geopolíticas

La tercera de las divergencias entre las extremas derechas 2.0 es evidente: la cuestión geopolítica. Mientras algunas formaciones son claramente atlantistas, como Vox, Chega! y la ultraderecha polaca y de los países bálticos, otras han mostrado, más o menos directamente, simpatías por la Rusia de Putin. En esto, obviamente, pesa el pasado de cada país y la cultura política de las derechas y del nacionalismo locales.

En el caso polaco es indudable el recuerdo de la invasión soviética de 1939, tras la firma del pacto Ribbentrop-Molotov entre la Alemania nazi y la Unión Soviética estalinista, y la experiencia del régimen comunista estrechamente vinculado a Moscú durante la Guerra Fría, o incluso antes, a finales del siglo XVIII, la partición de Polonia por parte de Prusia y la Rusia zarista. Algo similar puede decirse de los Países Bálticos, donde la memoria de la ocupación soviética de 1940 y la anexión en la Unión Soviética hasta el desmembramiento de la Unión entre 1990 y 1991 ha comportado una rusofobia que se ha convertido en una especie de paranoia nacional. En Varsovia, Vilnius, Riga y Tallin ningún nacionalista puede ser rusófilo si no quiere ser tachado de traidor o, incluso, expulsado de la comunidad nacional, como es el caso de los «no ciudadanos» –alrededor de 500.000 personas de etnia rusa en Letonia y unos 100.000 en Estonia– a los cuales nunca se concedió la ciudadanía tras la independencia de las repúblicas bálticas. Estados Unidos y la OTAN son concebidas, pues, como los valedores de la independencia nacional frente a la amenaza rusa, aún más tras la anexión de Crimea

---

[51] C. B. Molpus, *A Crisis of Masculinity: The Rise of the AfD and the East German Man*, Bachelor Thesis, University of Mississippi, 2020, pp. 29-35, disponible en [https://egrove.olemiss.edu/hon_thesis/1373], consultado el 21 de junio de 2021.

[52] Véase, por ejemplo, C. Tien, «The Racial Gap in Voting Among Women: White Women, Racial Resentment, and Support for Trump», *New Political Science,* 2017, pp. 1-19, DOI: 10.1080/07393148.2017.1378296.

por parte de Putin y el estallido de la Guerra del Donbás. O, para el caso polaco y, en concreto del PiS, el accidente aéreo que tuvo lugar en la ciudad rusa de Smolensk en 2010, en que murió el entonces presidente de Polonia, Lech Kaczyński, y numerosas personalidades políticas del país. Aunque teóricamente pueda haber una cierta simpatía por el modelo de gobierno de Putin, es del todo inconcebible que las nuevas ultraderechas de estos países entablen cualquier tipo de alianza con el «gran oso ruso»[53].

En el caso de la península ibérica, pesa principalmente la forma en que nacieron las nuevas ultraderechas. Tanto Vox como Chega! son, al fin y al cabo, escisiones de los respectivos partidos conservadores, el PP y el Partido Social-Demócrata (PSD): Santiago Abascal, así como el primer líder de Vox, Alejo Vidal-Quadras, venían de una larga militancia en los populares, mientras que André Ventura fue concejal por el PSD en el municipio de Loures, en la periferia de Lisboa. Sobre la colocación internacional de las derechas conservadoras española y portuguesa no hay mucho de que debatir: el atlantismo ha sido siempre su principal referente. Huelga decir que es esencial la larga experiencia de los regímenes franquista y salazarista que, tras la derrota del Eje en la Segunda Guerra Mundial, se convirtieron en las «centinelas de Occidente», peones muy útiles para Washington en una Europa partida en dos por el inicio de la Guerra Fría. Hay que recordar que, por un lado, el régimen de Salazar concedió ya durante el segundo conflicto mundial la utilización de la base de Los Lajes, en las Azores, a los ejércitos británico y estadounidense, y que Portugal entró en la OTAN desde su misma fundación, en 1949. Por otro lado, el fin del aislamiento internacional del franquismo se selló con la firma de los acuerdos con Estados Unidos en 1953 que implicaron, entre otras cosas, la concesión de cuatro bases militares norteamericanas (Rota, Morón de la Frontera, Torrejón de Ardoz y Zaragoza; de las últimas dos Washington se retiró en 1991 y 1992, respectivamente) en suelo español.

Si a esto le añadimos la memoria de la Guerra Civil española, con la ayuda económica y militar que la Unión Soviética prestó a la Segunda República, y el visceral anticomunismo propagado por el ré-

---

[53] A. Folvarčný y L. Kopeček, «Which conservatism? The identity of the Polish Law and Justice party», *Politics in Central Europe* 16 (2020), pp. 177-178. Véase también Veiga, González-Villa, Forti *et al.*, *Patriotas indignados,* op. cit.

gimen franquista en las cuatro décadas siguientes, no es difícil entender por qué Vox no tiene dudas de ser firmemente atlantista. Añádase además que, desde 2018, una de las figuras clave en el establecimiento de las relaciones internacionales de la formación liderada por Abascal es Rafael Bardají, que fue asesor de los ministros de Defensa del PP Eduardo Serra y Francisco Trillo, y director de política internacional de la Fundación para el Análisis y los Estudios Sociales (FAES), presidida por José María Aznar. Bardají, estrechamente vinculado desde el segundo gobierno de Aznar con la administración de George W. Bush y enlace fundamental para la foto del trío de las Azores y la participación española en la invasión de Irak en 2003, ha sido el principal canal que ha puesto en contacto los dirigentes de Vox con el mundo *neocon* estadounidense[54].

En el caso de otros países occidentales, como Francia, Italia o Austria, en cambio, las nuevas extremas derechas no son una escisión de la derecha conservadora tradicional. Por más que a lo largo de los últimos años se hayan dado casos de tránsitos de dirigentes políticos provenientes de la derecha clásica o incluso liberal hacia la ultraderecha, el Frente Nacional francés, el FPÖ austriaco o la Liga y Hermanos de Italia en el país transalpino son formaciones que nacieron en alternativa o directamente en oposición a las derechas hegemónicas en sus respectivos países, es decir el gaullismo, el Partito Popular austriaco y la Democracia Cristiana. Esto le ha permitido, en lo que respecta a las relaciones internacionales y la política exterior, defender una posición distinta o, al menos, poder jugar en diferentes planos.

Si es indudable que el Movimiento Social Italiano ya en 1952 se convirtió, tras unas dudas iniciales, al atlantismo en función anticomunista, es también cierto que debajo de los Alpes en la galaxia del neofascismo, e incluso dentro del MSI, siempre hubo sectores tozudamente antiamericanos y antioccidentales, la llamada corriente *terzaforzista*, que miraban con interés a experiencias como la Libia de Gaddafi, la Siria de Al-Assad o la lucha palestina[55]. Así, la Liga

---

[54] Véase A. Moreno, «Rafael Bardají: el desconocido "halcón" de Vox que conecta a Bannon, Aznar y Casado», *La Marea*, edición digital, 13 de mayo de 2019, disponible en [https://www.lamarea.com/2019/05/13/rafael-bardaji-desconocido-halcon-vox/], consultado el 21 de junio de 2021.

[55] Para una historia del MSI, véase F. Gallego, *Neofascistas. Democracia y extrema derecha en Francia e Italia,* Barcelona, Debolsillo, 2007.

Norte de Umberto Bossi no se ahorró nunca críticas al intervencionismo de Estados Unidos, como ocurrió con ocasión del incidente del Cermis, cuando, a principios de 1998, un avión del cuerpo de los Marines, en la base militar estadounidense de Aviano (en la región del Friuli-Venecia Julia), cortó un cable de soporte de una góndola de un teleférico matando a veinte personas.

De hecho, tras unos primeros años más ambiguos, en la segunda mitad de la década de los noventa, con la entrada de Italia en el euro, la Liga Norte (LN) viró claramente hacia un antiamericanismo que se conectaba con un europeísmo antiitaliano y la crítica a la globalización de marca estadounidense. Como apuntó por aquel entonces Guido Passalacqua, los lemas de la LN pasaron a ser «Sí a la Europa de los pueblos y no a la Europa de los banqueros y los masones, liderada por pocas personas del otro lado del Atlántico. No a la Europa que mira a Estados Unidos, sí a la Europa que mira al este, a Rusia»[56]. La Liga no rechazaba solo el modelo político propuesto por Washington, sino que se oponía abiertamente a su modelo de vida, *in primis,* a la idea de una sociedad multirracial. En aquello años, la LN organizó manifestaciones delante de la base de Aviano de donde salían los aviones de la OTAN que bombardeaban Serbia y Bossi se solidarizó con Milošević, llegando a visitar al mandatario serbio en Belgrado en abril de 1999: más allá del antiamericanismo, Serbia venía a ser, según el líder de la Liga Norte, un país cristiano que quería defender su cultura delante de la invasión de inmigrantes albaneses que habían colonizado Kosovo. Al mismo tiempo, Bossi se reunía con Jörg Haider e entablaba relaciones con el líder nacionalista ruso Vladimir Jirinovski[57].

Esto, evidentemente, no quita que tanto la LN como Alianza Nacional (AN) –la refundación posfascista del MSI– hayan apoyado tras el 11S de 2001 la guerra contra el terrorismo islámico lanzada por George W. Bush y que permitió, de un lado, reforzar la islamofobia –conectándola a la inmigración– y, por el otro, modificar paulatinamente su posición sobre Israel que de un más o menos larva-

---

[56] G. Passalacqua, «Bossi l'antiamericano», *La Repubblica,* edición digital, 28 de marzo de 1999, disponible en [https://ricerca.repubblica.it/repubblica/archivio/repubblica/1999/ 03/28/bossi-antiamericano.html], consultado el 21 de junio de 2021.
[57] S. Meret, *The Danish People's Party, the Italian Northern League and the Austrian Freedom Party in a Comparative Perspective: Party Ideology and Electoral Support,* Tesis doctoral, Aalborg University, 2009, pp. 179-180

do o explícito antisemitismo ha pasado a convertirse en una especie de nueva centinela de Occidente en medio de Oriente Medio. El mismo Bossi lo expresó sin tapujos en marzo de 2003 cuando, una vez regresado al gobierno junto a Forza Italia y AN, afirmó que la intervención estadounidense en Irak no le gustaba, pero el apoyo ofrecido a Bush por parte del Ejecutivo presidido por Berlusconi era una «vía obligada»: lo importante, añadió, era que no llegasen refugiados, mientras remachaba el leitmotiv de que la Padania es «un baluarte en contra del islam»[58].

Tampoco era extraño oír al siempre enfervorizado Jean-Marie Le Pen ponerse al lado de Saddam Hussein durante la Primera Guerra del Golfo –le visitó en Bagdad–, criticar la intervención de la OTAN en Kosovo en 1999 o acusar a Jacques Chirac de haber convertido Francia en un «protectorado» americano, como le espetó en septiembre de 2001. En 2003, el fundador del FN se opuso a la intervención occidental en Irak tachándola de «guerra de la arrogancia y la depredación» y en 2007 propuso la salida de Francia de la OTAN[59]. Una línea que ha defendido a grandes rasgos, aunque con menos declaraciones altisonantes, Marine Le Pen desde que lleva las riendas del partido: la hija del fundador del FN se ha centrado más en la cuestión de la «americanización» del estilo de vida que pondría en discusión, así como la inmigración, la laicidad republicana francesa. A diferencia de Italia, en el caso galo se junta también la cuestión de la *grandeur* pasada de Francia y la memoria del Imperio colonial, un sentimiento explotado desde siempre por el FN.

El caso de Austria es aún más peculiar. Tras la Segunda Guerra Mundial y el fin de la ocupación aliada, el país alpino no entró en la OTAN y su política exterior se basó en el tratado de 1955 con el cual se afirmó su neutralidad. Históricamente la ultraderecha austriaca era generalmente antiamericana, pero entre los ochenta y los noventa el FPÖ modificó progresivamente su posición hasta de-

---

[58] «Bossi: "I profughi restino a casa loro"», *La Repubblica,* edición digital, 19 de marzo de 2003, disponible en [https://www.repubblica.it/online/politica/italiairaqundici/bossi/bossi.html], consultado el 21 de junio de 2021.

[59] Véase G. Ivaldi, «Permanences et évolutions de l'idéologie frontiste», en P. Delwit (ed.), *Le Front national. Mutations de l'extreme droite francaise,* Bruselas, Editions de l'Université de Bruxelles, 2012, pp. 106-107. Véase también A.-M. Duranton-Crabol, «L'anti-américanisme français face à la guerre du Golfe», *Vingtième Siècle. Revue d'histoire* 59 (1998), pp. 129-139.

fender el ingreso de Austria en la OTAN, especialmente cuando se encontraba en el gobierno de coalición con los populares a principios de la década que abría el siglo XXI. Al mismo tiempo, sin embargo, el partido ultraderechista desarrolló una crítica a Estados Unidos centrada en dos cuestiones: por una parte, «el papel hegemónico de Estados Unidos en la política internacional donde se consideraba Europa casi una colonia» y, por otra, «el asalto cultural estadounidense a la civilización europea, concebida como una corrupción del sistema de valores y de la cultura de Europa mediante el capitalismo y los valores consumistas»[60]. A diferencia de la Liga Norte, a raíz de la invasión estadounidense de Irak, Jörg Haider se opuso sin embargo a la política exterior de George W. Bush, hasta el punto de visitar a Saddam Hussein en Bagdad. A partir de entonces, el FPÖ se ha mantenido en una línea antiamericana, aunque sin los excesos de un Le Pen. Por ejemplo, la posición hacia Israel ha ido virando hasta la posición opuesta, sobre todo tras la llegada de Heinz-Christian Strache a la presidencia del partido: de la defensa de la causa palestina, a partir de 2010 el FPÖ ha pasado a apoyar a los colonos judíos y reconocer Jerusalén como capital de Israel.

Al mismo tiempo, en la última década, marcada por el aumento de las tensiones entre Washington y Moscú, la nueva ultraderecha de estos países se ha acercado cada vez más al Kremlin. La vinculación del FPÖ con la Rusia putiniana ha resultado evidente en la primavera de 2019 con el estallido del Ibiza-gate –unas grabaciones de dos años antes, en una noche de fiesta en Ibiza, en que Strache y otro dirigente del partido ultraderechista trataban una supuesta financiación rusa a cambio de favores políticos– que puso fin a la coalición de gobierno entre el FPÖ y los populares de Sebastian Kurz. Además, en agosto de 2018 Putin había asistido de sorpresa al matrimonio de la entonces ministra de Exteriores austriaca, Karin Kneissl, política independiente pero cercana al FPÖ, levantando una polvareda notable. Tres años más tarde, y ya sin responsabilidades de gobierno, Kneissl, por cierto, fue fichada por Rosneft, la empresa petrolífera rusa, siguiendo el camino del excanciller alemán Gerhard Schröder, director del consejo de administración de la compañía desde 2017.

Asimismo, en esos mismos meses estalló en Italia el escándalo del Metropol –el hotel de la capital rusa en que se reunieron unos

---

[60] Meret, *The Danish People's Party,* op. cit., p. 207.

colaboradores de Salvini con hombres vinculados al Kremlin– que mostró la conexión rusa de la Liga: el partido de ultraderecha italiano, así como el FPÖ, habían firmado un acuerdo de cooperación con Rusia Unida, el partido de Putin. Ya antes se había desvelado que el FN había recibido al menos 11 millones de euros por parte de dos bancos rusos para financiar la campaña electoral en las europeas de 2014. También Alternativa para Alemania ha mirado desde sus inicios con interés hacia el Este: la entonces líder del partido, Frauke Petry, visitó Moscú ya en febrero de 2017 para encontrarse con dirigentes cercanos a Putin; visita que repitió también Alice Weidel en marzo de 2021, en medio del escándalo por la detención del opositor Alexei Navalny.

Las conexiones entre la nueva ultraderecha europea y la Rusia putiniana se deben a diferentes razones. Por un lado, el gobierno de Moscú ha ido estrechando las relaciones con quien en Occidente –fuesen formaciones políticas, *lobbies* o medios de comunicación– pudiese defender sus intereses, como el fin de las sanciones económicas tras la anexión de Crimea. Por otro lado, la estrategia del Kremlin se ha centrado en crear inestabilidad en los países occidentales, como han mostrado, no solo las constantes campañas de desinformación orquestadas desde Moscú, sino también la injerencia en varias campañas electorales, como las estadounidenses de 2016. Por último, una parte de la extrema derecha 2.0 ve en la Rusia putiniana, además de un financiador, tanto un posible aliado contra la hegemonía norteamericana y una Unión Europea atlantista así como un modelo ideológico. Salvini, Strache, Weidel e incluso Le Pen compran, en gran medida, la visión putiniana de la sociedad centrada en tres pilares: soberanía, identidad y tradición. No es ajena a todo esto la evolución de un sector de la ultraderecha neofascista que desde principios de la década de los noventa miró con interés a las teorizaciones de Aleksandr Duguin que conseguían juntar, en un aparentemente extraño *mélange,* los sueños paneuropeístas de Jean Thiriart, las ideas desarrolladas por la Nouvelle Droite (Nueva Derecha) y el eurasianismo ruso de la Posguerra Fría[61].

---

[61] Véase A. Shekhovtsov, «Alexander Duguin and the West European New Right, 1989-1994», en M. Laurelle (ed.), *Eurasianism and the European Far Right. Reshaping the Europe-Russia Relationship,* Lanham-Londres, Lexington Books, 2015, pp. 35-53.

El caso de Hungría es, una vez más, especialmente relevante. Desde su regreso al gobierno en 2010, Orbán ha pasado de un anticomunismo militante –que trasladado a nivel geopolítico había comportado varios choques con el embajador ruso en Budapest– al que el historiador Stefano Bottoni ha definido como un «pragmático compromiso» con Moscú basado en un proyecto de reorientación geopolítica del país magiar[62]. En los años siguientes Putin ha visitado prácticamente cada año Budapest y el Ejecutivo húngaro ha llevado adelante una colaboración política y económica con Rusia de quien depende por la importación de gas. Ya a principios de 2014, en un momento tan delicado como las protestas del Euromaidán en Kiev que comportaron la caída del gobierno prorruso de Viktor Yanukóvich, Orbán firmó un contrato con Moscú por la ampliación de la central nuclear de Paks y, al año siguiente, ingresó en el Banco Internacional de Inversiones, institución resucitada por Putin en 2012 con el objetivo de vincular los países que estuvieron en la órbita soviética a la Federación rusa. Además, ha defendido en múltiples ocasiones el fin de las sanciones de la Unión Europea a Rusia tras la anexión de Crimea y ha defendido públicamente la línea del Kremlin tanto en Siria como en Ucrania. Si bien es indudable que Orbán busca una mayor autonomía política frente a la Unión Europea, como demuestra también su buena relación con China, es cierto también que la sintonía entre el premier húngaro y Putin es tanto ideológica como de valores[63]. Sin contar que Orbán se quiere beneficiar de la relación con la oligarquía financiera rusa.

Al mismo tiempo, de todas formas, Orbán no ha roto nunca las relaciones con Estados Unidos: es evidente que con Trump en la Casa Blanca el gobierno de Budapest se ha acercado mucho a Washington –Orbán apoyó públicamente la candidatura del *tycoon* neoyorquino en 2016 y en 2020–, pero la relación, por más tiranteces que haya durante las presidencias demócratas, como las que se dieron en tiempos de Obama, se basa en un recíproco pragmatismo[64].

---

[62] Bottoni, *Orbán,* op. cit., p. 180.
[63] X. Colás, «Hungría, la avanzadilla de Vladimir Putin en la UE», *El Mundo*, edición digital, 30 de octubre de 2019, disponible en [https://www.elmundo.es/internacional/2019/10/30/5db9e9d721efa086228b46a7.html], consultado el 21 de junio de 2021.
[64] Véase C. Buchanan Ponczek, «What Can We Do About Poland and Hungary?», *CEPA*, 4 de febrero de 2021, disponible en [https://cepa.org/what-can-we-do-about-poland-and-hungary/], consultado el 21 de junio de 2021.

No se olvide además que Hungría es miembro de la OTAN. Así, puede leerse también la relación con la Unión Europea: Budapest no está en contra de la Unión, pero la acepta a cambio de un cierto margen de soberanía política y rechazando el Estado de derecho. Lo que es clave para Orbán y para el país magiar es el eje con Berlín tanto por las buenas relaciones que Fidesz y, más en concreto, el mismo premier húngaro ha mantenido siempre con la CDU alemana –especialmente con el excanciller Helmuth Kohl y el sector más conservador del partido en los *Länder* del sur del país–, como por la dependencia del sistema productivo y los capitales germanos. La convergencia de intereses es visible también en el caso de la relación con Israel que Orbán ha mimado desde su primer gobierno a finales de los noventa: por un lado, la presencia económica israelí es relevante en Hungría al representar en 2017 ya el 10 por 100 de los capitales invertidos en el país; por otro, el premier húngaro ha querido conquistar la aún numerosa comunidad judía en Hungría, históricamente más vinculada a los socialistas y los liberales[65].

Como se ve, la geopolítica y las relaciones internacionales son un ámbito en que la extrema derecha está profundamente dividida. O, como mínimo, en que no muestra una dirección y una estrategia unívocas. Orbán y Kaczyński, tan cercanos en muchas cuestiones, chocan sin embargo frontalmente en sus simpatías internacionales, por más que Varsovia y Budapest lideren el grupo de Visegrado que es, quizá, menos monolítico de lo que se suele pensar. Aparte de que los sistemas políticos de los países que conforman este grupo –Polonia, Hungría, República Checa y Eslovaquia– son muy distintos, lo que complica para las ultraderechas polacas, checas y eslovacas la posibilidad de dar un giro autoritario como en el país magiar; Bratislava, por ejemplo, ha entrado en el euro, a diferencia de Varsovia, Budapest y Praga.

Al mismo tiempo, las divergencias, no de por sí excluyentes, se pueden dar dentro de una misma formación política: en la Agrupación Nacional francesa, Marine Le Pen mira más hacia Moscú, mientras que su nieta Marion Maréchal-Le Pen se mueve sin problemas entre la capital rusa y Washington. La hija del fundador del FN se ha encontrado varias veces con Vladimir Putin, incluso visitándole en el Kremlin en la víspera de las presidenciales francesas

---

[65] Bottoni, *Orbán,* op. cit., pp. 198-199, 238-241.

de 2017[66]. También Marion Maréchal ha estado más de una vez en Rusia –en marzo de 2019 dio una conferencia en San Petersburgo y el mes siguiente participó en el Yalta International Economic Forum–, pero, al mismo tiempo, ha estrechado lazos con los *neocons* estadounidenses. En 2018 intervino en la Conservative Political Action Conference (CPAC), la principal cumbre política de los conservadores de Estados Unidos y, más allá de la relación personal con el exconsejero de Trump, Steve Bannon –considerada excelente por algunos e inexistente o pésima por otros–, el Institut de Sciences Sociales, Economiques et politiques fundado por Marion Maréchal se postula como una escuela política para dar la batalla ideológica siguiendo el modelo americano. Es cierto que también su tía recibió con los brazos abiertos a Bannon en el congreso de refundación del FN, en marzo de 2018: sin embargo, Marine Le Pen marcó las distancias incluso con el exdirector de *Breitbart News* –que en el mundo de la derecha estadounidense ha sido el principal valedor de la convergencia con Putin– al afirmar despectivamente pocos meses más tarde que Bannon «no es de un país europeo. Es estadounidense»[67].

Así, dentro de la ultraderecha italiana no existen claras diferencias solo entre Hermanos de Italia que es claramente atlantista –su líder, Giorgia Meloni, presidenta del Partido de los Conservadores y Reformistas Europeos, participó en 2019 y en 2020 en el CAPC y se ha convertido en el principal referente de los *neocons* debajo de los Alpes–, sino también dentro de la misma Liga[68]. Por un lado, Salvini y su *entourage* han tenido relaciones estrechas con la Rusia putiniana, como se explicará más adelante: en octubre de 2018, siendo ministro del Interior, el líder de la Liga afirmó desde Moscú que «en Rusia me siento como en casa, mientras que en algunos

---

[66] Sobre las relaciones entre Rusia y la extrema derecha europea, incluido el Frente Nacional, véase A. Shekhovtsov, *Russia and the Western Far Right. Tango Noir*, Londres, Routledge, 2017.

[67] «Marine Le Pen prend ses distances avec Steve Bannon», *Le Point*, edición digital, 8 de octubre de 2018, disponible en [https://www.lepoint.fr/politique/marine-le-pen-prend-ses-distances-avec-steve-bannon-08-10-2018-2261189_20.php], consultado el 21 de junio de 2021.

[68] C. Agostini, «Giorgia Meloni, ora Donald Trump scommette tutto su di lei. Quei due viaggi negli Usa e le telefonate…», *Libero*, edición digital, 2 de febrero de 2020, disonible en [https://www.liberoquotidiano.it/news/politica/13559608/giorgia-meloni-donald-trump-scommette-tutto-lei-due-viaggi-usa-telefonate.html], consultado el 21 de junio de 2021.

países de la Unión Europea, no»⁶⁹. Esto no quita que, al mismo tiempo, como Marion Maréchal, además de vincularse al proyecto europeo de Bannon, durante la presidencia de Trump también Salvini haya intentado dejarse ver por Washington, aunque con menos éxito que la nueva *enfant prodige* de la ultraderecha gala. Tras el patinazo del verano de 2019 –con el ya mencionado estallido del escándalo Metropol de la financiación rusa a la Liga–, Salvini intentó recomponer las relaciones con el mundo conservador del otro lado del Atlántico, pero no consiguió quitarse de encima el estigma de ser considerado un hombre de Putin a este lado del nuevo Telón de Acero. Por otro lado, el sector cercano a uno de los hombres fuertes de la Liga, Giancarlo Giorgetti, ministro de Desarrollo Económico en el gobierno Draghi, ha mantenido siempre un hilo abierto con Washington: de hecho, se le considera el hombre de referencia de la embajada estadounidense en Roma en el partido antes de Bossi y ahora de Salvini. En tiempos del gobierno con el M5E y del ingreso italiano en la nueva ruta de la seda china, por ejemplo, Giorgetti viajó a Washington para convencer a la administración estadounidense de que la Liga era un partido atlantista.

¿Contradicciones? ¿Confusión? ¿Tacticismo? ¿O, quizá, como apunta Cas Mudde, es que, más allá de unas pocas obsesiones, como las organizaciones supranacionales, «los partidos de ultraderecha están muy divididos en torno a la cuestión sobre cómo debería ordenarse el mundo»⁷⁰?

Características clave de la nueva ultraderecha

Más allá de sus divergencias en temas como la economía, los valores y la geopolítica, hay por lo menos otras tres características que comparten todas las formaciones de la gran familia ultraderechista que se pueden sumar a los mínimos comunes denominadores mencionados en las páginas anteriores.

---

[69] V. Santarpia, «Salvini a Mosca: "In Russia mi sento a casa, mentre in alcuni Paesi Ue no"», *Il Corriere della Sera*, edición digital, 18 de octubre de 2018, disponible en [https://www.corriere.it/politica/18_ottobre_17/salvini-mosca-in-russia-mi-sento-casa-mentre-alcuni-paesi-ue-no-636e442c-d224-11e8-9cd8-6bfe110c11f0.shtml], consultado el 21 de junio de 2021.
[70] Mudde, *La ultraderecha hoy,* op. cit., p. 65.

En primer lugar, en cuanto a las estrategias políticas, su principal objetivo es polarizar a la sociedad, marcar el debate político con temas divisivos y escorar hacia la ultraderecha la opinión pública. Un objetivo facilitado por las redes sociales: de ahí que el tema de la posverdad y las *fake news* no sea algo baladí, sino una cuestión central en su *modus faciendi*[71]. En las presidenciales de 2017, por ejemplo, el FN francés contaba con un ejército de unos 1.800 usuarios en Twitter organizados para visibilizar sus mensajes y atacar a los adversarios políticos, sin contar el apoyo de cuentas pro Trump y medios estatales rusos como *Russia Today* y *Sputnik News*[72]. En todo esto, directa o indirectamente, se percibe también la influencia del trabajo teórico que ha venido desarrollando Alain de Benoist desde principios de los setenta: a través de la relectura de Antonio Gramsci, el filósofo francés propuso que la ultraderecha abandonase el objetivo del asalto al Palacio de Invierno y se centrase en la batalla cultural, sustituyendo, por ejemplo, los temas raciales, inaceptables después de Auschwitz para la mayoría de la sociedad occidental, con cuestiones identitarias. Es ahí cuando empiezan a utilizarse los conceptos de etnopluralismo y diferencialismo, actualmente en boga. Esta transformación, así como el tema de la posverdad y las *fake news,* se tratará con mucha más profundidad en el tercer capítulo de este libro, debido a la importancia que tienen para entender la nueva ultraderecha.

Con este asunto se conecta también el componente desenfadado de muchos de los discursos de la extrema derecha 2.0 que la convierte en un movimiento que muchos de sus simpatizantes, sobre todo entre los jóvenes, perciben como rebelde e incluso antisistema. Piénsese, por ejemplo, en la incorrección política, la cultura chanera –es decir, la que es producto de foros como 4Chan y 8Chan–, la *memización* de la política o también en la capacidad para hacer suyas, de forma provocadora, batallas consideradas progresistas, como demuestran fenómenos como el homonacionalismo o el ecofascismo, sintomáticos de este parasitismo ideológico de las nuevas ultrade-

---

[71] Véanse C. Wylie, *Mindf*ck. Cambridge Analytica. La trama para desestabilizar el mundo,* Barcelona, Roca, 2020 y A. Marantz, *Antisocial. La extrema derecha y la «libertad de expresión» en internet,* Madrid, Capitán Swing, 2021.

[72] A. Cuenca, «Le Pen, internet y las redes sociales: una sinergia digital», *Agenda-Pública.es,* 12 de junio de 2021, disponible en [https://agendapublica.es/le-pen-internet-y-las-redes-sociales-una-sinergia-digital/], consultado el 28 de junio de 2021.

rechas[73]. Como explica el historiador argentino Pablo Stefanoni, «la derecha está capturando parte del inconformismo social frente a un progresismo que se vuelve previsible e incluso conservador en muchos sentidos. [...] No cabe duda de que, en varias latitudes, decirse de derecha para muchos jóvenes suena transgresor e incluso *cool*. Y hay formas de politización, y radicalización, por internet que potencian ese fenómeno»[74].

No se trata tan solo de la Alt-Right estadounidense, un fenómeno bastante estudiado ya en la actualidad, con figuras realmente inimaginables hace un tiempo en la extrema derecha como Milo Yiannopoulos, homosexual, misógino y trumpista[75]. Piénsese en los ataques a la supuesta «dictadura progre» de Abascal o en figuras como los nuevos libertarios de ultraderecha argentinos. Gracias a sus exabruptos e insultos a la izquierda, el economista Javier Milei se ha convertido en una estrella mediática del mundo antiperonista: en junio de 2021 tenía más de 420.000 seguidores en Twitter y más de 650.000 en Instagram. Milei lleva años llenando teatros y salas de conferencias, es considerado ya una referencia en otros países latinoamericanos y festejó sus 50 años en una plaza de Buenos Aires con centenares de asistentes. Además, su rostro, reproducido al estilo Andy Warhol, ilustra las tapas de cuadernos y agendas: en suma, es un verdadero referente de los *centennials* antiprogres del Cono Sur[76]. No debería extrañar que, casi sin una organización que le apoye, al grito de «¡Viva la libertad, carajo!», Milei haya obtenido casi el 14 por 100 de los votos en la ciudad de Buenos Aires en las primarias celebradas en septiembre de 2021. El joven político argentino Álvaro Zicarelli, 39 años, homosexual, profundamente de dere-

---

[73] Véanse, Veiga, González-Villa, Forti et al., *Patriotas indignados,* pp. 251-282; Stefanoni, *¿La rebeldía se volvió de derecha?* y A. Nagle, *Muerte a los normies. Las guerras culturales en internet que han dado lugar al ascenso de Trump y la alt-right,* Tarragona, Orciny Press, 2018.

[74] S. Forti, «Pablo Stefanoni: "Decirse de derecha para muchos jóvenes suena transgresor e incluso 'cool'"», *Revista Contexto,* 7 de mayo de 2021, disponible en [https://ctxt.es/es/20210501/Politica/35887/derecha-pablo-stefanoni-rebeldia-entrevista-steven-forti.htm], consultado el 21 de junio de 2021.

[75] Véase, entre otros, D. Neiwert, *Alt-America. The Rise of the Radical Right in the Age of Trump,* Londres-Nueva York, Verso, 2017.

[76] P. Stefanoni, «Javier Milei: el libertario peinado por el mercado», *Revista Anfibia,* edición digital, marzo de 2021, disponible en [http://revistaanfibia.com/ensayo/javier-milei-el-libertario-peinado-por-el-mercado/], consultado el 23 de junio de 2021.

chas, crítico con el colectivo LGTBI, lo explicaba sin medias tintas: «hoy la izquierda es el *statu quo,* el pensamiento único, lo políticamente correcto, lo que decide qué es penado y qué no, la que vive en estado asambleario... Hoy ser revolucionario es ser de derecha»[77]. Podríamos decir, de un modo un tanto provocativo, que, para muchos jóvenes, lo que mola ahora no es tatuarse al Che Guevara, sino a la Rana Pepe con los rasgos de Trump. O incluso el perfil de Mussolini.

De hecho, esta transformación no se ciñe solo al mundo de la extrema derecha 2.0, sino que va más allá y abarca los ámbitos más propiamente neofascistas, como muestra el caso italiano. Muchos adolescentes, aparentemente despolitizados, se declaran fascistas, sin inmutarse. Según Christian Raimo, el antifascismo «en la mayoría de los casos no importa ya nada: en contextos cada vez más amplios ser fascistas está de moda, en otros es directamente el elemento determinante de una nueva unidad que se estaba buscando»[78]. El periodista italiano, que realizó una investigación entre los adolescentes de Roma y de la mayoría de las ciudades del país, subraya, por un lado, la mayor legitimación del fascismo respecto al pasado y, por el otro, el trabajo de los movimientos neofascistas, como CasaPound Italia, que ha permitido que discursos y lemas fascistas pudiesen convertirse en *mainstream.* Como explica Raimo,

> mientras los movimientos neofascistas elaboraban nuevos códigos culturales, desde la música a la gráfica de los manifiestos, mientras conseguían relegar un lenguaje que los estigmatizaba [...], mientras el fascista en americana y corbata conquistaba una presencia fija en los *talk show* televisivos, en la Italia posterior a la crisis se producía un desprendimiento social por el cual eslóganes que eran considerados fascistas y por esto inaceptables, impronunciables y minoritarios como «Ayudémosles en su casa» o «Resistencia étnica» parecían poder entrar en el debate público como hipótesis de sentido común[79].

---

[77] V. De Masi, «Álvaro Zicarelli: "Hoy la revolución es ser de derechas"», *ElDiario.ar,* 3 de abril de 2021, disponible en [https://www.eldiarioar.com/sociedad/alvaro-zicarelli-derecha-politica_130_7368401.html], consultado el 23 de junio de 2021.

[78] C. Raimo, *Ho 16 anni e sono fascista. Indagine sui ragazzi e l'estrema destra,* Milán, Piemme, 2018, p. 11

[79] *Ibid.,* p. 13.

En segundo lugar, todas estas formaciones muestran un exacerbado tacticismo: lanzan continuamente globos sonda en el debate público para ver si tienen recorrido y pueden cambiar de postura sobre temas cruciales en poco tiempo. Piénsese en la postura sobre el euro y la Unión Europea: Salvini y Le Pen han pasado en pocos meses de defender el Italexit y el Frexit a abanderar una reforma del proyecto comunitario y hasta a definirse europeístas. O, más recientemente, en las posiciones contradictorias de estas formaciones y sus líderes acerca de las medidas para combatir el coronavirus. El hecho de que Trump hablase de «virus chino» y responsabilizase a Pekín de la pandemia no debe interpretarse como una paranoia o una excentricidad. Al contrario, es una estrategia bien pensada: se polariza a la sociedad y se crea un sentimiento de comunidad contra un supuesto enemigo exterior, difundiendo bulos a tutiplén y teorías del complot surrealistas, de forma similar a lo que hicieron, en otro contexto histórico y con otras tecnologías, los fascismos en la época de entreguerras. ¿Nos olvidamos de la difusión de *Los protocolos de los sabios de Sion* y su influencia sobre las teorías racistas o de la supuesta agresión militar polaca a Alemania que Hitler inventó –disfrazando a un prisionero con el uniforme del ejército de Varsovia– para justificar la invasión nazi de Polonia el 1 de septiembre de 1939?

En otras latitudes se ha repetido –y se sigue repitiendo– el mismo patrón, adaptándolo a las circunstancias nacionales. El primer ministro indio, Narendra Modi, culpabilizó de la difusión del virus a los musulmanes, dándole otra vuelta de tuerca a su política nacionalista: en diciembre de 2019 se aprobó una Ley de Ciudadanía según la cual no se otorgará la nacionalidad india a los inmigrantes irregulares de religión musulmana. Orbán expulsó del país a trece estudiantes iraníes identificados –sin pruebas fehacientes– como los que «importaron» la covid-19 en Hungría. El líder de la Liga, Matteo Salvini, en un primer momento tachó de *untori* a los migrantes que llegaban en pateras a las costas italianas, cuando el coronavirus además estaba ya muy difundido en el norte de la península, para después centrarse sobre todo en difundir teorías conspiranoicas sobre la creación del virus en los laboratorios de Wuhan, siguiendo así la estela de la Alt-Right estadounidense. Además de tener, al menos para Washington, un trasfondo geopolítico, el discurso que se quiere transmitir es que el virus es algo extranjero que contamina la pureza racial de la nación.

No es distinto lo que han venido repitiendo los sectores derechistas –y no solo los más derechistas– del independentismo catalán: el coronavirus proviene de Madrid –un bulo difundido también por TV3– así que España no solo «nos roba», sino que también «nos mata». En el caso de Vox, encontramos este mismo patrón: Ortega Smith habló de los «malditos virus chinos» contra los cuales estaban luchando sus gallardos «anticuerpos españoles»[80]. El partido de Abascal se ha centrado luego en sus ya clásicos caballos de batalla: el «comunismo bolivariano» que quiere prohibir la propiedad privada e imponer la «doctrina progre» y feminista es responsable de las muertes de los españoles por haber permitido las manifestaciones del 8 de marzo y por su mala gestión. Cada uno, pues, utiliza la coyuntura, en este caso el virus, para «barrer para casa». Se trata, ni más ni menos, de las guerras culturales –que suplantan a la realidad– fundadas en un cortoplacismo exacerbado, el nacionalismo –un *evergreen* en cualquier época histórica– y la defensa de la «libertad» –de expresión, movimiento, manifestación, etc.– contra lo políticamente correcto y contra los gobiernos supuestamente autoritarios que han establecido medidas de restricción para evitar una mayor difusión del virus.

A menudo los ultraderechistas incurren en contradicciones. Piénsese en Vox o la Liga: al principio pidieron medidas mucho más restrictivas que las decretadas por los respectivos gobiernos, mientras que al cabo de un par de semanas pasaron a reclamar el fin de las restricciones, tachando a los Ejecutivos de autoritarios. El premier británico Boris Johnson recorrió el camino opuesto: de defender con sorna la inmunidad de rebaño a proclamar asustado –y tras haber estado hospitalizado– el cierre del país, alargándolo más de lo planteado. Lo que pasa es que en la mayoría de los casos estas contradicciones no son percibidas como tales por sus partidarios y no le restan votos: no obstante la pésima gestión de la emergencia, que ha convertido a Reino Unido en el segundo país con el mayor número de muertos tras Estados Unidos, los sondeos otorgaban más del 50 por 100 de los votos a los Tories británicos a principios

---

[80] «Ortega Smith, aislado por el Covid-19, asegura que sus "anticuerpos españoles derrotarán al virus chino"», *El Español,* 14 de marzo de 2020, disponible en [https://www.elespanol.com/espana/20200314/ortega-smith-aislado-covid-19-anticuerpos-espanoles-derrotaran/474702722_0.html], consultado el 21 de junio de 2021.

del verano de 2020. Nada nuevo bajo el sol. Lo mismo pasó con el *procés* en Cataluña, una versión *sui generis* del nacionalpopulismo europeo: aunque los líderes independentistas catalanes mintiesen continuamente y prometiesen cosas que luego no se lograban, han mantenido a grandes rasgos los mismos votos[81].

La extrema derecha 2.0 juega a la sobrepuja constantemente, aún más si se siente acorralada. Es el efecto «aliento en el cogote» que le empuja a arriesgarse aún más. Ahí toca leer las aparentemente estrafalarias declaraciones de Bolsonaro en medio de la crisis del coronavirus. En muchos casos solo se trata de tratar de conocer por dónde viene el viento, comprobar si la opinión pública respalda lo dicho. Lo mismo puede señalarse sobre las declaraciones de Abascal en la campaña electoral del 28A de 2019 sobre la posibilidad de que los españoles puedan disponer de un arma para la autodefensa. Durante una semana no se habló de otra cosa: todo el mundo tuvo que tomar posición. Así, por un lado, Vox ganó protagonismo mediático; por el otro, comprobó si era un camino que debía recorrer. En ese caso, tratándose de una cuestión que no polariza suficientemente –al menos de momento– a la sociedad española, ya que existe un amplio consenso contrario a la venta de armas, Vox abandonó el tema, centrándose en otros –los migrantes, las políticas de género, Cataluña, Venezuela, etc.– que permiten una mayor polarización, además de reforzar a los ya convencidos. Por lo general, y a menos de errores muy graves, se trata de una estrategia *win-win*. Si la jugada le sale mal, se ha ganado de todos modos centralidad y se busca otro tema más polarizante. Si le sale bien, se mantiene ese camino.

Las contradicciones no existen también porque el flujo de (des)información lo cubre todo: las noticias de hace dos semanas se han olvidado, las declaraciones de ayer han sido sustituidas por otras. Todo es muy rápido. Esto explica la pasión que tenía Trump, al menos hasta que le cerraron su cuenta en Twitter, por los a veces surrealistas tuits nocturnos: lanzar una bomba para que al día siguiente todos hablasen de él y otros temas pasasen a segundo plano, incluidas las contradicciones respecto a lo afirmado unas horas an-

---

[81] Sobre el *procés* como una declinación catalana del nacionalpopulismo europeo, véase S. Forti, «¿Nacional-populismo a la catalana? Repensar el *procés* en el contexto europeo», *Historia del presente* 35 (2020), pp. 69-90.

tes. En tiempos de las redes sociales, las hemerotecas se miran poco y la memoria es muy corta.

Hay, finalmente, una tercera característica que comparten todas estas formaciones. Más allá de sus programas económicos, no niegan formalmente la democracia en sí, sino que critican la democracia liberal tachándola de no democrática, es decir, como algo desconectado de la voluntad del pueblo[82]: de ahí su irritación por la separación de poderes y las reglas de funcionamiento básicas de las democracias liberales, pero también su más o menos explícita defensa de un modelo que el premier húngaro Viktor Orbán, retomando la feliz expresión acuñada por Fareed Zakaria, definió en 2014 como *democracia iliberal*[83]. Como recuerdan Steven Levitsky y Daniel Ziblatt, las democracias pueden morir no solo a manos de hombres armados, sino también de líderes electos, presidentes o primeros ministros que las erosionan paulatinamente, de forma casi imperceptible: «la paradoja trágica de la senda electoral hacia el autoritarismo», afirman los dos politólogos estadounidenses, «es que los asesinos de la democracia utilizan las propias instituciones de la democracia de manera gradual, sutil e incluso legal para liquidarla»[84]. Esta es quizá la gran novedad que ha introducido la extrema derecha 2.0 en comparación con sus antecesores del siglo XX. Es cierto que también el fascismo italiano y el nacionalsocialismo alemán llegaron al poder utilizando las herramientas que le ofrecían las democracias liberales en los años veinte y los treinta. Sin embargo, por un lado, aquellas eran democracias mucho más frágiles –a las cuales, además, se enfrentaban al menos otros dos modelos distintos de sistemas políticos y narraciones globales– y «asumidas» por un porcentaje menor de la población y, por el otro, el fascismo de entreguerras utilizó siempre la violencia –en las calles y, luego, desde el poder–, incluidas las fuerzas paramilitares.

Para entender cómo es posible transitar de una democracia liberal y representativa a una democracia iliberal o un régimen auto-

---

[82] Véase Mounk, *El pueblo contra la democracia,* op. cit., pp. 31-136.

[83] Véase «Viktor Orbán's speech at the XXV. Bálványos Free Summer University and Youth Camp, 26th July, 2014., Băile Tușnad (Tusnádfürdő)», *The Budapest Beacon,* 29 de julio de 2014, disponible en [https://budapestbeacon.com/full-text-of-viktor-orbans-speech-at-baile-tusnad-tusnadfurdo-of-26-july-2014/], consultado el 21 de junio de 2021.

[84] S. Levitsky y D. Ziblatt, *Cómo mueren las democracias,* Barcelona, Ariel, 2018, p. 16.

ritario en el siglo XXI es necesario profundizar en el caso de la Hungría de Orbán. Es esta, de hecho, la única realidad que nos permite entender cuál podría ser el camino que pueden recorrer otras formaciones ultraderechistas una vez llegadas al poder, salvando todas las distancias entre la situación del país magiar y los demás. No está claro, obviamente, que la *orbanización* sea la vía escogida por los Abascal, los Salvini o las Le Pen, pero es, sin duda alguna, el único modelo exitoso al cual todas las formaciones ultraderechistas –aún más en países miembros de la Unión Europea y la OTAN– pueden mirar. A diferencia de los casos de Trump –que ha presidido Estados Unidos durante un solo mandato–, Bolsonaro –que no está claro que pueda ganar por segunda vez las presidenciales en Brasil–, Salvini y Strache –cuyos Ejecutivos de coalición en Italia y Austria duraron poco más de un año– y también de Polonia –mientras se escribe este libro, PiS lleva en el poder de todas formas seis años–, Orbán gobierna Hungría con mayorías absolutas desde hace más de una década, tiempo más que suficiente para realizar cambios sustanciales e instaurar un nuevo sistema político. No es de extrañar que muchos de los líderes ultraderechistas, empezando por Salvini, Meloni y Trump, hayan alabado al premier húngaro al que Steve Bannon definió como «Trump antes de Trump»[85]. Así que evitar plantearse la cuestión, escudándose detrás de las más que evidentes diferencias entre un país y otro o de las frases retóricas de que esto «no podría pasar nunca aquí», sería solamente una ingenuidad. No se olvide además que en la década de los noventa Hungría era considerado el mejor alumno en la transición a la democracia de los países del Este de Europa: su transformación en lo que Stefano Bottoni ha definido, al mismo tiempo, «un sistema autocrático con medios democráticos», «una forma extrema y desfigurada de democracia constitucional» y «un régimen autoritario basado en el capitalismo clientelar y el control social» ha sido relativamente rápida[86].

En la actualidad hay un cierto consenso en calificar la situación húngara, de hecho, como de régimen autoritario: en 2020 Freedom House declaró a Hungría, único Estado en la Unión Europea, país

---

[85] R. Mir de Francia, «Trump abre las puertas de la Casa Blanca al ultranacionalista Orban», *El Periódico de Catalunya*, edición digital, 13 de mayo de 2019, disponible en [https://www.elperiodico.com/es/internacional/20190513/trump-recibe-casa-blanca-ultranacionalista-hungaro-orban-7453164], consultado el 21 de junio de 2021.

[86] Bottoni, *Orbán,* op. cit., pp. 14, 15, 277.

«parcialmente libre» y «régimen híbrido», obteniendo tan solo 49 puntos sobre 100[87]. Ya en 2011 el politólogo Jan-Werner Müller había definido el sistema de Orbán como «autoritario-nacionalista-burgués» con una tendencia al partido único[88]. No faltan definiciones como la del escritor György Konrád que habló de «democratura» o la del liberal Kis János que ha tildado la Hungría de Orbán como un «autoritarismo electoral»[89]. Ahora bien, ¿cómo fue posible esta transición a un régimen que, más allá del debate terminológico, es sin duda alguna iliberal?

Es evidente que el contexto pesa muchísimo. Los problemas de la transición poscomunista y la incapacidad para construir una democracia liberal eficiente deben incluirse entre las causas del éxito del orbanismo. No se trata tan solo, en síntesis, de las consecuencias de la crisis económico-financiera de 2008, como apuntaron muchos analistas para explicar el giro adoptado por Orbán a partir de su regreso al poder en 2010, sino que hay factores de larga duración y una notable responsabilidad de las clases dirigentes locales, empezando por los liberales y los socialistas que gobernaron el país tras 1989. Especialmente, deben mencionarse los escándalos y los errores del premier socialista Gyurcsány que llevaron a las protestas masivas de otoño de 2006, la corrupción endémica y también la incapacidad para integrar a la numerosa población romaní que facilitó, entre otras razones, la aparición y el avance de una ultraderecha xenófoba, organizada en milicias paramilitares, vinculada al partido Jobbik[90].

Por otro lado, no se debe caer tampoco en la estéril contraposición entre un Orbán liberal-demócrata –el de los años de la transición poscomunista y de su primer gobierno, entre 1998 y 2002– y un Orbán autócrata iliberal –posterior a 2010–. El líder de Fidesz había apuntado de hecho ya maneras en su primera experiencia como premier para quien quisiera darse cuenta de ello. Y no solo

---

[87] Véanse los informes de Freedom House, disponibles en [https://freedomhouse.org/country/hungary], consultado el 25 de junio de 2021.
[88] J. W. Müller, «The Hungarian Tragedy», *Dissent*, 2 (2011), p. 8.
[89] Cit., respetivamente, en Bottoni, *Orbán*, op. cit., p. 161 y B. Guetta, *I sovranisti. Dall'Austria all'Ungheria, dalla Polonia all'Italia, nuovi nazionalismi al potere in Europa*, Turín, ADD, 2019, p. 78.
[90] Véase E. Giovannini, *Europa anno zero. Il ritorno dei nazionalismi*, Venezia, Marsilio, 2015, pp. 110-138.

porque en política exterior mantuvo abiertos los canales diplomáticos con la Croacia autoritaria de Tudjman –fue el único jefe de gobierno que asistió a su funeral en Zagreb en 1999– y no respetó el aislamiento decretado contra el Ejecutivo austriaco presidido por Schüssel –que invitó a Budapest– en que participaba por primera vez el FPÖ de Haider. Sino porque se estaban empezando a poner los cimientos o, por lo menos, a definir las líneas maestras de un proyecto conservador antiliberal trufado de cierto antioccidentalismo[91]. Esto obviamente no quita el hecho de que Orbán haya tenido una evolución entre la década de los noventa y la siguiente. El líder de Fidesz, político inteligente y astuto, supo leer la situación que se había dado en Hungría tras 2006 y comprendió que, como explica Bottoni, «las capas profundas de la sociedad húngara no habían interiorizado el capitalismo de tipo occidental ni la idea "burguesa" de democracia. Pedían no menos, sino más Estado. Más seguridad y menos responsabilidad individual»[92]. De ahí su viraje «plebeyo» que con el regreso al poder tras las elecciones de la primavera de 2010 tuvo como consecuencia la implantación de un régimen autoritario.

Gracias a la amplísima victoria obtenida –52,7 por 100 de los votos y 263 escaños sobre 386–, el gobierno de Fidesz, que fue el partido más votado en 173 colegios sobre 176, pisó inmediatamente el acelerador. Más allá de las medidas económicas y el paulatino giro geopolítico comentados anteriormente, Orbán dio pasos rápidos para reforzar el poder Ejecutivo con la creación de un superministerio de la Función Pública y la Justicia en el cual se incluyó la Cancillería, además de endurecer el código penal –en 2015 lanzaría también la propuesta de restaurar la pena de muerte– e iniciar una ocupación sistemática de las instituciones independientes. Desde el principio, en síntesis, Orbán tenía un programa bien trabajado para asestar un golpe al sistema de pesos y contrapesos imprescindibles en una democracia liberal. Asimismo, pulsó la tecla del nacionalismo no solo retóricamente –con las menciones al tratado de Trianon de 1920 y la afrenta histórica que significó para el pueblo húngaro que perdió dos tercios de su territorio–, sino también le-

---

[91] J. Zielonka y J. Rupnik, «From Revolution to "Counter-Revolution": Democracy in Central and Eastern Europe 30 Years On», *Europe-Asia Studies,* 72/6 (2020), pp. 1073-1099.

[92] Bottoni, *Orbán,* op. cit., p. 107.

gislativamente al aprobar una ley que concedía la ciudadanía húngara a los ciudadanos de otros Estados con orígenes húngaras o ex-ciudadanos de la monarquía dual austrohúngara[93].

El paso más importante fue, sin embargo, la reforma constitucional adelantada por el manifiesto titulado *Haya paz, libertad y concordia,* publicado ya en junio de 2010. En este texto se explicaba que Hungría recuperaba «el derecho y la capacidad para autodeterminarse» y que con las elecciones del anterior mes de abril había nacido un «nuevo pacto social con el cual los húngaros han decidido fundar un nuevo sistema, el Sistema de la Cooperación Nacional centrado en trabajo, casa, familia, salud y orden»[94]. Con la mayoría de más de dos tercios del Parlamento, en abril de 2011 Fidesz aprobó consecuentemente la nueva Constitución que entró en vigor en enero del año siguiente. Desaparecía del nombre oficial del país la palabra «República», pasando a llamarse solo «Hungría» –marcando distancias con la tradición republicana magiar–, se afirmaban las raíces cristianas del país y se restringía el concepto de familia como la unión conyugal de un hombre y una mujer, además de garantizar la protección de la vida del feto desde su misma concepción. Asimismo, se reducía el poder del Tribunal Constitucional, impidiéndole controlar y sancionar la actuación del Ejecutivo.

A la nueva constitución –que fue reformada varias veces en los años siguientes– debe sumarse también que Orbán modificó la ley electoral, recortando el número de los parlamentarios –en un sistema unicameral pasaron de 386 a 199– y reforzando la cuota de diputados elegidos con el sistema mayoritario respecto al proporcional que facilitó aún más el dominio de Fidesz sobre unas oposiciones débiles y divididas. Cabe añadir por último la ley sobre los medios de comunicación, aprobada a finales de 2010, que empezó la sistemática ocupación de televisiones y radios públicas, y la progresiva recentralización administrativa con el control por parte de las autoridades centrales de educación y salud[95].

---

[93] M. Brie e I. Polgar, «Dual citizenship granted to Hungarian ethnics: context and arguments», *Annals of the University of Oradea - International Relations and European Studies,* 3 (2011), pp. 214-220.

[94] Cit. por Bottoni, *Orbán,* op. cit., p. 158.

[95] A. Sadecki, *In a state of necessity. How has Orbán changed Hungary,* Varsovia, Centre for Eastern Studies, 2014, pp. 10-16. Véase también, Giovannini, *Europa anno zero,* op. cit., pp. 111-117.

Después de la victoria electoral de 2014, en que Fidesz mantuvo la mayoría de los dos tercios en la cámara, aunque perdió más de 400.000 votos al conseguir el 44,9 por 100 de los sufragios, Orbán completó el giro autoritario. Adelantado por la intervención en la XXV escuela de verano de Bálványos en el mes de julio, cuando planteó el concepto de democracia iliberal, por un lado, el premier húngaro aprovechó el ataque terrorista a la revista francesa *Charlie Hebdo* y la crisis de los refugiados de 2015 para remarcar aún más, si cabe, el tema identitario, buscando el choque con las instituciones europeas y convirtiéndose en un referente de la ultraderecha en sus políticas de cierre de fronteras y expulsión de migrantes. En otoño de 2016, el gobierno convocó además un referéndum consultivo sobre las cuotas obligatorias de reparto de migrantes que la Unión Europea estaba planteando: aunque no se llegó al 50 por 100 necesario de participación, los contrarios fueron el 98 por 100, lo que se convirtió en un notable triunfo propagandístico para Fidesz.

Por otro lado, antes de las elecciones de 2018, en que el partido ultraderechista mantuvo 133 escaños sobre 199 con el 49,3 por 100 de los votos, Orbán dio el golpe de gracia a la prensa libre haciendo comprar a amigos oligarcas los principales periódicos, radios y televisiones del país: en septiembre de 2017 el Ejecutivo controlaba en la práctica toda la prensa local húngara. Además, tras la tercera victoria electoral consecutiva, en noviembre de 2018 el proceso de concentración de los medios de comunicación se concretó en la creación del holding Kesma que reúne a casi 500 medios, es decir, el 90 por 100 de los productos en el mercado. En su estatuto, Kesma subraya la importancia de la promoción de «los valores cristianos y nacionales» y la preservación de «la identidad cultural húngara y centroeuropea»[96]. Si a esto se suma el activismo en las redes sociales –en Facebook Orbán tiene más de un millón de seguidores cuando la población húngara es de menos de 10 millones de habitantes–, se entiende la omnipresencia de la propaganda favorable al gobierno. Téngase en cuenta, además, que mucho antes del escándalo de Cambridge Analytica, más precisamente en 2008, gracias a la labor de tecnología política de dos expertos como Arthur Finkelstein y George E. Birnbaum, Fidesz disponía de millones de datos, obtenidos de forma ilegal, de los ciudadanos húngaros y conocía sus pre-

---

[96] Cit. por Bottoni, *Orbán*, op. cit., p. 212. Al respecto véase pp. 209-222.

ferencias, sus miedos y sus deseos[97]. Unos datos que, huelga decir, fue ampliando en los años siguientes.

De fondo, está la que se ha definido como una verdadera contrarrevolución cultural, inspirada en un tradicionalismo ultraconservador, que Orbán ha llevado a cabo desde 2010. *In primis,* el gobierno de Fidesz ha trabajado en profundidad en la memoria pública convirtiendo, por ejemplo, el 4 de junio, día de la firma del tratado de Trianon, en el día de la «solidaridad nacional» y creando nuevas instituciones u ocupando las existentes para reescribir la historia del país desde un punto de vista nacionalista. El instituto histórico Veritas, la Comisión para la Memoria Nacional, la Casa del Terror de Budapest –presidida por Mária Schmidt, muy cercana a Orbán– y el museo del Holocausto son unos ejemplos paradigmáticos de esta operación –que ha conllevado protestas y duras críticas por parte de instituciones académicas húngaras e internacionales– en que se llega a negar la participación en la Shoah de los húngaros, presentados como víctimas antes de los nazis y después de los rusos[98]. En segundo lugar, Orbán se ha ceñido en controlar por completo las universidades y los centros de investigación. No se trata solo del cierre en 2018 de la Central European University fundada por Georges Soros –que decidió trasladar su sede a Viena–, sino también de la supresión, ya en 2014, de la autonomía de las universidades instituyendo un director administrativo que ejerce un control político-ideológico sobre los centros. En 2018, además, se procedió a la «normalización» de la principal institución científica del país, la Academia de las Ciencias, con la aprobación de una ley que la despoja de sus institutos de investigación, y, un año después se privatizó la Universidad Económica Corvinus, lo que se suma al papel cada vez más importante de nuevos centros universitarios y de investigación paraacadémica con una clara orientación política[99]. Por último, en la primavera de 2021 el gobierno ha transferido el control de las once

---

[97] H. Grassegger, «The Unbelievable Story Of The Plot Against George Soros», *BuzzFeed.News,* 20 de enero de 2019, disponible en [https://www.buzzfeednews.com/article/hnsgrassegger/george-soros-conspiracy-finkelstein-birnbaum-orban-netanyahu], consultado el 22 de junio de 2021.

[98] S. McKenzie, «This Holocaust museum cost millions and still hasn't opened. But that's not what worries historians», CNN, noviembre de 2018, disponible en [https://edition.cnn.com/interactive/2018/11/world/holocaust-museum-hungary-cnnphotos/], consultado el 23 de junio de 2021.

[99] Véase Bottoni, *Orbán,* op. cit., pp. 225-236.

principales universidades públicas del país a unas fundaciones, cuyos miembros de los consejos de administración son hombres vinculados a Fidesz y nombrados por el propio Ejecutivo[100].

Además, Orbán ha mostrado saber utilizar la crisis pandémica para dar un salto aún mayor hacia un régimen completamente autoritario. En marzo de 2020, de hecho, el Parlamento aprobó una ley que otorga al Ejecutivo competencias especiales para gobernar por decreto *sine die* y sin ningún control. Aunque la medida fue revocada a finales de junio, diferentes organizaciones han alertado de que dicha ley contiene una disposición que abre las puertas a que el Parlamento vuelva a traspasar al jefe de gobierno poderes extraordinarios similares, aunque con plazos limitados[101]. Los pasos que ha dado –y sigue dando– Orbán pueden ser, sin duda alguna, un modelo a seguir para la nueva ultraderecha. El caso polaco, por ejemplo, lo muestra claramente.

Objetivo Europa. La extrema derecha a nivel europeo

Hay una última cuestión sobre la cual vale la pena dedicar algunas páginas: el marco europeo. Por un lado, porque pone de manifiesto, una vez más, las divergencias dentro de esta heterogénea familia política: no solo hay diferencias en cómo se conciben las relaciones internacionales y la política exterior –como se ha apuntado en las páginas anteriores–, sino que hay también distintas posiciones, objetivos y sensibilidades acerca del proyecto comunitario que demuestran, más allá de las ambiciones personales, la incapacidad para formar un único grupo parlamentario y un único partido en la Unión Europea. Por otro lado, se viene repitiendo, con razón, que la nueva ultraderecha es euroescéptica, con sectores que son abiertamente eurofóbicos. No cabe duda de ello: sin embargo, en los

---

[100] «Viktor Orban seizes control of Hungary's universities», *The Economist,* edición digital, 1 de mayo de 2021, disponible en [https://www.economist.com/leaders/2021/ 05/01/viktor-orban-seizes-control-of-hungarys-universities], consultado el 23 de junio de 2021.

[101] «El Parlamento de Hungría revoca el estado de emergencia y recupera los poderes cedidos a Orbán», *El País,* edición digital, 16 de junio de 2020, disponible en [https://elpais.com/internacional/2020-06-16/el-parlamento-de-hungria-revoca-el-estado-de-emergencia-y-recupera-los-poderes-cedidos-a-orban.html], consultado el 23 de junio de 2021.

últimos años hemos visto una cierta reorientación de su estrategia europea en la cual ha desempeñado un papel clave el líder de la Liga, Matteo Salvini.

Además, como se verá más detenidamente en el próximo epígrafe, no se puede pasar por alto la transformación que ha vivido la extrema derecha en la segunda mitad del siglo XX: en todo esto influye también el trabajo teórico desarrollado por figuras como Jean Thiriart, Alain de Benoist o el mismo Aleksandr Duguin. El paneuropeísmo neofascista de la Joven Europa planteado por el relojero belga a principios de los sesenta, la reformulación y profundización de ello que llevó a cabo la Nueva Derecha francesa en las dos décadas siguientes y la amalgama que hizo, a su manera, el filósofo ruso con el concepto de euroasianismo en los noventa no han marcado solamente a sectores minoritarios del neofascismo y de la extrema derecha europea, sino también a las corrientes centrales de esta familia política. En síntesis, por más que el nacionalismo sea el pilar alrededor del cual se construye toda la *Weltanschauung* de estas formaciones, la idea de Europa ha entrado también de alguna forma en la ecuación.

Por último, la cuestión europea nos muestra que el tacticismo y la propaganda son dos características centrales en el discurso y la estrategia políticas de la nueva ultraderecha. Hasta aproximadamente 2017, de hecho, la mayoría de las formaciones de la galaxia ultraderechista apostaban, de forma más o menos convencida, por la salida de sus respectivos países de la Unión Europea y del euro. En la ola de la crisis de la deuda soberana, Marine Le Pen clamaba por el Frexit, mientras la Liga Norte organizaba los «No Euro Day» y Salvini se presentaba en los programas de televisión con una camiseta donde se podía leer «No Euro». El joven secretario del partido, que se declaraba aún secesionista padano en aquellas fechas, afirmaba sin muchos titubeos que la moneda única era un «suicidio» y un «crimen contra la humanidad: ha hecho más matanzas que los pánzers de los nazis». Además, llegó a pedir un «juicio de Núremberg» para políticos como Romano Prodi y Mario Monti que habían impulsado la entrada de Italia en el euro[102]. Resulta como

---

[102] B. Chiariello, «#noeuroday, la Lega Nord a Milano contro l'Euro: "E' peggio del nazismo"», *FanPage.it*, 23 de noviembre de 2013, disonible en [https://www.fanpage.it/politica/noeuroday-lega-nord-milano-euro-salvini/], consultado el 21 de junio de 2021.

mínimo singular si pensamos que la Liga, más allá de las retóricas afirmaciones de su fundador y *padre padrone,* Umberto Bossi, votó siempre a favor de los Tratados de Maastricht, Niza y Lisboa.

La conversión de Salvini al antieuropeísmo y el Italexit dependen en buena medida del clima general posterior a 2008 –la crisis del proyecto europeo debido, sobre todo, a la imposición de medidas de austeridad– y del impulso que dio a esta posición la convocatoria del referéndum sobre la permanencia de Reino Unido en la Unión Europea de 2016. Con el Brexit, el mensaje fue que «la salida de la *jaula* europea es posible». Pero las razones de este giro se encuentran también en el contexto político italiano y la situación de su partido. Cuando, a finales de 2013, Salvini fue elegido secretario de la que aún se llamaba Liga Norte –de hecho, la formación fundada por Bossi, que había estado en todos los gobiernos presididos por Berlusconi (1994; 2001-2006; 2008-2011)–, la formación estaba a punto de desaparecer, asfixiada por los escándalos de corrupción que había protagonizado la vieja dirigencia. En las elecciones generales de 2013 obtuvo tan solo el 4 por 100 de los votos, entrando por los pelos en el Parlamento. Salvini, dotado de buen olfato político, entendió que para reanimar el partido la carta del antieuropeísmo era eficaz. Las encuestas le daban parcialmente la razón: Italia había pasado de ser el país más eurófilo a uno de los más euroescépticos en un puñado de años. Además, el antieuropeísmo le permitía salir de sus fronteras electorales –el Norte de Italia– y empezar una penetración en el centro-sur, que se realizaría con un notable éxito en los siguientes años. En la conversión de la Liga de una formación regionalista que defendía la secesión de la Padania a un partido nacional y nacionalista –lepenizado, para así decirlo–, el elemento del antieuropeísmo desempeñó, pues, un papel clave.

Sin embargo, a partir de 2017-2018, con la excepción del holandés Foro por la Democracia, que se ha convertido en el competidor ultraderechista del Partido de la Libertad de Geert Wilders, y de sectores de Alternativa para Alemania, prácticamente nadie en la extrema derecha europea defiende ya esas posiciones. Para resumir: Frexit e Italexit han pasado ya a mejor vida. No es que Le Pen, Salvini y compañía hayan dejado de ser euroescépticos. Más sencillamente es que se han dado cuenta de que, por un lado, el antieuropeísmo ha tocado techo –los últimos Eurobarómetros muestran que la confianza en las instituciones europeas y en el euro se está recuperando respecto a los momentos más duros de la crisis, aún más tras la crisis pandémica y la aprobación del fondo de recuperación europeo Next Generation EU– y no les sirve para aumentar el consenso en sus respectivos países. Por otro lado, la extrema derecha ha dejado de ser ultraminoritaria en el Viejo continente así que puede permitirse soñar con gobernar: es decir, le conviene ahora intentar entrar en la sala de mando de la Unión Europea y decidir las políticas que se van a aplicar, y no solo hacer una estéril oposición de fachada para ganar más visibilidad mediática.

Además, la esperpéntica manera en que se ha gestionado el Brexit en Reino Unido ha supuesto una especie de aviso a navegantes: todos pasaron de descorchar las botellas de *champagne* o de *spumante* para brindar a la victoria del *Leave* en junio de 2016 a tomar una posición mucho más pragmática y matizada al respecto. Finalmente, este giro le permitió a la extrema derecha evitar que se abriesen profundas grietas entre una formación y otra así como conservar un mínimo consenso sobre la posición que deben adoptar a nivel comunitario. Polacos y húngaros, por poner solo un ejemplo, no defendieron nunca la salida de la Unión Europea: lo que les interesa es evitar que se les aplique el artículo 7, esto es, que les sancionen y dejen de recibir los fondos de cohesión y, ahora, los de recuperación pospandémica. En síntesis, el nuevo discurso de la extrema derecha europea es el siguiente: el euro y la Unión Europea no nos gustan, y lo seguiremos diciendo, algunos más y otros menos, pero eso no es obstáculo para que queramos jugar en la misma liga que los demás y si no hacernos con el poder, sí al menos influir en las decisiones que se toman en Bruselas.

Esto explica la razón por la que la extrema derecha decidió apostar fuerte en las elecciones europeas de mayo de 2019. No se trataba ya solo, como en el pasado, de aprovechar unos comicios en que la ley electoral y la alta abstención favorecían formaciones minoritarias para así tener más financiación y visibilidad mediática en sus respectivos países. (No se olvide que los comicios europeos fueron en muchos casos una oportunidad única para darse a conocer: el primer gran éxito elector del Frente Nacional fue justamente en el voto europeo de 1984, cuando la formación liderada por Jean-Marie Le Pen obtuvo el 11 por 100 de los votos y 10 eurodiputados.) En 2019, pues, el objetivo de la ultraderecha era el de obtener al menos un tercio de los eurodiputados para poder bloquear al Europarlamento y sellar una alianza con los populares para hacerse con las riendas de la Comisión. En esta operación los caballos de Troya debían ser el premier húngaro Viktor Orbán cuyo partido, Fidesz, era aún miembro, aunque ya suspendido, del Partido Popular Europeo (PPE) y figuras como la de Silvio Berlusconi –Forza Italia, también miembro del PPE, gobernaba por aquel entonces en muchas regiones y ciudades con la Liga– o del joven líder del ÖVP austriaco, Sebastian Kurz. Entre bambalinas y gracias a declaraciones paternalistas hacia los soberanistas ultras, Orbán, Berlusconi y Kurz se proponían como aquellos que podían apadrinar esta operación. A finales de marzo de 2019, por ejemplo, el líder de Forza Italia afirmó que era «necesario que el Partido Popular Europeo deje la alianza histórica con la izquierda socialista y construya nuevas alianzas con nuevos partidos que vienen de la derecha democrática, los conservadores y también los soberanistas, que se deben educar y convencer»[103].

Como explicó Marco Zanni, hombre de confianza de Salvini en Bruselas y presidente del grupo parlamentario Identidad y Democracia –que sustituye al anterior Europa de las Naciones y las Libertades–, la extrema derecha quiere «enfatizar el concepto de nación, pero también el de Europa» porque su objetivo es «cambiar y no destruir» la Unión Europea[104]. Traducido: ya no estamos en la fase de asestar el golpe de gracia al proyecto comunitario, nuestro objetivo es tocar poder, gobernar la Unión, donde obviamente pararíamos en seco cualquier intento de mayor integración e intentaríamos devolver algunas competencias a los Estados nacionales. Un marco en el cual muchos –no solo en la ultraderecha– podrían sentirse cómodos. Se trata de un giro de, por lo menos, 90 grados que se ha realizado, como mucho, en un bienio.

Sin embargo, aunque sus resultados en las europeas fueron muy positivos –se han convertido en la primera fuerza en cinco países: Italia, Francia, Reino Unido, Polonia y Hungría–, la extrema dere-

---

[103] F. Frignani, «Berlusconi vuole un'alleanza tra popolari e sovranisti in Europa», *AGI.it*, 31 de marzo de 2019, disponible en [https://www.agi.it/politica/assemblea_forza_italia_berlusconi-5235866/news/2019-03-31/], consultado el 21 de junio de 2021.

[104] «Il piano di Salvini per un'alleanza della destra populista in Europa», *Il Foglio*, edición digital, 26 de marzo de 2019, disponible en [https://www.ilfoglio.it/l-italia-vista-dagli-altri/2019/03/26/news/il-piano-di-salvini-per-un-alleanza-della-destra-populista-in-europa-245341/], consultado el 21 de junio de 2021.

cha no consiguió lo que pretendía. En primer lugar, sumando todos los partidos existentes en los 28 países de la Unión Europea, la galaxia ultraderechista no obtuvo el 33 por 100 de los votos, ni de los escaños en el Europarlamento. En segundo lugar, los populares, liderados por Angela Merkel, decidieron establecer un cordón sanitario para aislar a Salvini y compañía, evitando, al menos de momento, caer rendidos a los cantos de sirena de Orbán y un Berlusconi en declive físico y político que ya no tenía ni influencia ni credibilidad. Esto no quita que, por un lado, la extrema derecha haya podido ya influir en las decisiones europeas –véase el veto de los gobiernos de Italia, Polonia y Hungría al socialdemócrata Timmermans como presidente de la Comisión, lo que ha conllevado al nombramiento de la popular Úrsula von der Leyen o las tensiones en la aprobación del Next Generation EU– y, por otro, que la guerra haya terminado. Más bien al contrario, esta ha sido solo la primera batalla.

Más allá del discurso, el segundo pilar de la nueva estrategia de la extrema derecha respecto a la Unión Europea es el organizativo: unificar a los diferentes planetas y satélites de la galaxia ultraderechista formando un solo grupo parlamentario en Bruselas. Y aquí cobra centralidad una vez más la figura de Salvini, a quien *Time* dedicaba, a mediados de septiembre de 2018, su portada definiéndolo nada menos como «la nueva cara de Europa» y el «zar de los inmigrantes en Italia»[105]. En pocos meses el peso de Salvini en la heterogénea extrema derecha europea ha aumentado: a partir de la primavera de 2018, de figurante, se ha convertido en protagonista. Basta con mirar cómo ha cambiado la relación entre el líder liguista y Marine Le Pen: antes era Salvini el que buscaba la foto con la presidenta de la Agrupación Nacional, ahora es la francesa quien busca y alaba al italiano. Cambio de roles: desde que tocó poder en Italia es el líder de la Liga el que manda en la galaxia ultra del Viejo continente, aunque su salida del gobierno de Roma en agosto de 2019 y las amistades rusas le han complicado la vida.

Esto se vio en la campaña electoral para las europeas de 2019. A principios de abril Salvini organizó en Milán una conferencia para

---

[105] «Salvini sulla copertina di Time: "Il nuovo volto dell'Europa"», *La Repubblica*, edición digital, 13 de septiembre de 2018, disponible en [https://www.repubblica.it/politica/ 2018/09/13/news/salvini_copertina_time-206356186/], consultado el 21 de junio de 2021.

presentar una nueva coalición de partidos ultraderechistas, la Alianza Europea de Pueblos y Naciones (EAPN) que, en realidad, tras el voto del mes de mayo, se llamó Identidad y Democracia. Esta venía a sustituir al partido existente hasta aquel entonces que reunía las formaciones que formaban el grupo parlamentario Europa de las Naciones y la Libertad (ENF). En Milán, junto a Salvini, intervinieron los dirigentes del Partido Popular danés, el Partido de los Finlandeses y Alternativa para Alemania, tres formaciones que hasta aquel entonces estaban vinculadas a otros grupos en el Europarlamento. Al mes siguiente, el 18 de mayo, el líder liguista montó otro encuentro, una verdadera manifestación para el voto de la semana siguiente a la cual asistieron varios millares de personas. Bajo el lema de «Italia primero, el sentido común en Europa», Salvini clamaba desde la plaza del Duomo de la capital lombarda contra la Europa de «los burócratas, los banqueros, los buenistas y las pateras». En esa ocasión participaron también Le Pen y Wilders, aunque no se dejaron ver ni los polacos de PiS ni los húngaros de Fidesz. Unas ausencias que no fueron inesperadas, al contrario[106].

 En enero de ese año Salvini había visitado Polonia: hubo rueda de prensa, apretones de mano, sonrisas y declaraciones altisonantes, pero Kaczyński le dio calabazas. De momento, dijo tajantemente el líder de la ultraderecha en Varsovia, nada de ir en el mismo grupo en Bruselas. Los ultracatólicos polacos, de hecho, fueron estableciendo buenas relaciones con Vox, con quien tienen más sintonía también desde el punto de vista ideológico: fue el eurodiputado Kosma Zlotowski quien organizó, aún a principios de primavera, la intervención en la Eurocámara de Javier Ortega Smith, cuando Vox aún no tenía representación en Europa. Además, los polacos sabían que conservando su grupo en el Europarlamento serían el miembro de mayor peso con sus más de veinte diputados. Con la Liga, que al final obtuvo 28, hubiesen perdido protagonismo e independencia. Tampoco en el caso de Orbán fue una sorpresa: aunque la relación entre el premier húngaro y Salvini es fluida –en agosto de 2018 el liguista le recibió en Milán y en la primavera siguiente los dos políti-

---

[106] G. Lerner, «Sovranisti in piazza a Milano, l'inquisitore Salvini», *La Repubblica*, edición digital, 18 de mayo de 2019, disponible en [https://www.repubblica.it/commenti/2019/05/18/news/manifestazione_dei_sovranisti_a_milano_matteo_salvini_lega_e_l_abuso_della_religione-300788853/], consultado el 21 de junio de 2021.

cos se dejaron fotografiar juntos al lado de una valla antimigrantes en la frontera entre Hungría y Serbia–, el líder de Fidesz sabía que le convenía seguir en la «gran familia» de los populares europeos.

Esto se vio claramente en la elección de Von der Leyen como presidenta de la Comisión Europea en julio de 2019: junto a la mayoría de populares, socialistas y liberales, votaron a favor también Kaczyński, Orbán y el M5E. Fueron votos cruciales para permitir la elección de la antigua ministra de Defensa alemana. Los polacos y los húngaros entendieron que, tras los comicios europeos, la situación había cambiado y optaron por un inteligente pragmatismo. Algo similar pasó con el M5E, que con ese voto encontró una pista de aterrizaje a su aislamiento internacional. Esto le permitió también poder realizar al mes siguiente el giro de 180 grados con que se desvinculó de Salvini y selló una alianza con el Partido Democrático para dar vida a un gobierno europeísta y atlantista en Roma.

La jugada de Salvini, pues, ha sido muy arriesgada. En Italia, al menos en primavera, fue un éxito rotundo, de esto no cabe duda: *il Capitano* –así le llaman sus partidarios, recuperando, no se sabe si conscientemente, el apodo del líder fascista rumano de entreguerras Corneliu Zelea Codreanu– pudo mostrarse como el punto de referencia para la extrema derecha del Viejo continente. Posiblemente esto ayudó en el éxito electoral de la Liga que superó el 34 por 100 de los votos, doblando el ya de por sí excelente resultado obtenido poco más de un año antes en las elecciones legislativas. Sin embargo, más allá de la retórica y la propaganda, a nivel europeo la OPA que Salvini ha intentado lanzar a los demás partidos de la galaxia ultraderechista le ha salido mal: se trata de un medio fracaso. O un fracaso total si tenemos en cuenta que, por un lado, el líder liguista ha perdido su cuota de poder en Roma –abriendo una crisis de gobierno con el M5E convencido de ir a nuevas elecciones y poder así obtener la mayoría absoluta– y, por el otro, se ha autoguetizado parcialmente en Europa. Von der Leyen lo ha puesto en cuarentena, junto a sus socios del grupo de Identidad y Democracia (ID), mientras que sus supuestos «amigos» polacos y húngaros le han dejado a su suerte, bajándose de un barco al cual nunca habían subido del todo cuando percibieron que este podía hundirse. Un ejemplo: en la nueva legislatura, mientras los Conservadores y Reformistas Europeos tienen dos presidencias de comisión en el Europarlamento, el grupo ID no tiene ninguna. En pocas palabras, Salvini, obnubilado por su arrogancia y demasiado confiado, no entendió que las cosas habían cambiado y perdió algunos posibles aliados en su batalla para tocar poder en la Unión Europea y unificar a la extrema derecha.

Ahora bien, «a río revuelto, ganancia de pescadores»: los últimos acontecimientos podrían reabrir la cuestión. Por un lado, tras un bienio de tensiones a partir de los ataques de Orbán a Jean-Claude Juncker y de las peticiones de algunos miembros de los populares europeos por expulsar a Fidesz debido a las políticas iliberales y antidemocráticas del gobierno de Budapest, el definitivo abandono del PPE, en marzo de 2021, por parte del partido del premier húngaro ha permitido volver a plantear la unificación de toda la ultraderecha europea. Por otro lado, el cambio de gobierno en Italia le ha dado la posibilidad a Salvini de recuperar el terreno perdido tras los patinazos de 2019: con la entrada en el Ejecutivo liderado por el presidente del Banco Central Europeo, Mario Draghi, en febrero de 2021, la Liga ha vuelto a tocar poder en Roma. Además, se trata de un Ejecutivo de unidad nacional que ha recalcado su vínculo con Bruselas y Washington, dejando en el baúl de los recuerdos las simpatías por Moscú y Pekín declaradas por el gobierno nacionalpopulista formado por la Liga y el M5E. Salvini, así, ha podido presentarse, solo un lustro después de pedir el Italexit, como un convencido europeísta. Más allá del tacticismo y del cinismo del líder liguista, Salvini, quien había apoyado oficialmente a Trump en las elecciones de 2020, está intentando resituarse tras la victoria de Biden en Estados Unidos.

No debe de extrañar, pues, que el 1 de abril de 2021 Orbán haya invitado a Budapest al líder de la Liga y al premier polaco Mateusz Morawiecki. La voluntad del presidente húngaro es la de volver a desempeñar un papel en Europa: la salida del PPE ha dejado sus doce eurodiputados en tierra de nadie, con menos financiación y menos capacidad de tener influencia en las decisiones de la Eurocámara. En aparente sintonía con Orbán, Salvini ha relanzado así su propuesta de un único grupo parlamentario: la unificación de ID y ECR, más los diputados de Fidesz, convertiría la ultraderecha en el segundo grupo parlamentario, detrás del PPE. Sin embargo, más allá de las declaraciones rituales que han remachado su alianza centrada en los conceptos de «atlantismo, libertad, familia, cristianismo, soberanía y oposición al antisemitismo», las divergencias y los intereses contrapuestos continúan[107]. En primer lugar, los polacos de PiS no quieren dejar de ser el primer partido en su grupo parlamentario, cediendo, en caso de unificación, el cetro a la Liga. En segundo lugar, las buenas relaciones de Orbán con Moscú preocupan en Varsovia que, además, no se fía del todo del aparente viraje atlantista de Salvini y no tiene buena relación con Le Pen. En tercer lugar, Hermanos de Italia, miembro de ECR, no quiere ni oír hablar de la OPA salviniana: el partido liderado por Giorgia Meloni –que, para más inri, es desde septiembre de 2020 la presidenta de los Conservadores y Reformistas Europeos– ha crecido mucho en las encuestas hasta llegar a alcanzar a la Liga que no para de perder respaldo. Aupado también por ser el único partido de oposición al gobierno de Draghi, Hermanos de Italia ha pasado del 6,4 por 100 de las europeas de 2019 a rozar el 20 por 100 en junio de 2021. Aunque Salvini y Meloni son aliados y gobiernan juntos en muchas regiones, la líder de los posfascistas italianos quiere convertirse en la candidata de la coalición en las próximas elecciones italianas: una unificación a nivel europeo, con la correlación de fuerzas existente le quitaría centralidad y juego de piernas. También por esto, a finales de mayo, Salvini, durante una reunión en Portugal con los aliados de Chega!, ha lanzado otro globo sonda, proponiendo la unificación de toda la derecha europea, es decir, el PPE, Fidesz, ECR e ID, encontrando un sinfín de *niet*[108].

La reciente ocurrencia del líder liguista no es sintomática solo de una evidente desorientación de Salvini, sino de la posible recomposición de los espacios políticos existentes. Además, se conecta con la transformación de la derecha italiana donde una especie de fusión de lo que queda de Forza Italia con la Liga parece cada vez más probable, bajo la fachada de un giro centrista del partido salviniano. No es casualidad, de hecho, que mientras Salvini daba tumbos por la Europa del Este, alabando los modelos de Fidesz y PiS, Giancarlo Giorgetti haya trabajado para convencer a los populares –y sobre todo al sector derechista de la CDU– para acoger a la Liga

---

[107] «L'incontro tra Salvini, Orbán e Morawiecki», *Il Post,* 2 de abril de 2021, disponible en [https://www.ilpost.it/2021/04/02/salvini-orban-incontro-estrema-destra/], consultado el 21 de junio de 2021.

[108] «Salvini: "Gruppo unico del centrodestra in Europa per contrastare la sinistra a Bruxelles"», *La Repubblica,* edición digital, 30 de mayo de 2021, disponible en [https://www.repubblica.it/politica/2021/05/30/news/salvini_europa_sovranismo-303442813/], consultado el 21 de junio de 2021.

en el PPE. El objetivo sería el de presentar al partido de Salvini como el nuevo centroderecha italiano, un partido fiable, atlantista y de gobierno. La situación, como se ve, es complicada o, más bien, realmente endiablada.

De momento, pues, lo único que *il Capitano* ha conseguido ha sido, por un lado, convertirse en la primera formación del grupo Identidad y Democracia (ID) con 28 diputados –Le Pen tiene 22– y, por el otro, sumar a ID a daneses y finlandeses –que antes estaban en los Conservadores y Reformistas Europeos (ECR)–, además de los alemanes de AfD. Estas formaciones se suman a la Agrupación Nacional de Le Pen, el FPÖ austriaco, el Interés Flamenco (Vlaams Belang), el Partido Popular Conservador de Estonia y los checos de Libertad y Democracia Directa, la mayoría de los cuales ya eran miembros del grupo Europa de las Naciones y las Libertades. Así, en el partido vinculado al grupo parlamentario europeo, llamado también Identidad y Democracia, el líder de la Liga ha podido convencer también a otras tres formaciones que no tienen representantes en Bruselas: los portugueses de Chega!, los eslovacos de Sme Rodina y los bulgaros de Volja.

Más indirectamente, Salvini le ha dado el golpe de gracia a la experiencia del grupo parlamentario Europa de la Libertad y la Democracia Directa (EFDD), formado en la pasada legislatura por el UKIP británico, el M5E, AfD y los Demócratas Suecos. Esto, quizá, no haya dependido mucho del líder liguista ya que el EFDD fue un grupo constituido más por conveniencia que por convicción. La prueba es que ni el Brexit Party de Nigel Farage, ni los Demócratas Suecos ni los *grillini* han buscado acomodo en Identidad y Democracia. El grupo presidido por Zanni –que en 2014, dicho *en passant,* fue elegido con el M5E para luego pasarse a la Liga– cuenta con 74 diputados sobre 751, un puñado más que los Verdes, y tan solo doce más que los Conservadores y Reformistas, liderados por los polacos de PiS, tras la salida de los Tories británicos. En ECR se encuentran también Vox, Hermanos de Italia de Giorgia Meloni, la Nueva Alianza Flamenca, el Forum por la Democracia holandés, los Demócratas Suecos, Solución Griega y otros pequeños partidos del este del continente[109].

---

[109] Para una visión panorámica de todas estas formaciones, país por país, véase F. Delle Donne y A. Jerez (eds.), *Epidemia ultra. La ola reaccionaria que contagia a Europa,* Berlín, 2019.

Lo que pasa es que la extrema derecha está muy dividida en Europa y, más allá de unos mínimos comunes denominadores, las divergencias a veces aparecen insalvables. Como se ha explicado en las páginas anteriores, Salvini y Le Pen, por ejemplo, están muy vinculados a Rusia, mientras que para la mayoría de los países del Este, empezando por Polonia, Putin es el demonio. Así, sobre el tema de los migrantes, la sintonía se limita a cerrar las fronteras, pero no hay acuerdo sobre qué hacer después. Cuando el gobierno italiano liderado por Salvini y Di Maio pidió a unos Ejecutivos ideológicamente amigos como el de Viena –cuando aún gobernaba la coalición entre Kurz y Strache– o los del grupo de Visegrado una ayuda para el reparto de los migrantes, la respuesta fue tajante: ni hablar. Lo mismo dígase en lo que concierne a las políticas económicas: cuando, a finales de 2018, Salvini llegó al enfrentamiento con la Comisión Europea sobre los presupuestos italianos, Alternativa para Alemania y los demás partidos de la extrema derecha nórdica lo tildaron de irresponsable. Es difícil pensar en una estrategia común.

Históricamente, además, la extrema derecha ha estado siempre muy dividida, con luchas cainitas más parecidas a los reinos de Taifa. No solo en la segunda posguerra, más allá de las redes neofascistas que operaban con la ayuda de los regímenes de Franco y Salazar, sino también en las décadas de los veinte y los treinta del pasado siglo: aparte de la alianza militar liderada por Hitler o del eje Roma-Berlín, de hecho, jamás se consiguió montar una Internacional Fascista, por más que el régimen de Mussolini invirtiera dinero y esfuerzo en esta operación. Así que no debe extrañar la dificultad que la galaxia ultraderechista tiene en la actualidad para unificarse en Bruselas.

Entre Estados Unidos y Rusia

Si, como se ha visto, las dificultades que tiene Salvini para conseguir sus objetivos son de por sí notables, hay más puntos débiles e incógnitas. A todo esto, de hecho, se suma también Steve Bannon y su proyecto europeo, The Movement. Se ha hablado mucho de ello: ha habido quien ha presentado el exconsejero de Trump como una especie de genio del mal, pero todo sigue siendo una gran incógnita. Más bien, la impresión que se tiene es que Bannon, un apestado –políticamente hablando– en Estados Unidos, tras la ruptura con el *tycoon* norteamericano en verano de 2017 y su paso por la cárcel por fraude en la campaña para construir el muro con México, ha intentado hacerse un hueco en Europa. El objetivo de su plataforma, cuya cara visible era el desconocido político belga Mischaël Modrikamen, era el de dar apoyo a la extrema derecha europea y favorecer su alianza. Sin embargo, muy pocos se han sumado a The Movement: tan solo Salvini, Hermanos de Italia y el Movimiento por el Cambio de Montenegro. En síntesis, a Bannon le salió el tiro por la culata: más que un genio del mal *sloppy Steve* –Steve el torpe, como le tachó en un tuit Donald Trump– quizá debería ser considerado más bien un fanfarrón. Los demás, de hecho, le han cerrado la puerta en las narices o se han desvinculado, incluida Le Pen y Alternativa para Alemania que le dijeron que no necesitaban a un *yankee* para conquistar Europa. No hablemos de los países del Este que ven a Bannon como un hombre cercano a Putin. Con Orbán hay mejor relación y, por lo que se sabe, el exconsejero de Trump lo ha asesorado en algunas ocasiones, pero el premier húngaro jamás ha pensado sumarse a The Movement.

La sintonía entre Salvini y Bannon ha sido más un estorbo que una ayuda para la extrema derecha europea. Eso sí, el exdirector de *Breitbart* News tiene un *know-how* de la propaganda electoral a través de las redes sociales que le viene muy bien a algunos partidos ultra. Baste recordar el escándalo de Cambridge Analytica. La utilización y la perfilación de los datos de forma ilegal –o, como mínimo, alegal– es una especialidad de Bannon que parece haber asesorado también a Bolsonaro en las presidenciales de 2018 y a Vox de cara a las elecciones andaluzas de diciembre de ese mismo año. No es casualidad que el presidente brasileño se haya sumado luego a The Movement. Salvini buscó el contacto con el equipo de campaña de Trump ya en otoño de 2016 y su «gurú» de las redes, Luca Morisi, ha utilizado técnicas que, según distintos analistas, serían similares. Sabemos todavía muy poco sobre estos asuntos cruciales para el futuro de nuestras democracias[110].

---

[110] Véase C. Wylie, *Mindf*ck,* op. cit., y S. Forti, «Alessandro Orlowski: "Con 300 o 400 euros puedes crearte en una tarde un millar de cuentas de Twitter verificadas"», *Revista Contexto,* 4 de julio de 2018, disponible en [http://ctxt.es/es/20180704/Politica/20499/cambrigde-analytica-facebook-hackers-liga-norte-steve-bannon-steven-forti-orlowski.htm].

Además, el exconsejero de Trump tiene aún buenos contactos, sobre todo en el mundo del integrismo cristiano y en el *lobby* de las armas, aunque va perdiendo cada vez más aliados y apoyos. De hecho, el cardenal Raymond Burke, acérrimo enemigo del papa Francisco, se ha alejado de malas maneras de Bannon en la primavera de 2019. Burke no es una figura secundaria, al contrario: los sectores vinculados al cardenal norteamericano financian copiosamente a los movimientos provida, antifeminista y anti-LGTBI. Además, a través del Instituto Dignitatis Humanae, dirigido por el británico Benjamin Harnwell, Burke participó, al menos al principio, en el proyecto de Bannon para crear una escuela populista en el monasterio de Trisulti, en las afueras de Roma. Finalmente, el Estado italiano le quitó la concesión del monasterio a Harnwell.

Ahora bien, el hecho de que Bannon sea cada vez más una figura aislada no significa que estos sectores se alejen de la extrema derecha europea. Al contrario. Quizá lo que cambia es que ya no utilicen como «intermediario» a *sloppy Steve* y que se muevan por otros canales. De hecho, Salvini tiene excelentes relaciones con el *lobby* de los integristas y también con el de las armas, liderado, no hace falta ni decirlo, por la Asociación Nacional del Rifle estadounidense. Prueba de ello la hemos tenido, por un lado, a finales de marzo de 2019 con la celebración en Verona, feudo histórico de la Liga y del posfascismo italiano, del Congreso Mundial de las Familias, que ha reunido a varios centenares de integristas provenientes de todo el mundo y, por otro, con la aprobación por parte del gobierno Salvini-Di Maio de la ley de legítima defensa, una medida que facilita la venta de armas.

Pero, si estos son, o pueden ser, sin duda algunos puntos fuertes para la apuesta europea de Salvini, también pueden ser puntos débiles. Una parte importante de los sectores del integrismo que, vale la pena recordar, no son solo católicos, sino también ortodoxos, están vinculados directamente al Kremlin. De hecho, como se ha explicado anteriormente, la relación con la nueva Liga no es solo ideológica –a favor de la familia natural, en contra del aborto y de las parejas homosexuales, etc.–, sino también política y, por lo que han apuntado algunas investigaciones periodísticas y judiciales, económica. Gracias a la intermediación de Gianluca Savoini, un exmilitante de grupos neonazis y estrecho colaborador desde mediados de los noventa de Salvini y presidente de la asociación Lombardía-

Rusia, la Liga habría buscado financiación en Moscú a través del oligarca Konstantin Malofeev, muy cercano al jefe del Kremlin y acusado de financiar con 11 millones de euros al Frente Nacional. Malofeev, que ha recibido una petición de ayuda financiera por parte de la asociación española de extrema derecha Hazte Oír, se encuentra en la *black list* de Washington y Bruselas.

Las relaciones entre Salvini y Rusia Unida, el partido de Putin, empezaron ya en 2014: entre aquel año y 2018 el líder liguista viajó nueve veces a Moscú. Además, el integrista ortodoxo Alexey Komonov, uno de los organizadores del Congreso Mundial de las Familias y presidente honorario de la asociación Lombardía-Rusia, estrechamente vinculados al Kremlin, presenció en primera fila a la elección de Salvini como secretario de la Liga en diciembre de 2013. Un papel nada desdeñable lo habrían desempeñado también Aleksandr Duguin, el teórico del eurasianismo, presidente honorario de la asociación Piamonte-Rusia, también vinculada a Salvini y la Liga, y el Rossotrudnichestvo, el Centro Ruso de Ciencia y Cultura en Roma, que muchos consideran una estructura pantalla creada por Moscú para influir en la política italiana. El dinero ruso resultaría imprescindible hoy día para la Liga, que tiene las arcas vacías, además de una deuda de casi 50 millones de euros con el Estado italiano[111]. Todo esto puede ser, pues, un problema nada desdeñable en la operación de federación y unificación de la extrema derecha europea que está intentando realizar Salvini. Como se recordaba más arriba, los ultras en Polonia y los países bálticos conciben Rusia como su principal amenaza.

Ahora bien, si es cierto que las diferencias entre todas estas formaciones son notables o, como mínimo, nada desdeñables, es indudable que también en relación con la Unión Europea existen unos mínimos comunes denominadores que todas, a grandes rasgos, comparten. En la presentación del grupo de Identidad y Democracia durante la campaña electoral para las elecciones europeas de 2019, por ejemplo, se determinaron los elementos que los participantes en el acto de Milán consideraban como prioritarios: la amenaza que el islam y el multiculturalismo representan para los pueblos europeos, la defensa de una «identidad europea» y el cierre de las fron-

---

[111] Véase G. Tizian y S. Vergine, *Il libro nero della Lega,* Bari-Roma, Laterza, 2019 y también C. Gatti, *I demoni di Salvini. I postnazisti e la Lega,* Milán, Chiarelettere, 2019.

teras para bloquear la «invasión» de migrantes. Así, si entramos en la web del grupo de los Conservadores y Reformistas Europeos vemos que sus eslóganes –muy similares a la campaña a favor del Brexit, por cierto– son la defensa de un no precisado «sentido común» y la oposición al «super-Estado» y la «burocracia» de Bruselas al cual contraponen una Unión Europea donde los gobiernos nacionales manden. «Somos eurorrealistas y no antieuropeos», resumen su posición los partidos que forman el ECR.

Salvini y la gran mayoría de las formaciones de Identidad y Democracia pueden comprar tranquilamente este discurso y sentirse cómodos con estas afirmaciones. De hecho, el 2 de julio de 2021 Orbán, Salvini, Le Pen, Meloni, Kaczyński y los líderes de otros once partidos miembros de los grupos de ID y ECR, como el FPÖ, Vox o el Vlaams Belang, con algunas ausencias sonadas como la de Alternativa para Alemania, han firmado una declaración sobre el futuro de Europa, pensada como respuesta a la Conferencia sobre el futuro de Europa lanzada por la Comisión el anterior 9 de mayo. En la declaración, los partidos ultraderechistas muestran compartir una serie de mínimos comunes denominadores. Por un lado, se oponen a cualquier posible proyecto federalista europeo y a una mayor integración, refutando la posible reforma de las votaciones en el Consejo Europeo con la eliminación del poder de veto de un Estado miembro y la superación del principio de unanimidad que convertiría, según ellos, la Unión en «una forma particular de oligarquía». Piden una «profunda reforma» de la Unión Europea de la cual denuncian «la utilización de las estructuras políticas y las leyes para crear un super-Estado europeo y nuevas formas de vida social» que son la «manifestación de una peligrosa e intrusiva ingeniería social del pasado, que debe suscitar una resistencia legítima». Consideran asimismo que «la cooperación europea está peligrando sobre todo porque las naciones se sienten despojadas lentamente de su derecho de ejercer sus legítimos poderes soberanos». Así, defienden que la comunidad europea es, y debe seguir siendo, nada más que «una comunidad de naciones libres» y que es necesario establecer «una lista de competencias inviolables de los Estados miembros de la Unión Europea y un mecanismo apropiado para su protección». Por el otro, utilizan los temas culturales e identitarios. Afirman que «el hiperactivismo moralista» de las instituciones europeas ha comportado «una peligrosa tendencia a imponer un monopolio ideológico». Según los ultraderechistas, la Unión Europea se está convirtiendo cada día más en un «instrumento de fuerzas radicales que quieren realizar una transformación cultural y religiosa». En esto recalcan que la familia es «la unidad fundamental de nuestras naciones» y la contraponen a la «inmigración de masas». Finalmente, piden «respeto para la herencia judeocristiana de Europa y de los valores comunes que unen nuestras naciones»[112].

¿Es suficiente esto para que la extrema derecha europea pueda unificarse en un futuro próximo? Difícil, según la mayoría de los analistas políticos. Sin embargo, puede ocurrir, ya que en estos tiempos que, más que líquidos, son gaseosos todo cambia tan rápidamente que resulta casi imposible hacer previsiones de lo que pueda ocurrir pasado mañana.

---

[112] M. De La Baume, «Orbán, Le Pen, Salvini join forces to blast EU integration», *Politico.eu,* 2 de julio de 2021, disponible en [https://www.politico.eu/article/viktor-orban-marine-le-pen-matteo-salvini-eu-integration-european-superstate-radical-forces/], consultado el 3 de julio de 2021.

III. ¿VIEJAS IDEAS EN NUEVOS ROPAJES? LAS TRANSFORMACIONES DE LA EXTREMA DERECHA 2.0

«Hegel dice en alguna parte que todos los grandes hechos y personajes de la historia universal aparecen, como si dijéramos, dos veces. Pero se olvidó de agregar: una vez como tragedia y la otra como farsa»[1]. Así empezaba Karl Marx *El 18 de brumario de Luis Bonaparte,* obra publicada en 1852 en que comparaba con cierta sorna el golpe de Estado que dio Luis Bonaparte con el golpe con que más de medio siglo antes Napoleón había cerrado la etapa del Directorio y abierto las puertas al tránsito hacia el Imperio. Con el tiempo, la frase de Marx se ha utilizado tanto que ha perdido su significado inicial, como a menudo pasa con las frases de éxito. Ojalá en la actualidad sea vigente para lo que atañe al fascismo y a las nuevas extremas derechas. Sin embargo, quizá se acerca más a la realidad otra frase, que se atribuye a Mark Twain, según la cual «la historia no se repite, pero rima».

Como se ha explicado en los dos primeros capítulos, la extrema derecha 2.0 es de hecho algo nuevo y diferente respecto al fascismo histórico. Esto, evidentemente, no quita que existan elementos de continuidad y también, al menos en algunos casos, relaciones más o menos directas con esa ideología y esa experiencia histórica. Pero, al fin y al cabo, la cuestión que nos hemos propuesto implícita o explícitamente sigue vigente: ¿se trata tan solo de viejas ideas en nuevos ropajes? Para poder contestar a esta pregunta es necesario centrarse en las transformaciones que ese espacio político vivió tras la derrota del Eje en la Segunda Guerra Mundial. No se puede, en síntesis, entender qué es la extrema derecha en la actualidad sin analizar históricamente lo que ha pasado en los últimos 75 años. Esto nos permite también comprender y contextualizar fenómenos de difícil interpretación como el rojipardismo. ¿Es un mito o una

---

[1] K. Marx, *El 18 de brumario de Luis Bonaparte,* Madrid, Fundación Federico Engels, 2003, p. 13 [otra ed.: *Obras escogidas,* vol. 1, Madrid, Akal, 2016, p. 250].

realidad? ¿O quizá su visibilidad, por lo menos mediática, en los últimos tiempos es más bien un síntoma de nuestra época? El análisis de las transformaciones ideológicas no puede, de todas formas, dejar de lado los profundos cambios tecnológicos que han facilitado, por un lado, la operación de parasitismo ideológico realizada con éxito por parte de la nueva ultraderecha y, por el otro, la capacidad de difusión y viralización de sus discursos y eslóganes. Por esta razón empezamos justamente profundizando en las que son las nuevas armas «de destrucción masiva» que la extrema derecha ha sabido utilizar antes y mucho mejor que los demás. La posverdad, las *fake news* y las teorías del complot, en suma, no son un corolario casual de su estrategia: son un elemento crucial.

LAS NUEVAS TECNOLOGÍAS COMO ARMA:
POSVERDAD Y *FAKE NEWS*

En otoño de 2018 el ideólogo de ultraderecha Olavo de Carvalho afirmó que el candidato a la presidencia de Brasil por el Partido de los Trabajadores, Fernando Haddad, promovía el incesto en su libro titulado *En defensa del socialismo*[2]. En junio de ese mismo año, el líder de la Liga, Matteo Salvini, a la sazón ministro del Interior italiano, declaraba que había cerrado los puertos a los migrantes[3]. En la primavera de 2016, la campaña a favor del *Leave* en el referéndum británico insinuaba que Reino Unido aportaba a la Unión Europea 350 millones de libras cada semana y que la totalidad de esa suma podría gastarse en el sistema nacional de salud[4]. Tras las elecciones presidenciales de noviembre de 2020, Donald Trump ha repetido hasta la saciedad que se había producido un fraude electoral

---

[2] A. Barragán, «Cinco *fake news* que han beneficiado a Bolsonaro como favorito en Brasil», *Verne – El País,* edición digital, 18 de octubre de 2018, disponible en [https://verne.elpais.com/verne/2018/10/18/mexico/1539847547_146583.html], consultado el 25 de junio de 2021.

[3] «Alla fine Salvini i porti li ha chiusi o no?», *AGI,* 11 de mayo de 2019, disponible en [https://www.agi.it/fact-checking/salvini_migranti_porti_chiusi-5468103/news/2019-05-11/], consultado el 25 de junio de 2021.

[4] M. d'Ancona, *Posverdad. La nueva guerra contra la verdad y cómo combatirla,* Madrid, Alianza, 2019, pp. 33-34.

y que él era el verdadero ganador en las urnas[5]. Incluso, en las redes sociales, se afirmó que China había interferido en los comicios a favor de Joe Biden en el Estado de Arizona donde el candidato demócrata superó a Trump por unos diez mil votos[6].

¿Qué tienen en común todas estas afirmaciones? Todas son falsas, han sido difundidas por líderes, *influencers* o redes de extrema derecha y, finalmente, han tenido consecuencias prácticas: desde hacer creer a muchas personas que los puertos de su país estaban cerrados; encargar a una empresa externa, sin experiencia previa en procesos electorales, una nueva auditoría en busca de fraude electoral, conllevando un riesgo real para la integridad de los documentos; facilitar la victoria electoral de la ultraderecha gracias a la viralización de esas noticias falsas; o desatar el asalto al edificio que acoge las dos cámaras del Congreso. Si hoy no cabe duda de que la posverdad es un rasgo de nuestra época y que es utilizada, más o menos conscientemente, por parte de la gran mayoría de los actores políticos, tampoco cabe duda alguna de que es la extrema derecha quien la utiliza más frecuentemente hasta convertirse en una de las características imprescindible para poderla definir y entender.

Sobre la posverdad se ha escrito mucho en el último lustro. El diccionario de Oxford, que la eligió palabra del año en 2016, la definió como las «circunstancias en que los hechos objetivos influyen menos en la formación de la opinión pública que las referencias a emociones y a creencias personales»[7]. Según Lee McIntyre, «la posverdad no es tanto la afirmación de que la verdad *no existe,* sino la de que *los hechos están subordinados a nuestro punto de vista político».* El filósofo norteamericano considera que a diferencia de las mentiras y los bulos del pasado, «ahora el campo de batalla abarca

---

[5] P. Guimón, «La realidad paralela en la que ganó Trump», *El País,* edición digital, 3 de diciembre de 2020, disponible en [https://elpais.com/internacional/elecciones-usa/2020-12-02/la-realidad-paralela-en-la-que-gano-trump.html], consultado el 25 de junio de 2021.

[6] B. Navarro, «Ninjas, mentiras y fibras de bambú», *La Vanguardia,* edición digital, 30 de mayo de 2021, disponible en [https://www.lavanguardia.com/internacional/20210530/7491318/ninjas-mentiras-fibras-bambu-oposicion-biden-trump-republicanos-capitolio-6-de-enero-6-e-asalto-bulos.html], consultado el 25 de junio de 2021.

[7] Recuperado de [https://languages.oup.com/word-of-the-year/2016/]. Véase también la definición de posverdad que ofrece J. A. Nicolás Marín, «Posverdad: cartografía de un fenómeno complejo», *Diálogo filosófico* 105 (2019), pp. 302-340.

toda la realidad factual»[8]. Se habría dado, pues, un salto cualitativo respecto a las décadas anteriores por la hibridación de los viejos y los nuevos medios que comportaría la «sofisticación de las viejas reglas de la propaganda, basadas en la exageración y la simplificación, la ridiculización del adversario, la mentira, la desinformación, la difusión de bulos y la propagación de teorías conspirativas»[9]. Efectivamente, para Maurizio Ferraris la posverdad nace del encuentro entre una corriente filosófica (el posmodernismo), una época histórica (la documedialidad) y una innovación tecnológica (internet). Se trataría, en consecuencia, de «un fenómeno radicalmente nuevo respecto a las mentiras clásicas» ya que «la verdad alternativa se presenta como la crítica (en nombre de la libertad) hacia algún tipo de autoridad dotada de un valor veritativo y, en concreto, de la ciencia o de los expertos en general»[10].

En realidad, el proceso empezó hace décadas con el cuestionamiento y la negación de la ciencia cuando, como en el caso de las compañías tabacaleras sobre los daños del tabaco o el de las industrias de los combustibles fósiles sobre el calentamiento global, se ha trabajado para sembrar la duda y aprovecharse de la confusión pública. El declive de los medios tradicionales –junto al sesgo mediático que creó equivalencias falsas y una cobertura distorsionada de la realidad–, el auge de las redes sociales y la creación de medios de comunicación «alternativos» se solapó a fenómenos que la psicología social descubrió hace tiempo, como la disonancia cognitiva, la conformidad social y el sesgo de confirmación[11]. Así, en la que Ferraris llama la era de la documedialidad –y que podríamos definir más sencillamente como era de la posverdad o de la «tecnodemocracia»[12]–, el «proceso de atomización» de la sociedad se ha «reforzado por la metamorfosis del pacto social»[13]. Los rasgos funda-

---

[8] McIntyre, *Posverdad,* op. cit., pp. 41, 43.

[9] D. García-Marín y R. Aparici, «Estrategias de la posverdad y *política-cyborg*», en R. Aparici y D. García-Marín (coords.), *La posverdad. Una cartografía de los medios, las redes y la política,* Barcelona, Gedisa, 2019, p. 116.

[10] M. Ferraris, *Posverdad y otros enigmas,* Madrid, Alianza, 2019, pp. 49, 53.

[11] McIntyre, *Posverdad,* op. cit., pp. 45-135.

[12] J. A. Gabelas y C. Marta-Lazo, «Los *influencers,* oráculos del liderazgo, chamanes en las redes sociales», en Aparici y García-Marín (coords.), *La posverdad,* op. cit., p. 86.

[13] Ferraris, *Posverdad,* op. cit., p. 69.

mentales que explicarían la relación causal entre documedialidad y posverdad serían, según el filósofo italiano, la viralidad, la persistencia, la mistificación, la fragmentación y la opacidad[14]. Como apunta el periodista británico Matthew d'Ancona, la posverdad viene a ser entonces el *software,* mientras la tecnología digital sería el *hardware*[15].

Consecuentemente, la posverdad se puede concebir como una especie de marco de referencia para muchas más cosas. Se trata, en síntesis, de «una condición previa y elaborada» o «una idea, un imaginario, un conjunto de representaciones sociales o sentidos ya incorporados por las audiencias y desde donde son posibles *fake news* que refieren a esa idea afirmándola o ampliándola»[16]. Según la crítica literaria Michiko Kakutani, además, no son solo noticias falsas: también hay «ciencias falsas (fabricadas por los negacionistas del cambio climático o los antivacunas), una historia falsa (promovida por los supremacistas blancos), perfiles de "americanos falsos" en Facebook (creados por troles rusos) y seguidores o *likes* falsos en las redes sociales (generados por unos servicios de automatización denominados *bots*)»[17]. Algunos especialistas consideran que más que de *fake news,* sería más apropiado hablar de desinformación ya que esta «no comprende solo la información falsa, sino que también incluye la elaboración de información manipulada que se combina con hechos o prácticas que van mucho más allá de cualquier cosa que se parezca a noticias, como cuentas automáticas *(bots),* vídeos modificados o publicidad encubierta y dirigida»[18].

La capacidad de penetración de las redes sociales es de hecho incomparable con la de los medios de comunicación tradicionales. Por un lado, por una cuestión de números: según el informe *Digital 2021* publicado por Hootsuite y We Are Social, en enero de 2021 el 55,1 por 100 de la población mundial, es decir 4.300 millones de per-

---

[14] *Ibid.,* pp. 72-76.

[15] D'Ancona, *Posverdad,* op. cit., p. 77.

[16] L. Murolo, «La posverdad es mentira. Un aporte conceptual sobre *fake news* y periodismo», en Aparici y García-Marín (coords.), *La posverdad,* op. cit., p. 68.

[17] Kakutani, Michiko, «La muerte de la verdad», *Ethic,* 12 de abril de 2019, disponible en [https://ethic.es/2019/04/la-muerte-de-la-verdad/], consultado el 26 de junio de 2021.

[18] S. Levi, *#FakeYou. Fake news y desinformación,* Barcelona, Rayo Verde, 2019, pp. 23-24.

sonas, emplea de forma habitual una red social. Entre estas, la más utilizada es Facebook con 2.740 millones de usuarios activos, seguida por Instagram (1.221 millones), TikTok (689 millones) y Twitter (353 millones), a los cuales debemos añadir también una página de repositorio de vídeo con amplias funcionalidades sociales como YouTube (2.291 millones) o canales de comunicación cerrados como WhatsApp (más de 2.000 millones) y Telegram (más de 500 millones)[19]. Por el otro, porque internet y su evolución hacia la web 2.0 han permitido superar la comunicación unidireccional de los medios tradicionales –prensa, radio y televisión– y llegar a una interacción con el público, facilitando su activación y participación. De la audiencia, en síntesis, se ha pasado al concepto de usuario, es decir, alguien que puede crear, editar y compartir contenido generado por él[20].

Sin embargo, el salto de calidad respecto al pasado del que habla Ferraris no se da solo por esas dos características. A esto debemos añadir otros elementos absolutamente novedosos como la perfilación de datos psicométricos extraídos de las redes sociales para predecir con precisión las ideas y decisiones individuales, la personalización de la propaganda y la capacidad de los *bots* para imponer agendas y manipular el peso de las informaciones que se difunden. Un caso sintomático es el que reveló el escándalo de Cambridge Analytica que influyó notablemente en el referéndum británico y las elecciones presidenciales estadounidenses de 2016. Se trata de procesos que, además, han evolucionado –y siguen evolucionando– muy rápidamente gracias a la inteligencia artificial o el *machine learning* (aprendizaje automático) que permiten el uso de algoritmos cada vez más elaborados. En el caso de los *bots,* por ejemplo, de las cuentas automáticas fácilmente identificables se ha pasado a las cuentas *sybils* y *cyborgs,* es decir, cuentas que fingen ser humanos o cuentas llevadas por humanos pero asistidos por *bots*. Como apunta Simona Levi, «la peculiaridad de la situación actual es que los sesgos [informativos] se pueden generar de forma predictiva y

---

[19] Véase [https://wearesocial.com/es/blog/2021/01/digital-report-2021-el-informe-sobre-las-tendencias-digitales-redes-sociales-y-mobile], consultado el 18 de septiembre de 2021.
[20] F. Campos Freire, «Las redes sociales trastocan los modelos de los medios de comunicación tradicional», *Revista latina de comunicación social* 63 (2008), pp. 277-286.

se pueden configurar automáticamente. Es lo que se conoce como "gobernanza algorítmica"»[21]. El cambio es realmente radical. Obviamente, también en este caso, como ya apuntaba McIntyre, ciertas actitudes cognitivas operan ya de por sí en el comportamiento humano, pero «los algoritmos de personalización tratan de explotarlas para maximizar el *engagement*, y de este modo las refuerzan»[22]. Esto explicaría fenómenos como los filtros burbuja y las cámaras de eco –conectados directamente con el sesgo selectivo o el de confirmación– que producen el gregarismo *online* y un aumento de la polarización tanto ideológica –es decir, de las opiniones– como de red –es decir, de la estructura de las interacciones–. Resumiendo, como explican Emanuele Cozzo y Luce Prignano,

> los algoritmos de personalización de los medios y las plataformas sociales en línea explotan y amplifican algunas actitudes cognitivas humanas y terminan creando cámaras de eco –filtros burbuja–. Estas se materializan en estructuras de la red de contactos que facilitan la viralización de las *fake news*. Las noticias falsas refuerzan la identificación de una persona con el grupo con el que comparte la visión del mundo que esa pieza de información viene a confirmar, lo que consolida el efecto cámara de eco en un bucle de retroalimentación positiva difícil de romper[23].

La era de la posverdad parece, pues, haber enterrado la visión tecnoutopista de la red que había prosperado en la década final del siglo XX y la primera del XXI para mostrar el lado oscuro de internet[24].

La extrema derecha 2.0 en la era de la posverdad

Ahora bien, ¿cómo se inserta en todo esto la nueva extrema derecha? La diferencia respecto a otras corrientes políticas e ideológicas es que ha sabido leer mejor que las demás los cambios de la

---

[21] Levi, *#FakeYou*, pp. 96-97.
[22] E. Cozzo y L. Prignano, «*Fake news*, polarización en línea y filtros burbuja», en Levi, *#FakeYou*, op. cit., pp. 110-121. La cita en la p. 111.
[23] *Ibid.*, pp. 117-118. Véase también d'Ancona, *Posverdad*, pp. 64-69.
[24] Al respecto, véase E. Morozov, *The Net Delusion: The Dark Side of Internet Freedom*, Nueva York, Public Affairs, 2011.

sociedad antes mencionados, aprovecharse de las debilidades y las grietas de las democracias liberales, y entender las posibilidades que ofrecen las nuevas tecnologías. Como apunta d'Ancona, el «desplome de la confianza es la base social de la era de la posverdad»: dado que las instituciones que tradicionalmente han actuado como árbitros sociales se han desacreditado, «los grupos de presión, generosamente financiados, han inducido al público a cuestionar la existencia de una verdad fiable de forma concluyente», llevando a una «batalla interminable por definirla, la batalla de tus "hechos" contra mis "hechos alternativos"»[25]. ¿Qué es, si no, el concepto de *hechos alternativos* acuñado por la consejera jefe de Donald Trump, Kellyanne Conway, para negar que en la toma de posesión del líder republicano de 2016 acudiera menos gente que en la de Barack Obama?[26]. De fondo, hay una idea, con un cierto sabor nietzscheano y posmoderno, bien expresada por el ensayista ultraderechista ruso Aleksandr Duguin: «la verdad es una cuestión de creencia [...] los hechos no existen»[27].

La ultraderecha ha entendido, pues, que las fragilidades y las vulnerabilidades existentes pueden ser explotadas: deconstruyendo la realidad compartida y sembrando confusión se puede polarizar aún más la sociedad y sacar provecho a nivel electoral. De ahí su interés y sus esfuerzos para generar y difundir noticias falsas: en la campaña electoral estadounidense de 2016 la gran mayoría de *fake news* eran mensajes pro Trump u hostiles a Hillary Clinton, mientras que en Polonia las páginas de *fake news* calificadas como conservadoras son el doble que las progresistas[28].

---

[25] D'Ancona, *Posverdad*, pp. 51, 63, 25.

[26] E. Bradner, «Conway: Trump White House offered "alternative facts" on crowd size», *CNN*, 23 de enero de 2017, disponible en [https://edition.cnn.com/2017/01/22/politics/kellyanne-conway-alternative-facts/index.html], consultado el 25 de junio de 2021.

[27] Cit. por M. d'Ancona, «Putin and Trump could be on the same side in this troubling new world order», *The Guardian*, edición digital, 19 de diciembre de 2016, disponible en [https://www.theguardian.com/world/commentisfree/2016/dec/19/trump-putin-same-side-new-world-order], consultado el 25 de junio de 2021.

[28] Datos extraídos, respectivamente, de R. Gunther, P. A. Beck, y E. C. Nisbet, *Fake News May Have Contributed to Trump's 2016 Victory*, 3 de marzo de 2018, disponible en [https://www.documentcloud.org/documents/4429952-Fake-News-May-Have-Contributed-to-Trump-s-2016.html] y R. Gorwa, *Computational Propaganda in Poland: False Amplifiers and the Digital Public Sphere*, Computational Propaganda Research Project,

Evidentemente, para que todo esto tenga un resultado debe haber un terreno abonado. Por un lado, las redes sociales, siempre omnipresentes, se han convertido en una de las principales vías para informarse, sustituyendo en buena medida a los medios tradicionales. Según un estudio del Pew Research Center de 2016, el 62 por 100 de los adultos estadounidenses se informa a través de las redes sociales, cuando en 2012 eran el 49 por 100. Más concretamente, el 44 por 100 de ellos se informa vía Facebook, que se ha convertido, al menos hasta ahora, en la principal red social para informarse y, consecuentemente, el canal más útil para difundir bulos[29]. Por otro lado, las mentiras se propagan más rápido que la verdad: según un artículo publicado en la revista *Science,* «las noticias falsas llegan veinte veces más rápido que en la relación personal»[30]. Como muestra un estudio de la IMT School for Advanced Studies en Italia, «las redes sociales ayudan a que las teorías conspirativas persistan y crezcan en el espacio virtual al crear un ecosistema en el que la verdad de la información deja de importar»[31].

Hay dos elementos más. En primer lugar, una parte nada desdeñable de la población cree en teorías de la conspiración: según diferentes estudios, el 60 por 100 de los británicos creen en, por lo menos, una teoría conspirativa, mientras que casi la mitad de los húngaros y un tercio de la población de Gran Bretaña, Alemania y Francia opinan que sus legisladores «ocultan la verdad» sobre la inmigración. Los más proclives serían los votantes de opciones conservadoras: el 30 por 100 de los que votaron a favor del Brexit, de hecho, creían en la teoría del gran reemplazo contra solo el 6 por 100 de los que votaron *Remain*[32]. En el caso de Estados Unidos, una encuesta de la empresa Ipsos de diciembre de 2016 reveló que

---

Working Paper 2017.4, Universidad de Oxford, 2017, disponible en [http://comprop.oii.ox.ac.uk/wp-content/uploads/sites/89/2017/06/Comprop-Poland.pdf], consultados el 25 de junio de 2021.

[29] Cit. por McIntyre, *Posverdad,* op. cit., p. 111.

[30] Gabelas y Marta-Lazo, «Los *influencers,* oráculos del liderazgo, chamanes en las redes sociales», en Aparici y García-Marín (coords.), *La posverdad,* op. cit., p. 88.

[31] N. Fernández-García, «*Fake news:* una oportunidad para la alfabetización mediática», *Nueva Sociedad,* edición digital, mayo-junio de 2017, disponible en [https://nuso.org/articulo/fake-news-una-oportunidad-para-la-alfabetizacion-mediatica/], consultado el 25 de junio de 2021.

[32] J. Ebner, *La vida secreta de los extremistas. Cómo me infiltré en los lugares más oscuros de internet,* Barcelona, Planeta, 2020, pp. 162-163, 175-176.

el 75 por 100 de los que veían los titulares de *fake news* las consideraban exactas[33].

En segundo lugar, la industria de la desinformación se basa en el éxito de los medios «alternativos» que difunden continuamente *fake news*. Se trata de medios, como *Breitbart News, Infowars.com, El Toro TV, ImolaOggi* y un sinfín de *blogs*, a menudo financiados, patrocinados o directamente creados por los líderes ultraderechistas, a los cuales se suman decenas y decenas de otros medios –desde páginas web a podcast, pasando por canales de YouTube u otras plataformas– de la galaxia de la derecha más o menos alternativa. En el caso de Estados Unidos, una web como *The Gateway Pundit* recibió más de un millón de visitas diarias durante la campaña para las presidenciales de 2016, mientras que los podcasts de *The Right Stuff*, un *blog* antisemita y supremacista blanco fundado por Mike Peinovich, atraía cada semana a decenas de miles de oyentes[34]. Según un estudio de Mediapart, las tres primeras páginas de contenido político más visitadas en Francia en 2016 eran de ideología ultra, como *egaliteetreconciliation.fr* o *fdesouche.com*, con contenido identitario y tradicionalista, fundadas por exdirigentes del Frente Nacional. Todo un entramado de webs que ha llevado a hablar en el país galo de la existencia de una verdadera *fachòsphere*. El partido liderado por la familia Le Pen, además, fue el primero en el Hexágono en inaugurar una página web en 1996 convencido de que, para poder divulgar sus ideas, era fundamental saltarse la intermediación de los medios tradicionales[35].

Si a esto le añadimos que los principales líderes del Partido Republicano, empezando por el entonces presidente Trump, relanzaban y alababan públicamente estos medios, podemos entender la potencial viralización que las noticias falsas propagadas por los llamados medios alternativos pueden tener en las redes sociales. Además, hay que tener en cuenta, como ha demostrado un reciente estudio, que una minoría de usuarios ligados a partidos populistas puede dominar la discusión política en las redes sociales: en el caso de Francia, Alemania, Italia, España y Polonia menos del 0,1 por 100

---

[33] D'Ancona, *Posverdad*, op. cit., p. 72.
[34] Marantz, *Antisocial*, op. cit., pp. 318, 423.
[35] A. Cuenca, «Le Pen, internet y las redes sociales: una sinergia digital», op. cit. Sobre la *fachòsphere* y toda esta galaxia de webs ultraderechistas en Francia, véase D. Albertini y D. Doucet, *La fachòsphere*, París, Flammarion, 2016.

de los usuarios generan aproximadamente el 10 por 100 de los contenidos con carácter populista, consiguiendo amplificar las posiciones antiinmigración y anti*establishment* al introducirlas en los debates y foros convencionales[36].

La extrema derecha 2.0, en suma, ha entendido que es provechoso ampliar aún más la desconfianza existente hacia todo lo que huele a *establishment,* empezando por los intelectuales, los científicos y los periodistas. No es casualidad que el líder de la Liga, Matteo Salvini, haya cargado más de una vez contra los que él define de forma despectiva los *«professoroni»*[37] o que en uno de sus numerosos ataques a la prensa Trump haya llegado a afirmar que «la CNN apesta»[38]. Otro ejemplo es el haber abrazado o, como mínimo, legitimado el negacionismo científico durante la crisis de la covid-19, minimizando el impacto de la pandemia, criticando las restricciones aplicadas por razones sanitarias, cuestionando las decisiones de la Organización Mundial de la Salud y hasta poniendo en duda la misma existencia del virus. Esta postura encaja, además, con la interpretación ultraderechista de que existe una hegemonía cultural de izquierdas que impone una agenda progresista, lo que el equipo del presidente brasileño Jair Bolsonaro califica de marxismo cultural[39].

Estrategias y técnicas de la propaganda ultraderechista

La nueva ultraderecha ha demostrado saber aprovechar muy bien las nuevas tecnologías para difundir *fake news* y bulos, utilizando es-

---

[36] Public Digital Debate Ahead of EU Parliamentary Elections, Alto Analytics, disponible en [https://constellaintelligence.com/eu-elections-public-digital-debate/], consultado el 25 de junio de 2021.

[37] G. Stella, «Salvini contro i "professoroni": "Io sono ignorante, ma voi dove eravate?"», *Il Giornale,* edición digital, 17 de octubre de 2018, disponible en [https://www.ilgiornale.it/news/politica/salvini-contro-i-professoroni-io-sono-ignorante-voi-dove-1589483.html], consultado el 25 de junio de 2021.

[38] J. Faus, «Trump intensifica su ataque a la prensa», *El País,* edición digital, 5 de agosto de 2018, disponible en [https://elpais.com/internacional/2018/08/04/estados_unidos/1533407305_018121.html], consultado el 25 de junio de 2021.

[39] Véase A. Robinson, «Los cerebros del bolsonarismo», *Revista Contexto,* 18 de septiembre de 2019, disponible en [https://ctxt.es/es/20190918/Politica/28366/Bolsonarismo-intelectuales-Brasil-Ernesto-Araujo-Olavo-de-Carvalho-Andy-Robinson.htm], consultado el 25 de junio de 2021.

trategias y técnicas distintas. En primer lugar, los estrategas de los partidos ultraderechistas en las campañas electorales han construido un relato basado en las emociones y los sentimientos frente a los hechos y la evidencia: lo visceral ha prevalecido netamente frente a lo racional. La «necesidad de sencillez y de resonancia emocional» ha sido clave en la victoria del Brexit o de Trump en 2016, así como en el éxito de la Liga de Salvini en 2018[40]. Sus eslóganes –*Take Back Control, Make America Great Again, Prima gli Italiani*– han conseguido conectar con los sentimientos de la ciudadanía desplazando la reflexión racional sobre cuestiones técnicas.

Esto se conecta con los estudios de *sentiment analysis* en las redes sociales que permiten analizar los sentimientos de las personas, sus opiniones, prejuicios y miedos, y, de esta forma, personalizar la propaganda e impulsar determinados mensajes frente a otros[41]. Como apuntan Jonah Berger y Katherine L. Milkman, «el contenido que provoca emociones de alta estimulación tiene más probabilidades de ser compartido»: es decir, un estado de Facebook o un tuit que provoca asombro, ansiedad o rabia tiende positivamente a la viralidad[42]. Christopher Wylie, que trabajó en el equipo de Cambridge Analytica antes de convertirse en uno de los más famosos *whistleblower* de la historia, confirma que en los estudios realizados por la empresa dirigida por Alexander Nix se llegó a la conclusión de que «provocar ira e indignación reducía la necesidad de obtener explicaciones racionales, y predisponía a los votantes a un estado de ánimo más indiscriminadamente punitivo»[43]. De ahí el bulo de Bolsonaro sobre el supuesto «kit gay» que Haddad habría distribuido a los niños de seis años en las escuelas o la mentira relanzada por Salvini sobre los 35 euros diarios que el Estado italiano habría dado a cada migrante. Como resume Andrew Marantz, «cuanto más incendiario era el mensaje y cuanto más alto y más enérgicamente se repetía, más atención obtenía»[44].

---

[40] D'Ancona, *Posverdad,* op. cit., p. 29.
[41] Véase M. Z. Ansaria, M. B. Aziza, M. O. Siddiquib, H. Mehraa, y K. P. Singha, «Analysis of Political Sentiment Orientations on Twitter», *Procedia Computer Science,* 167 (2020), pp. 1821-1828.
[42] J. Berger y K. L. Milkman, «What Makes Online Content Viral?», *Journal of Marketing Research* 49/2 (2012), pp. 192-205.
[43] Wylie, *Mindf*ck,* op. cit., p. 216.
[44] Marantz, *Antisocial,* op. cit., p. 271.

En su estudio sobre la Alt-Right estadounidense, el periodista de *The New Yorker* ha demostrado que también los *memes* –es decir, una imagen, un video o un texto, por lo general distorsionado con fines caricaturescos– son clave en esta estrategia: los algoritmos utilizados por las principales plataformas sociales «no estaban diseñados para evaluar si una idea era verdadera o falsa, prosocial o antisocial, sino para medir si un *meme* provocaba un repunte de emociones activadoras en una gran cantidad de personas»[45]. Esto explicaría, por ejemplo, la viralización de las ideas supremacistas blancas del columnista ultraconservador Steve Sailer, pero también que el cómico sevillano Juan Joya Borja, mejor conocido como el Risitas, se haya convertido en un icono de la sátira política internacional. Ha sido sobre todo en Francia donde el *meme* de el Risitas ha tenido más éxito: difundida en un principio en el foro digital Jeuxvideo, una especie de 4Chan o Foro Coches galo, su imagen quedó rápidamente asociada a la ultraderecha y ha estado utilizada en una campaña de acoso virtual contra feministas o para parodiar el movimiento antirracista Black Lives Matter. Incluso el entonces número dos del Frente Nacional, Florian Philippot, hizo un guiño a este *meme* en 2017 al beber de una taza con la pegatina de Joya Borja en la inauguración de su canal en YouTube[46]. La Alt-Right estadounidense ha explotado, antes y más que la ultraderecha de otros países, esta herramienta desde el llamado *Gamergate* de 2014 –cuando se lanzó una campaña organizada de odio contra lo políticamente correcto– hasta la *Great Meme War* de la campaña de las presidenciales de 2016. Fue en aquel contexto que, por ejemplo, el exitoso *meme* de la Rana Pepe se convirtió en un símbolo para el supremacismo blanco: bajo el lema «You can't stop the Trump», el personaje con cara de rana y cuerpo humano creado en 2005 por Matt Furie había asumido los rasgos del candidato republicano a la presidencia de Estados Unidos, convirtiéndose en *mainstream*[47].

---

[45] *Ibid.*, p. 176.
[46] P. Moral, «El Risitas, el cómico sevillano que se convirtió en un icono de la extrema derecha francesa», *El Orden Mundial*, 7 de mayo de 2021, disponible en [https://elordenmundial.com/el-risitas-el-comico-sevillano-que-se-convirtio-en-un-icono-de-la-extrema-derecha-francesa/], consultado el 23 de junio de 2021.
[47] G. Mazzoleni y R. Bracciale, *La politica pop online. I meme e le nuove sfide della comunicazione politica,* Bolonia, Il Mulino, 2019, pp. 117-121.

Los *memes* se asocian a la táctica del llamado *shitposting*, literalmente «publicar mierda», es decir, trolear y atacar a los adversarios políticos o sencillamente a los *normies*[48] y llenar de contenido de baja calidad las redes sociales para desviar las discusiones y conseguir que lo publicado en un sitio sea inútil o, como mínimo, pierda su valor. El *shitposting* de hecho tiene también la función de «insensibilizar a los oyentes conforme pasa [...] el tiempo»[49]. En resumidas cuentas, por un lado, si cada vez que entramos en una conversación en las redes sociales encontramos un sinfín de comentarios donde los insultos se mezclan con memeces, es muy difícil que nos interesemos por el post, tuit o texto que ha desencadenado esa discusión. Por el otro, si cada día vemos comentarios despectivos y violentos en las redes, es muy probable que al cabo de unos cuantos meses o, como mucho, de un par de años nos aconstumbremos a ello.

Es evidente, pues, que la publicación de *fake news* y teorías de la conspiración favorece tanto la viralización de las noticias así como las reacciones emotivas y viscerales de un porcentaje notable de los usuarios. Es lo que explica la difusión de teorías del complot realmente increíbles como la del Pizzagate –según la cual los principales líderes del Partido Demócrata en Estados Unidos, a partir de Hillary Clinton, habían creado una red de tráfico de personas y organizaban sesiones de abuso sexual infantil en restaurantes como la pizzería Comet Ping Pong en Washington[50]–, la de Q-Anon –una especie de Piazzagate 2.0 que interpreta el mundo como una lucha entre el Bien y el Mal, representados por Trump y un supuesto Sistema, respectivamente[51]– o la de que Bill Gates es el creador del

---

[48] Con *normies* se hace referencia a alguien "normal" que sigue las modas. La Alt-Right ha difundido el término que cobra, en palabras de Angela Nagle, un significado especialmente despectivo: «son las personas que tienen un conocimiento muy *mainstream* de internet y no están al día de lo que se está haciendo en la red», en B. García, «Nazis "pop" y "fascimodernos". La joven derecha trol que ha convertido internet en El Club de la Lucha», *The Objective,* 17 de mayo de 2018, disponible en [https://theobjective.com/further/angela-nagle-nazis-pop-fascimodernos-trol-internet], consultado el 23 de junio de 2021.

[49] Marantz, *Antisocial,* p. 395.

[50] Sobre el Pizzagate, véase BBC Trending, «The saga of "Pizzagate": The fake story that shows how conspiracy theories spread», *BBC News,* 2 de diciembre de 2016, disponible en [https://www.bbc.com/news/blogs-trending-38156985], consultado el 25 de junio de 2021.

[51] Véase K. Roose, «What Is QAnon, the Viral Pro-Trump Conspiracy Theory?»,

coronavirus⁵². En una realidad desconcertante y ambigua, como en la que nos encontramos, las teorías conspirativas ofrecen «un molde de orden, cuya atractiva sencillez eclipsa sus absurdos»⁵³.

La viralización además no se queda solo en las redes sociales, sino que llega también a los medios de comunicación tradicionales e incluso a los Parlamentos. Para poner un solo ejemplo, Sara Cunial, activista antivacunas y diputada italiana elegida con el M5E, responsabilizó al fundador de Microsoft de la creación del virus y de un supuesto plan de despoblación mediante las vacunas⁵⁴. El vídeo de su intervención en la Cámara italiana en mayo de 2020 se viralizó en las redes sociales y fue traducido en diferentes idiomas, consiguiendo una notable difusión sobre todo en América Latina, con centenares de millares de visitas⁵⁵. El fenómeno de la retroalimentación entre redes sociales, medios tradicionales y lugares de debate público como los Parlamentos es especialmente interesante y demuestra, además, la existencia de unas redes globales para la difusión de los discursos ultraderechistas. Entre estas, cabe mencionar el ya citado The Movement de Steve Bannon, pero también importantes *lobbies* —como el de las armas o los vinculados al integrismo cristiano— que promueven una agenda común y financian partidos de extrema derecha, como hemos apuntado en el segundo capítulo del volumen.

Otro ejemplo es la publicación a finales de marzo de 2020, en medio del primer confinamiento, por parte del líder de la Liga, Matteo Salvini, de un vídeo de 2015 de la televisión pública italiana en que se hablaba de un experimento en un laboratorio chino para la realización de un virus a partir de los murciélagos. El vídeo del TGR

The New York Times, edición digital, 15 de junio de 2021, disponible en [https://www.nytimes.com/article/what-is-qanon.html], consultado el 25 de junio de 2021.

⁵² Sobre las teorías de la conspiración, véase el reciente libro de N. Ceballos, *El pensamiento conspiranoico,* Barcelona, Arpa, 2021.

⁵³ D'Ancona, *Posverdad,* op. cit., p. 109.

⁵⁴ D. Puente, «Coronavirus. L'intervento della deputata Sara Cunial e i numerosi complotti sul Covid-19 (e non solo)», *Open,* 15 de mayo de 2020, disponible en [https://www.open.online/2020/05/15/coronavirus-lintervento-della-deputata-sara-cunial-e-i-numerosi-complotti-sul-covid-19-e-non-solo/], consultado el 25 de junio de 2021.

⁵⁵ V. Pinheiro, «Deputada negacionista italiana espalha teoria conspiratória sobre Bill Gates e vacinas em vídeo viral», *Estadão,* edición digital, 19 de enero de 2021, disponible en [https://politica.estadao.com.br/blogs/estadao-verifica/deputada-negacionista-italiana-espalha-teoria-conspiratoria-sobre-bill-gates-e-vacinas-em-video-viral/], consultado el 25 de junio de 2021.

Leonardo era auténtico, pero estaba completamente descontextualizado ya que el experimento del cual se hablaba no tenía ninguna relación con la covid-19. Sin embargo, el post en Facebook de Salvini fue visto por más de 1,5 millones de personas en menos de 24 horas y relanzado por otros políticos e *influencers* ultraderechistas en Italia, como la líder de Hermanos de Italia, Giorgia Meloni, o el periodista Mario Giordano, para luego convertirse en viral en gran parte del mundo, conectándose con la *fake new* difundida por Trump de que el coronavirus era un «virus chino»[56].

Si la narración emocional puede considerarse la estrategia de comunicación básica de la ultraderecha a escala global, las técnicas utilizadas son, como se ve, múltiples. Como explica la investigadora Julia Ebner, unos ejemplos de tácticas populares son la de «emparejar *hashtags* que son tendencia con otros de contenido extremista con el fin de vincular temas de debate populares con otros más extremos» y la denominada *hashtag stuffing* que «consiste en apropiarse de los *hashtag* de los oponentes»[57]. Además, los activistas de extrema derecha suelen reclutar y movilizar a simpatizantes en foros de imágenes como 4Chan, 8Chan, Reddit o Foro Coches para luego llevar las conversaciones a chats encriptados como WhatsApp o Telegram: ahí se organizan y coordinan las campañas que lanzan en las redes sociales más comunes, como Facebook, Twitter o Instagram, para alcanzar a un público mayor.

La viralización de mensajes, vídeos o *memes* en las redes sociales es la táctica más utilizada a través de una compleja red donde los *influencers* de extrema derecha son coadyuvados por un sinfín de perfiles falsos o automatizados –*bots* y *sockpuppets*– y activistas que practican el troleo y el *shitposting*. Como apunta Angela Nagle, la Alt-Right utilizó ampliamente antes que los demás y de forma coordinada esta técnica: «*shitposters* adolescentes formaban la reserva de un ejército de creadores de *memes* consistentes en imágenes graciosas, a menudo de humor negro, y de estilo chanero que eran fáciles de convocar en momentos en los que se los necesitaba […]

---

[56] M. Marrón, «Un "coronabulo" se propaga en Italia y amenaza con llegar al Parlamento: los científicos lo explican», *Niusdiario.es,* 26 de marzo de 2020, disponible en [https://www.niusdiario.es/vida/visto-oido/coronavirus-video-rai-viral-italia-bulo-cientificos-niegan_18_2920845121.html], consultado el 25 de junio de 2021.

[57] Ebner, *La vida secreta de los extremistas,* op. cit., p. 141.

para acudir en manada a acosar a quien se les oponía»[58]. Cada vez son más frecuentes técnicas que rozan la ilegalidad o que son punibles como un delito, como el *doxxing* –la revelación de datos personales de una persona con el fin de intimidar, silenciar y desacreditar públicamente voces críticas y opositores políticos– o los ataques coordinados conocidos como *shit storm*, literalmente «tormenta de mierda». El caso de la política de izquierdas Laura Boldrini, defensora de la acogida de migrantes, es quizá uno de los más relevantes y preocupantes. Mientras Boldrini ocupaba el cargo de presidenta de la Cámara de Diputados italiana, se lanzó en su contra una campaña *online* por parte del M5E y la Liga, ambos en la oposición por aquel entonces, que se convirtió rápidamente en una tormenta de insultos misóginos y amenazas de violación, tortura y muerte. No se trató de algo espontáneo, sino de una campaña de *hate speech* y acoso –dirigido, para más inri, contra el cuarto cargo de más importancia del Estado– coordinado principalmente por la galaxia ultraderechista del país transalpino en la cual desempeñó un papel crucial «la Bestia», un sistema de propaganda social, de Matteo Salvini[59].

A menudo estas prácticas se apoyan en las que se han denominado fábricas o granjas de trolls, es decir, empresas que se dedican a crear cuentas automatizadas, difundir noticias falsas y acosar a periodistas o usuarios en las redes sociales. Estas empresas pueden ser financiadas o creadas por gobiernos –mucho se ha hablado del caso de Rusia[60]–, pero también montadas por individuos aparentemente no vinculados a formaciones políticas o gobiernos con el objetivo de lucrarse a través de la publicidad generando tráfico en las redes –como en el caso de los jóvenes que en Macedonia crearon más de 100 páginas pro Trump en la campaña electoral de 2016[61].

---

[58] A. Nagle, *Muerte a los normies, op cit.*, p. 64.

[59] Véase F. Alivernini, *La grande nemica. Il caso Boldrini,* Gallarate, People, 2019. Para una visión más de conjunto, véase Ebner, *La vida secreta de los terroristas,* op. cit., pp. 105-124.

[60] J. Titcomb, «Governments in 30 countries are paying "keyboard armies" to spread propaganda, report says», *The Telegraph,* edición digital, 14 de noviembre de 2017, disponible en [https://www.telegraph.co.uk/technology/2017/11/14/governments-30-countries-pay-keyboard-armies-spread-propaganda/], consultado el 25 de junio de 2021. Más en general, véase D. Alandete, *Fake news: la nueva arma de destrucción masiva,* Barcelona, Deusto, 2019.

[61] C. Silverman y L. Alexander, «How Teens In The Balkans Are Duping Trump Supporters With Fake News», *BuzzFeed.News,* 3 de noviembre de 2016, disponible en

A las redes sociales abiertas, como Facebook, Twitter, Instagram o TikTok, se ha sumado también la propaganda difundida en redes cerradas como WhatsApp o Telegram, posiblemente aún más eficaz. Los casos del Bharatiya Janata Party de Narendra Modi en India o de Bolsonaro en Brasil son paradigmáticos[62]. Las modalidades pueden ser distintas, incluyendo también, cuando la ultraderecha se encuentra en el gobierno, la creación de medios pro gubernamentales de *fake news* o la adquisición de medios independientes que se convierten de un día para otro en megáfonos de la propaganda gubernamental, como en el caso de la web de noticias *Origo* en la Hungría de Viktor Orbán[63]. O, como en el caso de Trump en Estados Unidos, la sugerencia de seguir medios «alternativos» de la Alt-Right. Sin contar, huelga decir, que los mismos perfiles en las redes sociales del presidente norteamericano –así como los de otros líderes ultraderechistas, empezando por Salvini o Le Pen– permitían una visibilidad mucho mayor que la de cualquier medio tradicional, al menos hasta que Twitter y Facebook lo censuraron y cerraron sus perfiles. Para tener una idea, *PolitiFact* consideró que el 70 por 100 de las afirmaciones que Trump hizo durante la campaña electoral de 2016 eran falsas[64], mientras que *The Washington Post* calculó que durante su primer año en el cargo podía haber emitido 2.140 declaraciones que contenían falsedades o equívocos, es decir, una media de 5,9 diarias[65].

[https://www.buzzfeednews.com/article/craigsilverman/how-macedonia-became-a-global-hub-for-pro-trump-misinfo], consultado el 25 de junio de 2021.

[62] S. Poonam y S. Bansal, «Misinformation is endangering India's election», *The Atlantic,* edición digital, 1 de abril de 2019, disponible en [https://www.theatlantic.com/international/archive/2019/04/india-misinformation-election-fake-news/586123/] y D. Avelar, «WhatsApp fake news during Brazil election "favoured Bolsonaro"», *The Guardian,* edición digital, 30 de octubre de 2019, disponible en [https://www.theguardian.com/world/2019/oct/30/whatsapp-fake-news-brazil-election-favoured-jair-bolsonaro-analysis-suggests], consultados el 25 de junio de 2021.

[63] P. Kingsley y B. Novak, «The Website That Shows How a Free Press Can Die», *The New York Times,* edición digital, 24 de noviembre de 2018, disponible en [https://www.nytimes.com/2018/11/24/world/europe/hungary-viktor-orban-media.html], consultado el 25 de junio de 2021.

[64] Cit. por McIntyre, *Posverdad,* op. cit., p. 162.

[65] G. Kessler y M. Kelly, «President Trump made 2,140 false or misleading claims in his first year», *The Washington Post,* edición digital, 20 de enero de 2018, disponible en [https://www.washingtonpost.com/news/fact-checker/wp/2018/01/20/president-trump-made-2140-false-or-misleading-claims-in-his-first-year/], consultado el 25 de junio de 2021.

En este sentido, el caso del líder liguista Matteo Salvini es especialmente interesante. Salvini es el político italiano con más seguidores en las redes sociales: en junio de 2021 superó los 4,9 millones de seguidores en Facebook y los 1,4 millones en Twitter. Por un lado, su comunicación se basa en la que su estratega, Luca Morisi, ha definido la «fórmula TRT», es decir el «círculo virtuoso televisión-red-territorio físico», con una particular utilización de las retransmisiones en directo vía Facebook Live. Por otro lado, como explica Lorenzo Pregliasco, su *framing* se centra en cuatro pilares: el *Zeitgeist*, el llamamiento a su «comunidad» –con constantes *call to action*–, la polarización –con la búsqueda continua de enemigos con los cuales establecer una dinámica de oposición– y la retórica del sentido común. Esto se junta también a otras dos características: la que se ha definido *política pop* –con repetidas fotografías de su día a día, desde el plato de pasta que se cocina hasta consideraciones sobre el tiempo– y la *gamification* como en el caso del concurso Vinci-Salvini. Además de presentarse como un político cercano a la gente –ya que quien participaba en el concurso podía ganar, entre otros premios, una llamada telefónica del líder de la Liga–, el objetivo del Vinci-Salvini consistía en aumentar exponencialmente las interacciones de sus redes sociales y conseguir los datos de los usuarios[66]. Esto último le ha permitido disponer de una base de datos más amplia y profundizar con más precisión en el *sentiment analysis* para enviar una propaganda aún más personalizada gracias a un sistema que se ha llamado «la Bestia», una poderosa máquina social en la cual trabajaban en 2019 unos 35 expertos digitales que cubrían la vida de Salvini las 24 horas del día[67].

A fin de cuentas, esto es lo que, a una escala mucho mayor, hizo Cambridge Analytica influenciando de forma destacable el voto en

---

[66] Véase, respectivamente: L. Pregliasco, «Framing e strategia comunicativa di Matteo Salvini», en G. Diamanti y L. Pregliasco (eds.), *Fenomeno Salvini. Chi è, come comunica, perché lo votano*, Roma, Castelvecchi, 2019, pp. 25-43 y L. Cervi, «Veni, vidi, Facebooked-live: análisis del éxito de Matteo Salvini en Facebook», *Revista CIDOB d'Afers Internacionals* 124 (2020), pp. 99-122.

[67] M. Gabanelli y S. Ravizza, «Matteo Salvini e "La Bestia": come catturare 4 milioni di fan sui social», *Il Corriere della Sera*, edición digital, 20 de octubre de 2019, disponible en [https://www.corriere.it/dataroom-milena-gabanelli/matteo-salvini-la-bestia-come-catturare-4-milioni-fan-social-facebook-twitter-instagram/a00069d2-f33f-11e9-ad64-4488d500d2a2-va.shtml], consultado el 25 de junio de 2021.

el referéndum británico para la salida de la Unión Europea y en las elecciones presidenciales estadounidenses de 2016. La empresa de Nix, dirigida también por Bannon y financiada por hombres de negocios ultraconservadores como Robert Mercer y Arron Banks, de hecho, obtuvo de forma ilegal los registros completos en Facebook de casi 90 millones de ciudadanos en Estados Unidos y Gran Bretaña. Como explica Wylie, «los modelos de "me gusta" en las redes sociales, las actualizaciones de estado, los grupos, los seguimientos y los clics servían como pistas discretas que podían revelar con mucha precisión la personalidad de alguien»[68]. Los sesgos cognitivos, en suma, se usaron para «cambiar las percepciones de la gente» a través de una propaganda personalizada elaborada gracias a los algoritmos. Por un lado, se quiso «incrementar el compromiso» de los usuarios que ya mostraban interés en determinadas temáticas e ideas; por el otro, se desarrollaron formas para «confundir, desmotivar y desempoderar» a ciertos sectores de votantes. El objetivo, en síntesis, era «propagar rumores y desinformación para cambiar el resultado de las elecciones»[69].

Los objetivos de la ultraderecha

En la estrategia ultraderechista –en la cual, como hemos visto, las *fake news* resultan una pieza central– podemos diferenciar entre objetivos a corto plazo y a medio plazo. Entre los primeros, como muestra el caso de Cambridge Analytica, encontramos ganar unas elecciones o, sencillamente, aumentar el consenso electoral. El Brexit, la victoria de Trump en 2016 y la de Bolsonaro en 2018, pero también el éxito de la Liga en las legislativas italianas del mismo año, el de Marine Le Pen en las presidenciales francesas del año anterior o el de Vox en los comicios de 2019 son ejemplos incontestables. Como subraya Simona Levi, «la capacidad [de las *fake news*] para modificar la intención de voto parece ser mucho más eficaz que los anuncios electorales tradicionales»[70]. *The Washington Post,* por ejemplo, valoró que el impacto de las *fake news* fue

---

[68] Wylie, *Mindf*ck,* op. cit., p. 126.
[69] *Ibid.,* pp. 183, 154, 180, 172.
[70] Levi, *#FakeYou,* p. 60.

decisivo en tres Estados en los que Trump ganó en 2016 por muy pocos votos[71].

En cuanto a los objetivos a medio plazo, la ultraderecha se propone socavar la cualidad del debate público, promover percepciones erróneas, fomentar una mayor hostilidad y erosionar la confianza en la democracia, el periodismo y las instituciones. Lo que permitiría tener el terreno mucho más abonado para la siguiente competición electoral. De fondo, encontramos tres de las características que nos permiten definir a la extrema derecha 2.0. En primer lugar, la voluntad de sembrar confusión y polarizar a la sociedad. En un contexto de crispación y profunda división se fomenta el pensamiento del nosotros frente a ellos y se dificulta el consenso social y político, favoreciendo la que Marlene Wind definió la tribalización de la sociedad[72].

En segundo lugar, cobra especial relevancia la centralidad otorgada a las guerras culturales. La nueva ultraderecha es deudora de las reflexiones que Alain de Benoist y la Nouvelle Droite hicieron ya en los años setenta: Bannon, quizá influenciado por Andrew Breitbart, fundador de *Breitbart News,* estaba convencido de que la batalla, antes que política, tenía que ser cultural. Y que esta tenía que llevarse a cabo gracias a las nuevas tecnologías, aprovechando las grietas existentes en nuestras sociedades, favorecidas posiblemente también por el protagonismo de las políticas de identidad[73]. Como resumió la web ultraderechista norteamericana *The Right Stuff,* «la guerra de la cultura se libra cada día en tu *smartphone*»[74]. En la visión de Bannon, pues, «una guerra cultural se gana fragmentando primero la sociedad en guetos ideológicos y culturales incomunicados que tienen visiones distintas del mundo, para luego reconstruirla según la propia visión y lograr así la hegemonía cultural»[75].

---

[71] A. Blake, «A new study suggests fake news might have won Donald Trump the 2016 election», *The Washington Post,* edición digital, 3 de abril de 2018, disponible en [https://www.washingtonpost.com/news/the-fix/wp/2018/04/03/a-new-study-suggests-fake-news-might-have-won-donald-trump-the-2016-election/], consultado el 25 de junio de 2021.
[72] Wind, *La tribalización de Europa,* op. cit.
[73] Al respecto, véase las consideraciones de M. Lilla, *El regreso liberal. Más allá de la política de la identidad,* Barcelona, Debate, 2018.
[74] Cit. por Marantz, *Antisocial,* op. cit., p. 90.
[75] Cozzo y Prignano, «*Fake news,* polarización en línea y filtros burbuja», op. cit., p. 118.

Como explica d'Ancona, «el guerrero político moderno aspira a *weaponise* [utilizar como arma] las *fake news* para que se conviertan [...] en "una bomba suicida en el núcleo de nuestro sistema de información"»[76].

Un ejemplo es la llamada teoría del gran reemplazo –o del genocidio blanco– elaborada por Renaud Camus en una novela de 2012. El escritor francés sentó las bases de su teoría conspirativa en *El campamento de los santos,* una novela de principios de los setenta de Jean Raspail, y en la idea de Eurabia, otra teoría del complot desarrollada por la escritora Bat Ye'or en 2005. Según Camus, en síntesis, una elite global y liberal está reemplazando a la población blanca cristiana europea con pueblos no europeos, esencialmente musulmanes, mediante las migraciones y el crecimiento demográfico[77]. Esta teoría, que circulaba en ambientes neofascistas desde hace tiempo, se ha convertido en *mainstream* en los últimos años, sobre todo a partir de la crisis de los refugiados de 2015. Fue entonces, además, cuando se añadió la figura del financiero judío de origen húngaro Georges Soros como el *grande burattinaio* que estaría detrás de esta operación de sustitución étnica, juntando así islamofobia y antisemitismo. La teoría de Camus fue citada en múltiples ocasiones, por ejemplo, por Marine Le Pen, Matteo Salvini, Viktor Orbán o los líderes de la Alt-Right estadounidense y, al mismo tiempo, relanzada y difundida en las redes sociales, gracias también a la labor de supuestos investigadores independientes –como el *blogger* italiano Luca Donadel, en realidad un activista ultraderechista– que demostrarían su veracidad[78]. El caso de la teoría del

---

[76] D'Ancona, *Posverdad,* op. cit., p. 146.

[77] T. Chatterton Williams, «The French Origins of "You Will Not Replace Us"», *The New Yorker,* edición digital, 27 de noviembre de 2017, disponible en [https://www.newyorker.com/magazine/2017/12/04/the-french-origins-of-you-will-not-replace-us], consultado el 25 de junio de 2021.

[78] Véanse E. Baldit, «Le grand mytho de Marine Le Pen sur le "grand remplacement"», *Libération,* edición digital, 18 de marzo de 2019, disponible en [https://www.liberation.fr/politiques/2019/03/18/le-grand-mytho-de-marine-le-pen-sur-le-grand-remplacement_1715850/]; S. Walker, «Viktor Orbán trumpets Hungary's "procreation, not immigration" policy», *The Guardian,* 6 de septiembre de 2019, disponible en [https://www.theguardian.com/world/2019/sep/06/viktor-orban-trumpets-far-right-procreation-anti-immigration-policy] y A. Palladino, «Matteo Salvini e i migranti, la genesi dell'odio», *L'Espresso,* edición digital, 12 de junio de 2018, disponible en [https://espresso.repubblica.it/inchieste/2018/06/12/news/salvini-e-i-migranti-la-genesi-dell-odio-1.323631/], consultados el 25 de junio de 2021.

gran reemplazo nos muestra, consecuentemente, tanto la decisión de la extrema derecha por apostar por las guerras culturales así como la capacidad para viralizar y convertir en *mainstream* mensajes e ideas a través de redes más o menos informales tejidas a nivel internacional.

En tercer y último lugar, como ha mostrado el tema de la inmigración, la voluntad de la extrema derecha es la de modificar las agendas políticas, marcar con sus propios temas el debate público y, consecuentemente, mover la ventana de Overton –es decir, el rango de ideas aceptables para que un político, recomendándolas o defendiéndolas, no sea considerado un extremista– introduciendo posiciones y argumentos que hace tan solo un par de décadas eran considerados inaceptables en unas democracias liberales. Como apunta Julia Ebner, los activistas *online* de ultraderecha «utilizan teorías de la conspiración en combinación con el activismo de *hashtag* en medios sociales para llevar sus puntos de vista extremistas a la corriente de pensamiento mayoritaria»[79]. En gran medida, lo han logrado: como explicó Cas Mudde, «durante la última década hemos permitido que la extrema derecha establezca la agenda para determinar de qué hablamos y, lo que es más importante, cómo hablamos de ello, por lo que hemos hablado de la inmigración como una amenaza a la identidad y seguridad nacional»[80].

Además, la extrema derecha 2.0 ha salido de la marginalidad política y se ha convertido en una opción aceptable, tanto para los ciudadanos como para las instituciones internacionales. Cuando a principios del año 2000 se creó el gobierno de coalición entre los populares austriacos y el FPÖ de Jörg Haider, la Unión Europea impuso unas sanciones a Austria que iban de la restricción de las reuniones con representantes institucionales a la suspensión de los contactos oficiales a nivel político, pasando por la retirada del apoyo a los candidatos austriacos que optasen a cargos en organismos internacionales. El Estado de Israel, incluso, retiró a su embajador en

---

[79] Ebner, *La vida secreta de los extremistas,* op. cit., p. 176.

[80] M. Ramírez, «Cas Mudde: "Hemos permitido que la extrema derecha determine de qué hablamos y cómo hablamos de ello"», *Eldiario.es,* 27 de febrero de 2021, disponible en [https://www.eldiario.es/internacional/cas-mudde-hemos-permitido-extrema-derecha-establezca-determine-hablamos-hablamos_128_7253931.html], consultado el 28 de junio de 2021.

Viena. Asimismo, cuando Jean-Marie Le Pen pasó por primera vez a la segunda vuelta de las presidenciales de 2002, en Francia hubo una verdadera movilización popular para pararle los pies al Frente Nacional: Le Pen pasó del 16,8 por 100 de la primera vuelta al 17,8 por 100 de la segunda vuelta, sin casi conquistar nuevos votantes, mientras que Jacques Chirac obtuvo el 82,2 por 100 cuando en la primera vuelta no había llegado al 20 por 100.

En menos de dos décadas el panorama es completamente distinto: cuando en 2017 se formó el gobierno de coalición entre el ÖVP de Kurz y el FPÖ liderado por Strache, nadie planteó en Bruselas imponer unas sanciones a Viena. Algo parecido puede decirse de cuando, unos meses más tarde, la Liga de Salvini entró en un gobierno euroescéptico en Roma. Si bien hubo tensiones y amenazas de multas a Italia a finales de 2018, estas se debían a los presupuestos presentados por el gobierno y la superación del límite de déficit permitido por los parámetros comunitarios. Así, jamás Netanyahu se ha planteado retirar el embajador en Budapest desde que gobierna Orbán: al contrario, el entonces presidente israelí defendió en más de una ocasión al premier húngaro de las acusaciones de antisemitismo, llegando a definirlo como un «verdadero amigo de Israel». Es cierto que la Unión Europea ha levantado la voz contra los gobiernos de Budapest y Varsovia, pero se han tenido que esperar muchos años y, aunque Fidesz y PiS han aprobado leyes que socavan el Estado de derecho en sus países, nunca –al menos hasta ahora– las reclamaciones votadas por la gran mayoría por la Eurocámara se han convertido en medidas concretas o sanciones. Asimismo, cuando Marine Le Pen pasó a la segunda vuelta de las presidenciales en 2017, sumó unos tres millones de votos más respecto a la primera vuelta –pasando del 21,3 al 33,9 por 100– y alrededor de 1,5 millones de franceses decidieron quedarse en casa en vez de votar a Macron. No hubo una verdadera movilización popular. Más bien, hubo apatía o resignación. Lo que explica que en recientes sondeos Le Pen acaricie por primera vez la posibilidad real de ganar la segunda vuelta en las presidenciales de 2022. La ultraderecha, en suma, ya no es percibida como una amenaza, sino como una opción aceptable, por más que despierte simpatía o antipatía. El objetivo número uno se ha conquistado, han conseguido normalizarse.

El *aggiornamento* fascista

Todo esto no habría sido posible debido solamente a los cambios tecnológicos. Antes hubo un lento y profundo trabajo de elaboración teórica que permitió al fascismo, transformado y renovado, sobrevivir y superar la derrota de 1945 para poder adaptarse a la nueva época histórica. Se trató de un *aggiornamento* ideológico en diferentes etapas, con aceleraciones y retrocesos, que involucró inicialmente solo a sectores minoritarios del neofascismo en las décadas de los cincuenta y los sesenta del siglo pasado. No fueron en buena medida los principales partidos neofascistas o neonazis europeos –ni los legalizados como el Movimiento Social Italiano, ni los ilegalizados como el Partido Socialista del Reich en Alemania occidental– los que ofrecieron las claves para impulsar la transformación ideológica que más tarde habría permitido plantearse asaltar los cielos y conquistar la hegemonía cultural y política. El grueso del MSI, el principal partido neofascista europeo con representación parlamentaria desde el nacimiento de la República italiana, así como las organizaciones de excombatientes en la Europa occidental de la etapa inicial de la Guerra Fría tuvieron que enfrentarse esencialmente a la supervivencia y a la creación de redes de apoyo para sus militantes que se encontraban aún en la cárcel, la clandestinidad o con el riesgo de ser condenados por los crímenes cometidos antes de 1945. Fue en los sesenta cuando en la heterogenea galaxia neofascista empezaron a plantearse propuestas innovadoras para reanimar esa ideología permitiéndole renovarse.

Ahora bien, aunque estaban aún estrechamente vinculados al proyecto de Nuevo Orden Europeo hitleriano, algunos planteamientos que se dieron ya a partir de finales los años cuarenta y a principios de la década siguiente mostraron los posibles caminos a recorrer. En Francia, por ejemplo, el excolaboracionista René Binet propuso la creación de una federación europea nacionalsocialista en función antiamericana y antisoviética, mientras que en Reino Unido Oswald Mosley –líder de la British Union of Fascists en los treinta y fundador en 1948 de la Union Movement– defendió una Europa unitaria y llegó a hablar de Euráfrica, encontrando el interés de las elites blancas sudafricanas que estaban implantando el régimen del *apartheid*. En ese mismo año se publicó *Imperium* del estadounidense Francis Parker Yockey que, convencido de la necesidad de un gran imperio europeo, creó poco después el European Liberation Front. También el primer intento serio de constituir un partido neofascista a escala continental, el Movimiento Social Europeo (MSE), postulaba el proyecto de un imperio europeo anticomunista y corporativista. Todas estas propuestas, que tuvieron una vida breve y una visibilidad más bien escasa, mantenían algunos de los presupuestos clave del nacionalsocialismo, como el antisemitismo y el racismo biológico que, en un clima marcado por el inicio del proceso de descolonización y gracias también a la traslación norteamericana, se convirtió en lo que se llamaría rápidamente supremacismo blanco. Además, la mayoría de los miembros del MSE habían sido dirigentes y militantes de los partidos fascistas de entreguerras o miembros de las Waffen SS o los gobiernos de ocupación nazi en los diferentes países europeos durante el segundo conflicto mundial.

Sin embargo, empezaron a circular también nuevos planteamientos como el neorracismo que puede considerarse el fundamento de la propuesta metapolítica que desarrollará más tarde la Nouvelle Droite francesa. Asimismo, en diferentes países apareció una nueva generación que entendió la necesidad de romper, al menos formalmente, los vínculos más estrechos con el pasado. En el laboratorio italiano, las franjas más radicales del MSI, lideradas por Pino Rauti, abandonaron el partido en 1956 y fundaron el centro de estudios Ordine Nuovo. Rauti tenía en aquel entonces treinta años y, aunque había participado en la República Social Italiana, representaba una nueva generación: crítico con la línea moderada y atlantista de la dirigencia de Michelini, el grupo del Ordine Nuovo hablaba de una Europa-nación contrapuesta a las dos grandes superpotencias. Además, estaba fuertemente influenciado por el filósofo Julius Evola del cual asumió la concepción aristocrática y elitaria del fascismo: Rauti, que había fundado en 1950 la revista *Imperium,* abogaba por el trabajo cultural que debía superponerse al meramente político y partidista[81].

Es con estos presupuestos que, a principios de los sesenta, nació Jeune Europe (Joven Europa), el movimiento político europeo fundado por el belga Jean Thiriart. Aunque haya intentado venderse como un izquierdista en sus años mozos, el optometrista valón había

---

[81] Véase Gallego, *Neofascistas,* op. cit., pp. 222-229.

participado en el movimiento nacionalista-*völkisch* Fichte Bund y se había afiliado a la Asociación de Amigos del Gran Reich Alemán, vinculada directamente a los ocupantes nazis de Bélgica y al rexismo[82] de Léon Degrelle. La evolución de Thiriart bebe de los intentos de renovación del fascismo antes mencionados: su vuelta al redil político se dio, de hecho, en 1960, cuando Bruselas abandonó el Congo. Teniendo a la OAS[83] francesa como modelo, el valón fundó el Movimiento de Acción Cívica que se oponía a la descolonización europea. En marzo de 1962 participó en una reunión celebrada en Venecia donde los principales partidos que una década antes habían dado vida al Movimiento Social Europeo –el MSI, la Union Mouvement de Mosley, el Partido Socialista del Reich– intentaron replantearse la creación de un partido nacionalista europeo sobre la base de la necesaria reunificación del continente y la recuperación de los países del Este bajo control soviético. Una vez más el proyecto se encalló, así que a principios del año siguiente Thiriart decidió lanzar su organización, Jeune Europe (JE). Hasta 1969, cuando el valón abandonó el proyecto, JE se estructuró como una organización leninista con un vértice europeo y una serie de

---

[82] El periodista Léon Degrelle, que después de 1945 vivió en la España franquista, fundó a mediados de los años treinta el Partido Rexista, cuyo nombre procedía de la revista católica *Christus Rex*. Fue una formación católica, nacionalista, autoritaria y filofascista que desempeñó un papel importante, aunque secundario en la política belga de la segunda mitad de los treinta. Durante la ocupación alemana de Bélgica, fue el principal colaborador de los nazis junto a la Unión Nacional Flamenca. En junio de 1941 fundó la Legión Valonia, un contingente de voluntarios valones que lucharon con el Eje en la guerra contra la Unión Soviética y que en 1943 fue adscrita a las Waffen-SS. Sobre Degrelle y el movimiento rexista, véanse G. F. di Muro, *Léon Degrelle et l'aventure rexiste, 1927-1940*, Bruselas, Luc Pire, 2005 y M. Conway, *Collaboration in Belgium: Léon Degrelle and the Rexist Movement, 1940-1944*, New Haven, Yale University Press, 1993.

[83] La Organización del Ejército Secreto (OAS, en el acrónimo en francés) fue una organización terrorista fundada por sectores del ejército galo contrarios a la política del general De Gaulle favorable a la independencia de Argelia. Entre 1961 y 1962, especialmente, la OAS, tras que su principal líder, el general Raoul Salan, intentara dar un golpe de Estado que fracasó, llevó a cabo secuestros y asesinatos de civiles sobre todo en Argelia, además de atentados contra las instituciones en Francia, llegando a plantearse el asesinato del mismo De Gaulle. La OAS consiguió aunar sectores distintos: la apoyaron y participaron en ella no solo elementos del ejército contrarios a la independencia argelina, sino también militantes conservadores y de extrema derecha, además de excombatientes del régimen de Vichy. Sobre la OAS, véase A. Harrison, *Challenging De Gaulle: The O.A.S and the Counter-Revolution in Algeria, 1954-1962*, Nueva York, Praeger, 1989.

delegaciones nacionales: con éxitos muy diferentes y en medio de innumerables divergencias, rupturas y escisiones, fueron constituyéndose secciones en Francia, Italia, Alemania, Austria, Holanda, Suiza, Gran Bretaña, España y Portugal. Ahí se forjó toda una nueva generación de militantes que fue clave en el *aggiornamento* del fascismo de las décadas siguientes: uno de los responsables de la revista de JE, *La Nation Européenne,* fue el italiano Claudio Mutti –miembro unos años más tarde de la organización «nazi-maoísta» Lucha de Pueblo y fundador de la editorial neofascista Edizioni all'Insegna del Veltro–, mientras que el enlace de JE en Francia fue Jean-Claude Jacquard, futuro presidente del Groupement de recherche et d'études pour la civilisation européenne (GRECE), *think tank* de la Nueva Derecha gala. Así, en España desde el grupo de Jeune Europe se creó el Círculo Español de Amigos de Europa (CEDADE) que tendrá una deriva marcadamente neonazi[84].

Thiriart, al contrario, negaba ser nazi y prefería considerarse ni de izquierda ni de derecha, enturbiando además las aguas al magnificar su pasado supuestamente izquierdista. Desarrolló ideas que, como hemos visto, estaban circulando hace tiempo en los ambientes neofascistas, como la del nacionalismo paneuropeo opuesto a los imperialismos norteamericano y soviético. Sin embargo, a diferencia de otros proyectos, por un lado Thiriart planteó una sola entidad continental, una Europa jacobina y laica que debía ser autárquica y autosuficiente económicamente. Por otro lado, subrayó aún más la importancia de la geopolítica: la liberación de Europa debía conseguirse a través de una alianza con la Unión Soviética llegando a la creación de un Imperio de 400 millones de hombres que iba de Brest a Bucarest o, incluso, como afirmó a principios de los ochenta, de Dublín a Vladivostock, mostrando su sintonía con el euroasianismo ruso mucho antes de la caída de la Unión Soviética y de entablar amistad con Aleksandr Duguin[85]. Por último, Thiriart fue modificando sus posiciones sobre la cuestión colonial: entendió la necesidad de abandonar el racismo biológico y desarrolló una es-

---

[84] Sobre Thiriart y Jeune Europe, véase Camus y Lebourg, *Les droites extrêmes en Europe,* op. cit., pp. 96-110.

[85] Véanse J. Thiriart, *Un empire de 400 millions d'hommes,* Bruselas, Sineco, 1964; *La Grande Nation: l'Europe unitaire de Brest à Bucarest* [1965], Nantes, Ars Magna, 1990; y *L'Empire euro-soviétique de Vladivostok à Dublin* [1984], Nantes, Ars Magna, 2018.

pecie de tercermundismo de derechas, apoyando las luchas de los países no alineados que se estaban independizando en África y Asia. Todo esto llevó al concepto de nacional-comunitarismo europeo y a la formación en 1965 del Partido Comunitario Europeo. Sin embargo, dentro de la misma JE había posiciones distintas sobre estas cuestiones: el excolaboracionista Émile Lecerf, que fue el autor del manifiesto fundacional de JE, titulado *La Révolution national-européenne,* defendía que Europa debía reconquistar África y que el gobierno único continental debía ser organizado regionalmente sobre bases étnicas, culturales y económicas. No obstante JE tuvo una vida breve, Thiriart había sembrado unas cuantas semillas que brotarían en los siguientes años.

La gran renovación del neofascismo se dio justamente cuando el proyecto del valón naufragó y surgió la Nueva Izquierda alrededor de 1968. Tras haber estado vinculado a la OAS, Dominique Venner –que se suicidó en la catedral de Notre-Dame de París en 2013– fundó la revista *Europe-Action* que se conectaba directamente con las reflexiones de JE. En *Europe-Action,* Venner planteó una estrategia «leninista» para el nacionalismo francés basada en la necesidad de reforzar tanto la doctrina como la organización. Si a nivel organizativo los intentos fracasaron míseramente, a nivel doctrinal *Europe-Action* consiguió introducir en el debate temáticas como la cuestión de la lucha cultural, la defensa del mundo blanco, el mundialismo o la concepción «realista» de la raza. Fue a partir de todo esto y de la admisión de la descomposición de la extrema derecha francesa que Alain de Benoist –que, aún muy joven, había colaborado con *Europe-Action* y otros medios neofascistas del Hexágono como *Défense de l'Occident* del escritor Maurice Bardèche, excolaboracionista del régimen de Vichy– decidió fundar una nueva revista, *Nouvelle École,* cuyo primer número se publicó en febrero de 1968. La revista sería la primera –surgirían otras entre los setenta y los ochenta, como *Éléments* o *Krisis*– que hacía referencia a un grupo de intelectuales ultraderechistas que al cabo de una década la prensa llamaría Nueva Derecha.

Ni en sus inicios ni en los años siguientes este grupo fue algo homogeneo: más bien se trató de una nebulosa o un conjunto heterogéneo que se movía alrededor de un grupo de estudio e investigación, el GRECE. Este nació junto a *Nouvelle École* y tenía a de Benoist como su principal inspirador y referente. Algunos de sus miembros fundadores como Pierre Vial se desvincularon en los setenta –Vial entró durante un periodo en el Frente Nacional de Le Pen– y otros, como Guillaume Faye, vivieron en los ochenta una evolución teórica que puso en discusión algunas de las que parecían las líneas maestras de la propuesta debenoistiana. Asimismo, del magma inicial del GRECE nacieron otros grupos como el Club de l'Horloge, fundado en 1974 por Yvan Blot, Jean-Yves Le Gallou y Henry de Lesquen, que se movió parcialmente en otras coordenadas, queriendo reconciliar el liberalismo económico y el nacionalismo.

Ahora bien, el próposito principal de de Benoist era el de «rearmar intelectualmente la derecha en Francia»[86]. En un contexto marcado por la hegemonía cultural de la izquierda, la grupuscularización del neofascismo que se encontraba aún en las catacumbas tras 1945 y la aceptación generalizada, también en la derecha conservadora, del modelo keynesiano, la Nueva Derecha proponía un trabajo cultural y doctrinal a largo plazo con la voluntad de lanzar una contraofensiva intelectual, penetrar en los ambientes mediáticos y universitarios para implantar una contracultura de derecha y, finalmente, influir en los partidos políticos conservadores y neofascistas. La estrategia cultural o metapolítica fue el corazón de este proyecto que de Benoist, a partir de 1973-1974, empezó a calificar de *gramscismo de derecha*. De Benoist desmarxistizó a Gramsci y trasladó a la extrema derecha el concepto de hegemonía cultural que el intelectual comunista sardo había planteado en sus cuadernos de la cárcel entre los años veinte y los treinta del siglo pasado. Como resume César Rendueles, en Gramsci «la idea de hegemonía hace referencia al modo en que una clase social es capaz de convertirse en un grupo dirigente mediante una combinación de liderazgo ideológico, coerción y movilización de intereses compartidos que da lugar al consentimiento de los subordinados»[87]. De ahí también el concepto de guerra de posición que para Gramsci debía sustituir en política a la guerra de movimiento: ya que el asalto al Palacio de Invierno, como en el Octubre soviético, se había convertido imposible en la práctica (en Italia y no solo en el país transalpino), de lo

---

[86] P.-A. Taguieff, *Sulla nuova destra. Itinerario di un intellettuale atipico* [1994], Florencia, Vallecchi, 2004, p. 46.

[87] C. Rendueles, «Introducción», en A. Gramsci, *Escritos. Antología*, Madrid, Alianza, 2017, p. 25.

que se trataba era de ganar terreno al enemigo gradualmente y pacientemente. Como explicó allá por 1977 Marco Tarchi, uno de los impulsores de la Nuova Destra (Nueva Derecha) en Italia,

> de Benoist analiza a Gramsci y le da la vuelta al esquema: la derecha –dice– debe conquistar en perspectiva no los círculos políticos, sino la sociedad civil: es ahí donde se afirman las condiciones para un duradero éxito de una idea universal, de una visión del mundo. Para llegar al objetivo, [la derecha] tiene que constituir centros de resistencia cultural, verdaderas bases de un contrapoder cultural –y por consiguiente– político que debe contraponer al totalitarismo de los manipuladores de la opinión pública[88].

En un artículo aparecido ese mismo año, de Benoist, que firmaba con el seudónimo de Robert de Herte, explicaba claramente esta estrategia: «el GRECE», se podía leer en las páginas de la revista *Éléments,* «ha emprendido una acción metapolítica sobre la sociedad. Una acción consistente en contestar el "poder cultural" en su mismo terreno: con un contrapoder cultural»[89]. Como apuntó Francesco Germinario, «el recurso a Gramsci quería superar el *impasse* politicista: culpabilizando a la derecha del desastroso fracaso de la vía leninista, es decir, de la militancia política, de Benoist proponía la más larga, pero más satisfactoria vía gramsciana, es decir, la militancia intelectual y cultural». La sublimación de la metapolítica constataba, en síntesis, la dificultad de la extrema derecha para afrontar los procesos históricos-políticos existentes: por esto, según Germinario, «se miraba a la evoliana *apolitìa*, "la distancia interior irrevocable con esta sociedad y sus 'valores'", la renuncia a la política en nombre de la autoeducación individual»[90].

Influenciado por la Revolución conservadora alemana y, en concreto, por pensadores como Oswald Spengler, Carl Schmitt, Ernst Jünger y Arthur Moeller van den Bruck, el GRECE introdujo una serie de novedades que paulatinamente se difundirían en la derecha

---

[88] Cit. por M. Lenci, *A destra, oltre la destra. La cultura politica del neofascismo italiano, 1945-1995,* Pisa, Pisa University Press, 2012, p. 69.
[89] Cit. por Taguieff, *Sulla nuova destra,* op. cit., p. 52.
[90] F. Germinario, *La destra degli dei. Alain de Benoist e la cultura politica della Nouvelle Droite,* Turín, Bollati Boringhieri, 2002, p. 30.

y llegarían también a una parte nada desdeñable de la sociedad francesa. No está de más recordar que entre 1977 y 1981 algunos miembros del GRECE fueron llamados por Louis Pauwels a la redacción de *Le Figaro Magazine*, un semanario con una notable difusión, donde pudieron difundir su relato. La propuesta debenoistiana tuvo como principales ideas: la ruptura con la tradición católica; la denuncia de la herencia judeocristiana; el antiigualitarismo; la crítica al economicismo, la visión mercantil del mundo y el individualismo liberal convertido en el enemigo principal; la superación del nacionalismo integral de origen maurassiana con un neonacionalismo indoeuropeo, y el etnodiferencialismo, es decir, un «culto de la diferencia colectiva». El «derecho a la diferencia» comportó una superación del racismo biológico *à la* Alfred Rosenberg produciendo lo que Taguieff define como un «un neorracismo diferencialista y cultural»[91]: no hace explícita, en síntesis, una jerarquía de razas ni clama para la anquilación de otros pueblos, sino que se opone firmemente a la fusión de las diferentes identidades que deben ser protegidas. Cada cultura debe perseguir su propio desarrollo, si es posible en su propio territorio, sin mezclarse con las demás. No extraña, pues, que Estados Unidos, patria del libre mercado, el liberalismo y el *melting pot*, se convierta para de Benoist y el GRECE en el principal enemigo.

Con la victoria de las izquierdas en 1981 y la exclusión de *Le Figaro Magazine*, el proyecto del GRECE pareció haber perdido la batalla. De hecho, el grupo sufrió nuevas escisiones. El mismo de Benoist vivió en las últimas dos décadas del siglo XX una evolución en su pensamiento que lo llevó a lanzar una nueva revista –*Krisis*–, un proyecto más bien personal. Ahora bien, el núcleo de su propuesta se quedó a grandes rasgos intacto como demuestra el manifiesto *La nouvelle droite de l'an 2000*, escrito con Charles Champetier y publicado en 1999. Para los dos autores, las ideas esenciales para la nueva derecha del tercer milenio debían ser la crítica del liberalismo y la mercantilización del mundo; el rechazo del individualismo, el igualitarismo y los monoteísmos; una concepción organicista y comunitaria de la sociedad; la valorización de las identidades colectivas y del «derecho a la diferencia»; el rechazo de la forma de Estado-nación; la promoción de un modelo federalista, y

---

[91] Taguieff, *Sulla nuova destra*, op. cit., pp. 52, 76.

la visión de las relaciones internacionales basada en la idea de un mundo multipolar en que Europa debe ser dotada de una forma de Estado propia, desconectada de Washington[92].

La influencia de la Nouvelle Droite superó rápidamente las fronteras francesas. La que se definía «como un "laboratorio de ideas", una "escuela de pensamiento", una "comunidad de espíritu", un "espacio de resistencia contra el sistema"»[93] cruzó el Rin y los Alpes ya a principios de los setenta. En Italia, las ideas del GRECE encontraron un terreno fértil entre el trabajo cultural que desde mediados de los cincuenta planteó Rauti, el espiritualismo elitista de Evola y las obras de Adriano Romualdi. Fue un grupo de jóvenes del MSI, capitaneados por Marco Tarchi, el que estableció una intensa relación con los franceses: a partir del verano de 1974, el grupo de jóvenes *missinos* arraigado en Florencia fundó las revistas *La Voce della Fogna* y *Diorama Letterario* e impulsó en 1977 los Campos Hobbit de las juventudes neofascistas. En la década de los ochenta este sector, marginal de todas formas dentro del Movimiento Social Italiano, se situó ya fuera del partido de Almirante y en la práctica desapareció como grupo en 1994 con la llegada de Berlusconi al gobierno, en el cual participó por primera vez el MSI[94].

Aunque pueda parecer una corriente marginal de la extrema derecha –y, efectivamente, lo fue–, la Nouvelle Droite consiguió una buena parte de los objetivos que a finales de los sesenta se propusieron los fundadores del GRECE. Es indudable que sus ideas han tenido una amplia circulación y han influido en las derechas que se han «rearmado» intelectualmente. ¿Cómo explicar, si no, que la mayoría de los líderes de la extrema derecha 2.0 hagan referencias directas o indirectas al etnodiferencialismo cuando hablan de la inmigración? Obviamente, los méritos no son solo de los neoderechistas franceses, italianos o alemanes: el contexto ha influido, así como los cambios que han vivido nuestras sociedades. Y no cabe duda de que una parte de la responsabilidad es imputable a los medios de comunicación –que han facilitado la difusión de estas ideas– y de las

---

[92] Camus y Lebourg, *Les droites extrêmes en Europe,* op. cit., pp. 146-147.
[93] J. A. Mellón, «"La sangre vale más que el oro". ¿Son fascistas las ideas-fuerza de la Nueva Derecha Europea?», en Id. (coord.), *El fascismo clásico,* op. cit., p. 246.
[94] M. Capra Casadio, *Storia della Nuova Destra. La rivoluzione metapolitica dalla Francia all'Italia (1974-2000),* Bolonia, Clueb, 2013, pp. 51-64.

mismas izquierdas que han ido abandonando la batalla cultural, sobre todo tras el final de la Guerra Fría. Asimismo, la renovación del fascismo en la segunda mitad del siglo XX no se debe solo a Evola, Thiriart y la Nueva Derecha: el activismo de los grupúsculos declaradamente neonazis ha sido constante, así como el trabajo, especialmente a partir de los ochenta, de las nuevas formaciones de la tercera ola ultraderechista.

Además, estos ambientes nunca han sido compartimentos estancos: más allá de divergencias y trifulcas, las conexiones han sido constantes y continuas tanto a nivel de elaboración política e intelectual como a nivel de cuadros dirigentes. Como se comentó anteriormente, Pierre Vial dejó el GRECE para sumarse al Frente Nacional en la década de los setenta y Marco Tarchi siguió en el MSI hasta principios de los ochenta. Las fronteras, en suma, siempre fueron –y siguen siendo– porosas. Así, encontramos un sinfín de activistas neofascistas que se movieron entre los setenta y la actualidad en diferentes proyectos políticos y culturales, entrando y saliendo de diferentes partidos, desde grupúsculos de tendencia neonazi a las nuevas formaciones regionalistas y populistas que surgieron tras la conclusión de los «treinta gloriosos». Además, muchos de estos activistas percibían los nuevos partidos como realidades débiles ideológicamente en las cuales podían marcar o, por lo menos, influir en la línea y el discurso políticos.

Es lo que pasó, por poner un solo ejemplo, con la Liga Norte: en los ochenta, el partido autonomista de Bossi fue objeto del entrismo de militantes neofascistas y neonazis que se resguardaron bajo el paraguas liguista. Algunos de ellos estaban vinculados a *Orion* –cuyo nombre era un guiño a Evola–, una revista mensual fundada en 1984 por el neofascista Maurizio Murelli y en la cual colaboró Mutti. No es que dejasen de creer en lo que habían defendido hasta la semana anterior: sencillamente, interpretaron que para poder difundir sus ideas esos partidos eran ideales. Toda la parafernalia simbólica padana –con un tufillo céltico– la creó de hecho Gilberto Oneto, empezando por el «Sol de los Alpes», que se convirtió en el símbolo de la Liga Norte. Oneto provenía de los ambientes identitarios de la extrema derecha: en los setenta fue viñetista de *La Voce della Fogna* y en los ochenta descubrió el etnonacionalismo y el pensamiento *völkisch*. No fue el único: Mario Borghezio, liguista desde primera hora y eurodiputado entre 2001 y 2019, militó en los sesenta en Jeune Europe, además de haber estado cerca de Ordine Nuovo, el movimiento político –fundado en 1969 tras el reingreso de Rauti en el MSI– que abrazó la lucha armada. Borghezio lo explicó sin tapujos al periodista Claudio Gatti: «Mi matriz ideológica era en esos años, y sigue siendo hoy en día, fundamentalmente tradicionalista. En el marco de Guénon y Evola». La Liga Norte la concebía, pues, como un «nuevo vehículo político» para poder canalizar y difundir esas ideas[95].

Así, Gianluca Savoini, proveniente de ambientes neonazis –el círculo milanés *Ideogramma,* más neopagano y antisemita que *Orion*– entró como periodista en *La Padania* en los noventa para convertirse en un hombre cercano a Salvini hasta ser su hombre de referencia para las relaciones con Duguin y los ambientes rusos cercanos al Kremlin. A finales de los noventa, por ejemplo, cuando la Liga Norte era definida por Bossi como un partido antifascista y el líder poscomunista Massimo D'Alema la consideraba una potencial «aliada» de la izquierda, Savoini afirmaba sin ambages que

> detrás del fenómeno de la inmigración extracomunitaria de masas se esconden los intereses más o menos ocultos de los *lobbies* de alcance mundial. El proyecto de Gobierno único mundial será realizado solo después de la destrucción, la aniquilación, la homologación de las identidades de los diferentes pueblos que componen el continente europeo. Por este motivo los poderes económicos de la alta finanza cosmopolita se sirven de la inmigración como arma mortal para subvertir los equilibrios sociales, culturales y étnicos de nuestro continente. […] El *politically correct* que domina en Occidente es objetivamente un pensamiento racista que no tiene en cuenta el fracaso del *melting pot* en Estados Unidos, es decir, en el cuartel general del mundialismo. […] Arriba las diferencias, pues. Abajo el igualitarismo que, después de la borrachera marxista-leninista, […] se ha reencarnado en los exégetas del mundialismo y la sociedad multirracial[96].

---

[95] Gatti, *I demoni di Salvini,* op. cit., p. 54.
[96] Cit. por *ibid.,* p. 151. Sobre estas cuestiones, véanse las pp. 23-70, 87-112 y 125-158. También Andriola, *La Nuova Destra in Europa. Il populismo e il pensiero di Alain de Benoist,* Vedano al Lambro, Paginauno, 2014, pp. 134-174.

El discurso de Savoini reproduce casi literalmente las elaboraciones de la Nueva Derecha francesa. El mismo Bossi en aquellos años repetía ideas similares, retomando estos conceptos precisamente de toda una serie de dirigentes del partido que provenían del mundo ultraderechista.

Lo que pasó con la Liga Norte no es una excepción. Lo vemos también en la actualidad. La que se ha definido la Alt-Light estadounidense –eso es, el sector más «moderado» y menos supremacista blanco de la Alt-Right que tiene como referentes a Steve Bannon, *Breitbart News* y Milo Yiannopoulos[97]– ha aplicado las enseñanzas debenoistianas. No es casualidad que cuando Yiannopoulos tuvo que buscar las raíces intelectuales del movimiento señaló justamente, además de a Oswald Spengler, Julius Evola y el paleoconservador Samuel Francis, a la Nueva Derecha francesa. Como apunta Angela Nagle, «es difícil encontrar un término mejor que el de "gramsciano" para describir lo que [la Alt-Light] ha conseguido de manera estratégica, como el movimiento que es y que se dedica casi de manera exclusiva a influir en la cultura y desplazar la ventana Overton a través de esta y de los medios de comunicación, y no solo a transformar la política formal»[98]. Dicho todo esto, ¿le resulta extraño a alguien que Eduard Limónov, fundador con Duguin del Partido Nacional Bolchevique en la Rusia postsoviética, colaborase con de Benoist en su paso por París en los años ochenta cuando era un intelectual y escritor frustrado? ¿O que, en esos mismos tiempos, el joven Viktor Orbán, cuando era todavía un liberal, estudiase con interés y atención el pensamiento de Antonio Gramsci? Quizá, en este último caso, podría parecer «normal» el estudio de un pensador comunista, aunque heterodoxo, por parte de un joven en la Hungría de Kádár: lo que es importante señalar es la influencia que conceptos como el de la hegemonía cultural tuvieron sobre Orbán y que aplicó, desde la ultraderecha, unas décadas más tarde.

---

[97] Véase M. Reguera, «Alt Right: radiografía de la extrema derecha del futuro», *Revista Contexto,* 22 de febrero de 2017, disponible en [https://ctxt.es/es/20170222/Politica/11228/Movimiento-Alt-Right-EEUU-Ultraderecha-Marcos-Reguera.htm], consultado el 3 de julio de 2021.

[98] Nagle, *Muerte a los normies,* op. cit., p. 59. Sobre la influencia de de Benoist en la Alt Right, véase también D. Steinmetz-Jenkins, «The European Intellectual Origins of the Alt-Right», *İstanbul University Journal of Sociology* 38/2 (2019), pp. 255-266.

A todo esto se debe sumar el parasitismo ideológico de la nueva ultraderecha, junto a su elemento transgresor y el papel desempeñado por las redes sociales. Como apuntó Andrea Mammone, el neofascismo reaccionó al protagonismo de las izquierdas de 1968 en los mismos meses del mayo parisino y del otoño caliente italiano[99]. El trabajo fue largo y complejo, pero hoy podemos afirmar con el sociólogo Cihan Tuğal que esa reacción, de la cual el GRECE fue posiblemente el primer ejemplo, no comportó solo que la derecha aprendiera que no podía dejar el monopolio de la educación, la ciencia y la cultura a la izquierda, sino que también podía apropiarse de otros lenguajes, tácticas y estrategias de sus opositores[100]. Ya en los setenta un grupo de trotskistas americanos capitaneados por Irving Kristol, que se pasaron al neoconservadurismo, mezclaron ideológicamente el fundamentalismo religioso con el leninismo como práctica política que, más tarde, los *neocons* integraron en su ideario[101]. Y en esos mismos años, el ya citado Marco Tarchi, hablando de la situación del MSI, escribía que «quizá hemos echado de menos precisamente un "leninismo" de derechas. Es decir, un análisis lúcido de las diferentes tareas encargadas al partido, a los órganos paralelos, a los grupos de apoyo, a la opinión pública favorable»[102]. No extraña pues que Steve Bannon afirmase que se consideraba «un leninista»: según el exdirector de *Breitbart News* y exconsejero de Trump, Lenin «quería destruir el Estado, y este es mi objetivo también. Quiero destrozarlo todo y destruir todo el *establishment* actual». Según Tuğal, la actuación del Tea Party y de la derecha alternativa norteamericana en los años anteriores a 2016 fue una especie de versión condensada y actualizada al siglo XXI del *¿Qué hacer?* de Lenin: ya que no se pudo conquistar el Partido Republicano, se le paralizó, se le sitió y se le tomó[103].

No se trata, obviamente, de que la extrema derecha se haya izquierdizado. Más bien, como apunta el periodista Simon Blin, «hoy

---

[99] A. Mammone, «The Transnational Reaction to 1968: Neo-Fascist Fronts and Political Cultures in France and Italy», *Contemporary European History,* 17/2 (2008), pp. 213-236.

[100] C. Tuğal, «The Rise of the Leninist Right», *Verso,* 20 de enero de 2018, disponible en [https://www.versobooks.com/blogs/3577-the-rise-of-the-leninist-right], consultado el 3 de julio de 2021.

[101] Veiga, González-Villa, Forti *et al., Patriotas indignados,* op. cit., pp. 262-263.

[102] Cit. por Lenci, *A destra, oltre la destra,* op. cit., p. 67.

[103] Tuğal, «The Rise of the Leninist Right», op. cit.

en día son los Zemmour, los Soral y las Le Pen los que reutilizan la tradición crítica [típica de la izquierda], desconectándola, sin embargo, de un horizonte emancipador. En todo el mundo, la derecha neoconservadora se ha adelantado al discurso crítico de la izquierda». Con las críticas a los bancos, la globalización y los medios, así como con la utilización de palabras como «pueblo» o «social», la ultraderecha ha llevado a cabo unos «secuestros semánticos» que han permitido un «bricolaje ideológico-político [...] en el cual cada uno pone lo que quiere hasta poder hacer dialogar a Rousseau con el ideólogo de extrema derecha Soral en un antiguo teatro griego»[104]. En un contexto marcado por el desmoronamiento del clivaje izquierda/derecha y la expansión de las ideas ultraconservadoras, se ha creado así lo que el politólogo Philippe Corcuff llama un «espacio ideológico confuso». La confusión sería «el desarrollo de las interferencias retóricas e ideológicas entre las posturas y temas de la extrema derecha, la derecha, la izquierda moderada y la izquierda radical»[105]. Un gran mejunje, en suma, donde todos pueden decir cualquier cosa.

El rojipardismo como síntoma

En septiembre de 2018, la revista italiana *Left* titulaba «¡Alarma, son rojipardos! Los pasdaran del Estado-nación». Un par de meses antes el diario *La Repubblica* explicaba quiénes eran los rojipardos italianos. En 2019 aparecían en el diario francés *Libération* varios artículos sobre la cuestión, mientras que *Le Monde* dedicaba una página entera a la historia del concepto. Debajo de los Pirineos, entre 2019 y 2021, se han publicado más de una docena de artículos sobre el tema en medios tan distintos y distantes como *CTXT, El Confidencial, El Salto, Infolibre, Onda Cero* y *La Sexta*. El rojipardismo, en síntesis, ha vuelto al redil del debate

---

[104] S. Blin, «Le "confusionnisme" est-il le nouveau rouge-brun?», *Libération*, edición digital, 16 de enero de 2019, disponible en [https://www.liberation.fr/debats/2019/01/16/le-confusionnisme-est-il-le-nouveau-rouge-brun_1703403/], consultado el 3 de julio de 2021.
[105] P. Corcuff, «La grande confusion ou les gauches dans le brouillard», *AOC*, 10 de marzo de 2021, disponible en [https://aoc.media/analyse/2021/03/09/la-grande-confusion-ou-les-gauches-dans-le-brouillard/], consultado el 3 de julio de 2021.

público, sobre todo en algunos países europeos. Ahora bien, ¿qué es el rojipardismo?

Supuestamente se trataría de la convergencia de sectores de extrema derecha y extrema izquierda que se unirían o, como mínimo, se aliarían en contra del globalismo neoliberal. En medios izquierdistas no faltan artículos que avisan de este peligro. «Cuidado», vienen a decir, «el fantasma rojipardo no ha desaparecido». Los liberales lo utilizan para darle otra vuelta de tuerca a la teoría de los extremos opuestos: «los extremos se tocan», es su interpretación, «fascismo y comunismo fueron las dos facetas del totalitarismo en el siglo XX y sus epígonos posmodernos siguen en las andadas». Por lo general, los interesados niegan la mayor –cuando tienen a sus espaldas una militancia de izquierdas– o juegan con esta excelente visibilidad que le brindan los medios –cuando vienen del neofascismo o la ultraderecha–, intentando enturbiar aún más si cabe unas aguas de por sí ya bastante turbias. Dicho esto, ¿de qué estamos hablando, en realidad, cuando hablamos de rojipardismo?

Nacionalbolcheviques y rojipardos en la historia

Si damos un vistazo al último siglo, encontramos diferentes experiencias de rojipardismo o, como se le llamaba al principio, nacionalbolchevismo en momentos de tensiones o rupturas geopolíticas. Las primeras muestras de nacionalbolchevismo se dieron de hecho en la primera posguerra en Alemania, el país que más sufrió, junto al Imperio austrohúngaro, las consecuencias del conflicto. En 1919 Berlín tuvo que asumir la derrota y la firma del Tratado de paz de Versalles que, además de reconocer explícitamente la responsabilidad moral y material de Alemania en el estallido de la guerra, imponía unas condiciones extremadamente duras: el pago de las indemnizaciones económicas a los países vencedores, la pérdida de las colonias y la práctica imposibilidad de reconstruir un ejército. La inestabilidad política y social fue la normalidad entre el Rin y el Óder al menos hasta mediados de la década de los veinte cuando, entre el plan Dawes y los acuerdos de Locarno, la República de Weimar pudo consolidarse, aunque solo de forma temporal. El fin del Imperio guillermino y la ola expansiva de la Revolución rusa provocaron diferentes intentonas revolucionarias, como la espartaquista de principios de

1919 o la que conllevó a la instauración de la brevísima experiencia de la República soviética de Baviera en la primavera del mismo año. Asimismo, el nacionalismo se estaba reorganizando entre la radicalización de su discurso, trufado de chovinismo, victimismo y antisemitismo, y la creación de nuevos partidos y organizaciones que bebían de la experiencia de las trincheras. El tratado de Versalles fue presentado por estos sectores como un *diktat,* una imposición de los vencedores que podían contar con el apoyo de socialistas y judíos, tachados de traidores y quintacolumnistas responsables de la caída del frente interior en otoño de 1918. De ahí vendrían los intentos de golpes nacionalistas, como el golpe de Estado de Kapp de 1920 o el de la Cervecería, liderado por Hitler, tres años más tarde.

Alemania, en suma, se había convertido en un verdadero laboratorio político, no solo por la construcción de un nuevo sistema –la República de Weimar, cuya constitución se aprobó justamente en el verano de 1919–, sino por los aparentemente extraños mejunjes ideológicos que la guerra había producido. En todo eso, pesaron notablemente los nuevos equilibrios que se habían establecido en la geopolítica mundial con la conferencia de paz de París e, indirectamente, con la conquista del poder de los bolcheviques en Rusia: el nuevo orden internacional dibujado en Versalles se proponía como el cierre de la etapa imperialista y, a fin de cuentas, del «largo» siglo XIX y el comienzo de una fase nueva donde las líneas de fracturas habrían sido, y de hecho eran, otras.

Fue precisamente en este contexto, el de la Alemania de 1919 y 1920, en el que se empezó a utilizar el término nacionalbolchevismo o bolchevismo nacional. Más en concreto, fue cuando el dirigente de la Internacional Comunista, Karl Radek, y el mismo Lenin criticaron duramente la posición expresada por dos cuadros del Partido Comunista Alemán (KPD) de Hamburgo, Heinrich Laufenberg y Friedrich Wolffheim, quienes defendían la transformación de la lucha de clases en guerra entre naciones con el objetivo de reabrir el conflicto y derrotar al capitalismo internacional, además de conquistar el poder en Berlín y ayudar a la Rusia soviética, aislada internacionalmente y acosada por los ejércitos blancos. En los años siguientes, sin embargo, el término salió de los angostos debates del mundo comunista y entró en el debate público al ser utilizado de forma distinta para definir o condenar a diferentes dirigentes y grupos políticos.

Según Erich Müller, que en 1932 dedicó un libro a este fenómeno, en los años de la República de Weimar hubo de hecho tres tipologías de nacionalbolchevismo: el táctico, representado por las corrientes rusófilas de la política prusiana y alemana; el político, encarnado por algunos grupúsculos cercanos a figuras como la de Ernst Niekisch; y uno coincidente con el filón nacional del KPD. Si excluimos a la rusofilia de sectores políticos e intelectuales germanos, por lo general conservadores y reaccionarios como Moeller van der Bruck, y a la corriente nacional del KPD, que, más allá del caso de Laufenberg y Wolffheim, volvió a tener una cierta visibilidad durante la ocupación de la Ruhr en 1923 y en el ocaso de la República de Weimar, el nacionalbolchevismo *tout court* se presentó como un magma heterogéneo de grupúsculos, siempre divididos entre ellos, que no llegaron a sumar 5.000 militantes ni en el ocaso de la República de Weimar[106].

La figura clave fue la de Ernst Niekisch que en 1926 abandonó el Partido Social Demócrata alemán (SPD) para sumarse a la aventura de una escisión de derechas de la SPD, el Alte Sozialdemokratische Partei (ASP), y fundar la revista *Wiederstand [Resistencia]* que en 1930 se transformó en partido político. En los años anteriores, Niekisch se había movido entre la SPD y su escisión de izquierdas, la USPD, y en 1919 había participado también en la revolución de los consejos en Baviera[107]. La evolución de Niekisch partía justamente del análisis geopolítico: según el político nacido en Trebnitz en 1889, el mismo año que Hitler, los trabajadores debían representar la resistencia al Tratado de Versalles y aprender de los bolcheviques, adaptando su lección a la realidad étnico-cultural del pueblo alemán cuyos enemigos eran Occidente, la Sociedad de Naciones, el parlamentarismo, el liberalismo y el capitalismo. La línea política que propuso Niekisch quería ser, al mismo tiempo, nacional y revolucionaria: un «nacionalismo proletario» en que se encontrarían nacionalismo y socialismo, este último concebido de forma antimaterialista y antiinternacionalista. Como apunta David Bernardini, la nación es interpretada como «un principio positivo y constructor, la clase

---

[106] D. Bernardini, *Nazionalbolcevismo. Piccola storia del rossobrunismo in Europa*, Milán, Shake, 2020, pp. 23, 98-103, 154-155.
[107] Sobre Niekisch, véase F. Milanesi, *Ribelli e borghesi. Nazionalbolscevismo e rivoluzione conservatrice, 1914-1933*, Roma, Aracne, 2011, pp. 169-248.

un principio negativo y destructor»: según Niekisch y todos los nacionalbolcheviques, de hecho, «el elemento *völkisch* es siempre superior al efímero principio marxista de la lucha de clases»[108]. Rusia, así, vendría a ser el aliado natural de Alemania –Niekisch hablaba del eje Moscú-Potsdam que se contraponía al eje Roma-Washington– para romper el nuevo orden internacional, pero sin importar, obviamente, el marxismo: el fundador y líder de Wiederstand planteó incluso la fundación de un Reich mundial germano-eslavo que iba de Vladivostock, en Rusia, a Vissingen, en Bélgica. Una idea, por cierto, que, bajo el concepto de eurasianismo, encontraremos también más adelante en las versiones que del nacionalismo revolucionario se dieron en la segunda mitad del siglo XX, tanto en Thiriart como en Duguin.

No es casualidad que sea a partir, sobre todo, de 1929 que iniciativas como la de Niekisch tomen cuerpo e intenten afianzarse: el crac de la bolsa de Wall Street a finales de octubre comportó el inicio de la mayor crisis vivida por el capitalismo hasta entonces, que se prolongará durante toda la década de los treinta. Las consecuencias sobre el nuevo orden internacional dibujado en Versalles fueron evidentes, así como las que se dieron en diferentes contextos nacionales, donde la inestabilidad política se convirtió en una realidad, empezando por la Alemania de Weimar. En esos mismos años, efectivamente, se fundaron otras revistas y grupos políticos, por lo general animados por jóvenes, que se reivindicaban como nacionalbolcheviques. En 1930, por ejemplo, Karl Otto Paetel, proveniente del movimiento juvenil burgués, creó el Grupo de los Nacionalistas Socialrevolucionarios (GSRN) que intentó, al mismo tiempo, captar adeptos en el partido nazi –buscando un diálogo con el sector obrerista liderado por Otto Strasser– y en la KPD que querían «nacionalizar»: Paetel llegó a proponer una lucha común a los comunistas germanos con el objetivo de realizar una revolución alemana para reconquistar la soberanía del país y luchar contra Occidente a través de una alianza con la Rusia bolchevique. Unas ideas expuestas en el *Manifiesto nacionalbolchevique* publicado a finales de enero de 1933, los mismos días en que Hitler era nombrado canciller. En *Sozialistische Nation [Nación socialista],* la revista mensual del GSRN que no superó nunca el centenar de militantes, se explicaba que el

---

[108] Bernardini, *Nazionalbolscevismo,* op. cit., pp. 126, 125.

nacionalbolchevismo era la «síntesis entre lucha de clase y nación, para un nuevo frente entre los oprimidos, en medio a los frentes socialistas de ayer, hacia el gran frente de la liberación nacional y social de mañana»[109]. Así, en esos mismos años, dos jóvenes dirigentes de la juventud *bündisch,* Werner Lass y Hans Ebeling, fundaron diferentes revistas, en las cuales participaron Niekisch, Strasser, Ernst Jünger y otras figuras provenientes de los *Freikorps,* que se movían en coordenadas similares: el objetivo de proyectos como *Der Vorkämpfer* o *Umsturz* era, a fin de cuentas, el de constituir una plataforma para permitir un encuentro entre los revolucionarios de todos los frentes. En mayo de 1932, Ebeling publicó un texto titulado *Reivindicaciones nacionalrevolucionarias* en que exponía un programa que tenía como puntos principales la economía estatal planificada, el socialismo de Estado, la separación entre Iglesia y Estado y la reorientación hacia el este –es decir, hacia la Unión Soviética– de la política exterior alemana. Según Ebeling, la cuestión no era la de desviar el proletariado de la lucha de clases, sino de dirigirlo hacia la nación[110].

La propuesta nacionalbolchevique en la República de Weimar tenía una fragilidad de fondo que encontraremos también en los experimentos posteriores a la Segunda Guerra Mundial: su objetivo «no era tanto delinear una especie de síntesis (de todas formas, de muy difícil o, directamente, imposible realización) entre clase y nación», como explica Bernardini, «sino, más bien, poner al servicio de la nación (alemana) la clase (obrera), convirtiéndola en una palanca para reventar todo lo que caracterizaba el "bloque enemigo", es decir, Europa, capitalismo, individualismo, parlamentarismo y democracia»[111]. El nacionalbolchevismo, además, delineó una sociedad autoritaria y racista en la que los individuos eran reducidos a piezas de una nación militarizada. No es de extrañar que, más allá de sus diferencias con el nacionalsocialismo, no consiguiese ir más allá de una organización grupuscular minoritaria o insignificante en el ocaso de la República de Weimar y, tras la llegada al poder de Hitler, no encontrase un espacio político. De hecho, a partir de la

---

[109] Cit. por *ibid.,* p. 135.
[110] Sobre todo esto, véase D. Bernardini, «*Pugni proletari e baionette prussiane*». *Il nazionalbolscevismo nella Repubblica di Weimar,* Milán, Biblion, 2017, pp. 111-152.
[111] *Ibid.,* p. 212.

primavera de 1933 las organizaciones nacionalbolcheviques fueron ilegalizadas: Niekisch acabó en la cárcel, mientras que Paetel y Ebeling se exiliaron, y Lass hizo carrera en el régimen. La trayectoria de Niekisch y la figura de Otto Strasser nos ponen ante una doble cuestión que se entremezcla a la del nacionalbolchevismo. Por un lado, los sectores fascistas considerados de «izquierdas»; por el otro, los tránsfugas de la izquierda al fascismo. Tras haber defendido una supuesta izquierdización del nacionalsocialismo, Strasser, de hecho, rompió con Hitler en julio de 1930 y fundó una nueva organización, la Comunidad de Lucha de los Nacionalsocialistas Revolucionarios, más conocida como Schwarze Front [Frente Negro], que fue ilegalizada tras 1933. Niekisch, en cambio, como se ha comentado, provenía de la socialdemocracia y había participado en la Revolución bávara de 1919. En el caso italiano se ha estudiado bastante en profundidad la que Giuseppe Parlato ha definido como izquierda fascista, un magma heterogéneo formado por políticos, sindicalistas e intelectuales que defendía una serie de ideas comunes, como el antiburguesismo, el anticapitalismo, el espíritu de socialización, la concepción de la política como revolución y el rechazo a la democracia liberal[112]. Se trató de sectores que no consiguieron nunca costituir una verdadera corriente en el seno del Partido Nacional Fascista, pero, eso sí, crearon lo que podríamos llamar un clima de opinión, influyendo, al menos hasta un cierto punto, en los debates políticos que se estaban dando dentro del régimen. Se involucraron sobre todo en el proyecto corporativista del fascismo italiano y llegaron a plantear, en algunos casos, una posible alianza entre Roma y Moscú en función anticapitalista. En 1932, Ugo Spirito, por ejemplo, planteó la idea de que la Unión Soviética había realizado la identidad entre individuo y Estado, y que el fascismo era una superación del comunismo. O, ya en 1927, un joven Berto Ricci escribió que Rusia «con la revolución de los comunistas hizo el bien para sí misma [...]. Los italianos, que hemos hecho una revolución –y la más grande–, no podemos sentirnos más cercanos a la Londres parlamentaria y conservadora, a la París democrática y conservadora que a la Moscú comunista». Y concluía que «la anti-Roma existe, pero no es Moscú. Contra Roma, ciudad del alma, está

---

[112] G. Parlato, *La sinistra fascista. Storia di un progetto mancato,* Bolonia, Il Mulino, 2000.

Chicago, capital del cerdo»[113]. Según Renzo De Felice, en la segunda mitad de la década de los treinta esta amalgama que representaba una especie de fascismo social se planteaba revitalizar un régimen que consideraban aburguesado y bloqueado en su potencial fuerza revolucionaria por la monarquía y las elites conservadoras: querían, en suma, crear un «nuevo fascismo» cuyas características habrían debido ser la carga revolucionaria, la radical superación y el rechazo de la realidad prefascista, el sentido de la comunidad como misión, un fuerte populismo, un intransigente espiritualismo y una concepción de la revolución como radical transformación de la civilización[114]. Más que de nacionalbolcheviques o de rojipardos, para estas figuras se debería hablar quizá de fascistas heterodoxos[115].

Un número no desdeñable de estos sectores habían tenido, además, un pasado en las izquierdas. Piénsese en Edmondo Rossoni, sindicalista revolucionario antes de la Gran Guerra que fue el responsable de los sindicatos fascistas durante todo el *ventennio* mussoliniano. Pero estas dinámicas no se dieron solo en el país transalpino. De hecho, en el periodo comprendido entre la Primera y la Segunda Guerra Mundial en Italia, Francia y España más de unos cincuenta dirigentes políticos de primera y segunda fila abandonaron la izquierda para abrazar el fascismo. Y si a estos tres países de la Europa mediterránea añadimos otros contextos nacionales, como los de Portugal, Bélgica, Alemania e Inglaterra, nos encontramos con más de un centenar de casos. Los orígenes fueron distintos –hubo comunistas, socialistas, sindicalistas revolucionarios e incluso algún anarcosindicalista–, los momentos en que se dieron los tránsitos también así como las motivaciones que estos dirigentes alegaron para justificar el que se tachaba de oportunismo y chaqueterismo. Los casos más destacables son, por ejemplo, los de Nicola Bombacci –fundador del Partido Comunista de Italia en 1921, que morirá fusilado junto a Mussolini en abril de 1945–, de Jacques Doriot –*enfant prodige* del comunismo galo que acabó alistándose con las SS en la campaña de Rusia–, Marcel Déat –socialista francés

---

[113] Véase G. Santomassimo, *La terza via fascista. Il mito del corporativismo*, Roma, Carocci, 2006, pp. 141-203. La cita de Ricci en la p. 199.

[114] R. De Felice, *Mussolini il duce. Lo Stato totalitario, 1936-1940*, Turín, Einaudi, 1981, pp. 242-243.

[115] Véase P. Buchignani, *Un fascismo impossibile. Berto Ricci nella cultura del ventennio*, Bolonia, Il Mulino, 1994.

que fue uno de los más fervientes colaboracionistas en la *ville lumière* gobernada por los nazis– y Óscar Pérez Solís –socialista, después comunista y finalmente falangista, tras la conversión al catolicismo en 1928 en la cárcel de Montjuic. Pero también encontramos al comunista portugués José Carlos Rates que se incorporó al salazarismo después de 1926, el del laborista británico Oswald Mosley que fundó en 1932 la British Union of Fascist o el del socialista belga Henri de Man, uno de los teóricos del planismo que apoyó en un primer momento a la ocupación alemana de Bélgica[116]. Todos ellos, a grandes rasgos, compartían la idea de la necesidad de unificar la clase con la nación y que el fascismo era una especie de verdadera realización de los ideales del socialismo. Salvando todas las distancias, la similitud con el discurso del rojipardismo es, como se ve, notable, aunque las trayectorias políticas sean distintas.

Un segundo momento en que el nacionalbolchevismo reaparece es el del largo 1968 cuando sectores neofascistas intentaron adaptarse a los nuevos tiempos en sintonía, en buena medida, con las reflexiones hechas por Thiriart y de Benoist. El mundo había cambiado radicalmente tras las Segunda Guerra Mundial: el inicio de la Guerra Fría, la partición del globo entre Estados Unidos y la Unión Soviética, los procesos de descolonización en África y Asia, el declive de las viejas potencias europeas y el nacimiento de la Comunidad Económica Europea habían abierto una nueva etapa. Es cierto que, comparado con la primera mitad de la centuria, los sesenta y los setenta pueden considerarse una época de gran estabilidad a nivel internacional –los conflictos bélicos, como el de Vietnam, entraban en una lógica de choques «periféricos» en un mundo bipolar donde cada superpotencia tenía sus zonas de influencia–, pero

---

[116] Al respecto, véase S. Forti, *El peso de la nación. Nicola Bombacci, Paul Marion y Óscar Pérez Solís en la Europa de entreguerras*, Santiago de Compostela, Universidade de Santiago de Compostela, 2014. Sobre el caso francés, véase también P. Burrin, *La dérive fasciste. Doriot, Déat, Bergery 1933-1945*, París, Seuil, 1986. El planismo es una teoría económica, desarrollada principalmente por el belga de Man en los años treinta, que plantea que una planificación económica, aunque distinta de la soviética, puede ser la salida más adecuada a la crisis capitalista de 1929. Su teoría influenció distintos sectores del socialismo y del sindicalismo europeo –*in primis* en Francia, a partir del caso de Marcel Déat– y cautivó el interés de ambientes filofascistas, interesados en la experiencia corporativista del régimen de Mussolini. A este respecto, véase T. Milani, *Hendrik de Man and Social Democracy. The Idea of Planning in Western Europe, 1914-1940*, Londres, Palgrave Macmillan, 2020.

es indudable también que se estaban percibiendo las primeras señales de que los tiempos estaban cambiando. Y no tanto, al menos en lo que nos interesa en estas páginas, de la manera en que lo cantaba Bob Dylan en los locales del Greenwhich Village de Nueva York. Como apuntó el historiador británico Eric J. Hobsbawm, los sesenta fueron una señal del hecho de que el consenso social creado tras 1945 se estaba deteriorando: fueron, en síntesis, el ápice de la que denominó acertadamente Edad del Oro. Se abrieron grietas que empeorarían sobre todo en los ochenta. Por un lado, se produjeron los profundos cambios sociales que estuvieron en la base de 1968 y que este produjo. Por el otro, empezó a plantearse un proceso de reestructuración global del ciclo productivo, del poder político y del poder económico. Por último, la geopolítica tuvo su reflejo también en la política interior: piénsese, por ejemplo, en el impacto de la ruptura entre Moscú y Pekín, que comportó el nacimiento de los partidos maoístas en todo el mundo, o en la invasión soviética de Praga, que llevó a la desconexión gradual de los partidos comunistas occidentales de la Unión Soviética. En este contexto, a la vivacidad y la reformulación de las izquierdas debe sumarse el intento de *aggiornamento* del neofascismo.

Ahí encontramos al grupo de Lotta di Popolo en Italia –que sumó algunos centenares de militantes entre 1969 y 1973– que se presentó como la continuación de la experiencia de Jeune Europe, el movimiento creado –como ya hemos señalado– por Thiriart. Los que se definieron como nazi-maoístas clamaban por la unidad del pueblo y una Europa unida, defendían las luchas de liberación nacional en África y Asia, y se definían como una organización revolucionaria antisistema que no era ni de derechas ni de izquierdas. En realidad, como apunta Nicolas Lebourg, más que nazi-maoístas eran un movimiento tradicionalista revolucionario que recuperaba la idea de socialismo «europeo» y «viril» de los colaboracionistas franceses Marcel Déat y Pierre Drieu La Rochelle[117]. Según Alfredo Villano, Lotta di Popolo tenía los rasgos antiburgueses y antica-

---

[117] N. Lebourg, «Nazi-maoïsme? Gauchistes d'extrême droite? Mythe et réalités de l'oscillation idéologique après Mai 68», *Fragments sur les temps présents,* 18 de septiembre de 2009, disponible en [https://tempspresents.com/2009/09/18/nicolas-lebourg-nazi-maoisme-gauchistes-d%E2%80%99extreme-droite-mythe-et-realites-de-l%E2%80%99oscillation-ideologique-apres-mai-68/], consultado el 3 de julio de 2021.

pitalistas del fascismo de izquierda injertados en las ideas de Thiriart y las experiencias de autogestión del movimiento estudiantil[118]. Experimentos similares se dieron también en Francia y Alemania occidental. La Organización Revolucionaria Nacional-Causa del Pueblo (NRAO-SDV, en su sigla en alemán) –unos 400 militantes a mediados de los setenta– defendía una revolución nacional, ecológica y socialista e intentó –sin conseguirlo– entrar en los Verdes, cuando el partido ecologista estaba dando sus primeros pasos. En los años posteriores se dieron otros casos que siguieron el mismo patrón, como el grupo de Tercera Posición en Italia –cuyo eslogan era «Né fronte rosso né reazione» («Ni Fronte Rojo ni reacción!») fundado en 1978 por Roberto Fiore y Gabriele Adinolfi quienes, unas décadas más tarde, se convertirán en los líderes de las dos principales organizaciones del neofascismo transalpino, Forza Nuova y CasaPound Italia. Críticos con el conservadurismo y la línea atlantista del MSI liderado por Giorgio Almirante –exdirigente de la República Social Italiana–, estos sectores se consideraban equidistantes respecto a los bloques imperialistas estadounidense y soviético: miraban con interés a la Argentina de Perón o a la Libia de Gaddafi, se solidarizaban con la lucha palestina y mitificaban el fascismo revolucionario, recuperando el pensamiento de Julius Evola, del rumano Corneliu Zelea Codreanu o del ya citado Drieu La Rochelle. Se movían, políticamente hablando, entre el MSI –una parte de cuyas juventudes en esos mismos años estaban fascinadas por las propuestas de la Nueva Derecha francesa– y el espontaneísmo terrorista de marca neofascista de los Núcleos Armados Revolucionarios (NAR) que fueron responsables de más de una treintena de asesinatos en la época final de los llamados años de plomo.

Finalmente, el tercer momento de reaparición del nacionalbolchevismo es el del final de la Guerra Fría. Fue en ese contexto donde se juntaron las nuevas formulaciones hijas de los años setenta –el grupo de la revista *Orion* de Claudio Mutti y Maurizio Murelli, Nouvelle Résistance de Christian Bouchet, el Movimiento Social Républicano de Juan Antonio Llopart, etc.– con el euriasianismo de Duguin. El mundo postsoviético se convirtió en el verdadero laboratorio al cual los nacionalistas revolucionarios occidentales mira-

---

[118] A. Villano, *Da Evola a Mao. La destra radicale dal neofascismo ai «nazimaoisti»*, Milán, Luni Editrice, 2017, pp. 331-332.

ban con interés. En 1993 se fundó en Rusia el Partido Nacional Bolchevique (PNB) liderado por el escritor Eduard Limónov, personaje absolutamente *sui generis* convertido más tarde en una especie de poeta maldito y estrella internacional gracias a la novela biográfica de Emmanuel Carrère[119]. Hasta 1998 también Duguin se sumó al experimento. El PNB adobaba de fraseología aparentemente marxista-leninista su propuesta que se fundaba en tres ideas: un Estado fuerte y militar, la mitificación del pueblo ruso y el resentimiento contra Occidente y los judíos. Todo bajo la interpretación geopolítica e histórica del eurasianismo que, más que una tercera vía entre capitalismo y comunismo, es, en la acertada definición de Marlène Laurelle, la versión rusa de la extrema derecha europea[120]. El manifiesto del partido de Limónov explicaba que el nacionalbolchevismo se encuentra «en la confluencia de las formas más radicales de la lucha social y de las formas más radicales de la lucha nacional [...]. Hasta ahora, las dos ideologías nacional y social han podido entenderse mediante compromisos y uniones temporales pragmáticas; en el nacionalbolchevismo se unirán en un ser inseparable». Tras haber nombrado justamente Niekisch y Thiriart, el manifiesto continuaba afirmando que «la revolución social es sinónimo de revolución nacional y la revolución nacional de revolución social. Nuestros objetivos y nuestras misiones son: quitar el poder a la pandilla antinacional, la de la dictadura de la minoría de Yeltsin. La instauración de un nuevo orden fundado en las tradiciones nacionales y sociales del pueblo ruso»[121].

Y es justamente en esta coyuntura cuando se acuña el concepto de rojipardismo: por un lado, en 1992, en plena fase de reconversión ultraliberal de Rusia, el presidente Boris Yeltsin tacha de rojipardo al Frente de Salvación Nacional de Ziugánov al cual se sumó también el PNB de Limónov[122]. Por el otro, en julio de 1993 en Francia se publica un llamamiento de diferentes intelectuales de izquierdas en contra de la tentación nacional-comunista y el peligro de una deriva rojiparda. En el artículo, publicado en el periódico *Le Monde,* se hacía referencia especialmente al escándalo que se montó por la

---

[119] E. Carrère, *Limónov,* Barcelona, Anagrama, 2012.
[120] Véase M. Laurelle, *Russian Eurasianism: An Ideology of Empire,* Washington, Woodrow Wilson Press/The John Hopkins University Press, 2008.
[121] Cit. por M. L. Andriola, *La Nuova Destra in Europa,* p. 109
[122] Veiga, González-Villa, Forti et al., *Patriotas indignados,* op. cit., pp. 81-106.

invitación que el Instituto de Estudios Marxistas, vinculado al PCF, había hecho a de Benoist para participar en un debate en mayo del año anterior y la invitación que el fundador de la Nueva Derecha hizo pocos días después a Marc Cohen, militante comunista y redactor de la revista *L'Idiot International,* para participar en el encuentro «La recomposición del paisaje intelectual francés», organizado por el GRECE[123].

La galaxia rojiparda en la actualidad

Como se puede ver, el rojipardismo reaparece de vez en cuando como un río kárstico, sobre todo en momentos de tensiones geopolíticas y «confusión» ideológica. No es casualidad, pues, que en los últimos años hayamos tenido nuevas muestras de ello. Al fracaso del proyecto de Nuevo Orden Mundial estadounidense, el creciente protagonismo de China, las tensiones en la Unión Europea con la salida de Reino Unido, la ola autoritaria global y, por último, la crisis del coronavirus se suman además los cambios en el mundo del trabajo por la cuarta revolución industrial y una profunda crisis cultural en Occidente, como se ha comentado en el primer capítulo del volumen.

En buena medida, y sin entrar demasiado en detalle en un mapeo de todas las experiencias que podríamos etiquetar de rojipardas, se trata de grupúsculos de extrema derecha o claramente neofascistas que asumen un discurso, una retórica y unos lemas de izquierdas. En la estela de lo planteado por Alain de Benoist, consideran la derecha y la izquierda como dos ideologías superadas: ahora el enemigo es el mundialismo representado por figuras como Georges Soros y Bill Gates. Dicen defender la soberanía nacional y el pueblo, proponen políticas proteccionistas y de gasto social en el ámbito económico, son profundamente antiestadounidenses y antiimperialistas, consideran la Unión Europea y el euro como unas jaulas y reivindican figuras heterodoxas que no encajan en el clásico panteón neofascista, como Ernesto Che Guevara, Fidel Castro, Hugo Chávez, Evo Morales o Thomas Sankara. Suelen ser muy conservadores en

---

[123] N. Lebourg, *Le monde vu de la plus extrême droite. Du fascisme au nationalisme-révolutionnaire,* Perpignan, Presse Universitaire de Perpignan, 2012, pos. 1551-1624.

temas de derechos civiles: defienden la familia tradicional, un tema que se conecta directamente con el comunitarismo de Thiriart, y se oponen a la inmigración declinando «marxísticamente» la teoría de el gran reemplazo de Renaud Camus al definir los migrantes como un «ejército industrial de reserva». Así critican duramente la izquierda que definen como posmoderna, globalista y «fucsia». Son muy provocadores y claman contra la dictadura de lo políticamente correcto que impediría, según ellos, la libertad de expresión. Podríamos decir, pues, que el rojipardismo de estos años diez y veinte del tercer milenio es en buena medida la versión 3.0 del que se había dado en los anteriores oleadas, entre los años setenta y noventa del siglo pasado. No es casualidad, además, que en un número no desdeñable de casos estén las mismas personas provenientes de círculos neofascistas de aquellas décadas como Llopart en España o Mutti en Italia.

Ahora bien, si no cabe duda de que los rojipardos siguen siendo ultraminoritarios como en las décadas pasadas, también es cierto que directa o indirectamente sus ideas tienen una difusión nada desdeñable en medios y redes. Además, parte de la extrema derecha 2.0 –que se ha convertido en hegemónica en distintos países– compra su discurso y algún que otro dirigente de izquierda muestra interés por su propuesta o, al menos, parte de ella. La imagen posiblemente más correcta para entender el rojipardismo en la actualidad es la de una galaxia: en torno a un sol extremadamente pequeño formado por los grupúsculos, periódicos, editoriales y páginas web rojipardas tenemos una serie de planetas orbitando y satélites que rodean esos planetas, más allá de alguna estrella fugaz. Pero sobre todo vemos las irradiaciones de ese pequeño sol en lugares más o menos lejanos. Como advertía la web antifascista *Militant*, «desaparecido el problema político del socialismo» los rojipardos «se han confundido con la retórica antiglobalización». Aunque siguen siendo pocos, «han empezado a utilizar lenguajes similares a los nuestros y a dotarse de una simbología parasocialista que facilitan las malinterpretaciones»[124].

Así, como astros principales de esta galaxia en España, encontramos la revista *La Emboscadura,* o el digital *ElManifiesto.com*. Última

---

[124] «L'estate del rossobruno», *Militant,* 12 de septiembre de 2012, disponible en [http://www.militant-blog.org/?p=7617], consultado el 3 de julio de 2021.

creación de Llopart, *La Emboscadura,* fundada en 2019, está dirigida por José Alsina, exmilitante de Fuerza Nueva y el Movimiento Social Republicano (MSR), y fundador de la asociación Somatemps. Además de nombres históricamente vinculados al MSR, como Jordi Garriga, este trimestral, cuyo nombre hace referencia a Ernst Jünger, cuenta con colaboraciones internacionales, sobre todo en Francia e Italia. El filósofo rojipardo Diego Fusaro se ha convertido en una firma habitual y han aparecido artículos también de Adriano Scianca –director de *Il Primato Nazionale,* periódico de CasaPound Italia–, Alain Soral o Dominique Venner, vinculados a la Nueva Derecha gala. Soral es una figura especialmente interesante: militante del PCF en los noventa, pasó al Frente Nacional de Le Pen que abandonó en 2009 cuando se sumó a la Liga Antisionista y fundó la organización de extrema derecha Egalité et Réconciliation. En aquellos años entabló también amistad con el cómico antisemita y negacionista Dieudonné y en 2019 fue condenado a dos años de cárcel por antisemitismo. No faltan entrevistas a figuras como Steve Bannon o Aleksandr Duguin, además de a «heterodoxos» de la izquierda española como Jorge Verstrynge y Manolo Monereo. Los títulos de los dosieres no dejan lugar a dudas: «Liberalismo, el enemigo principal», «El globalismo contra las patrias», «Ideología de género, instrumento del globalismo» o «La nueva inquisición: la censura en las redes sociales»[125]. La metapolítica elaborada por de Benoist es el fundamento de su pensamiento y acción. Como explicó el mismo Alsina,

> nuestro campo de acción es la batalla de las ideas. Hoy vivimos bajo la hegemonía del pensamiento progre-neoliberal (que algunos equivocadamente llaman marxismo cultural). Su característica principal es tener al individuo (o mejor, al postindividuo) como sujeto de la vida política y social. El postindividuo se caracteriza por ser un sujeto desarraigado, sin ningún tipo de referencia histórico-cultural, que vive cualquier seña de identidad (incluso la identidad sexual) como una opresión. Manifestaciones de este pensamiento son el mundialismo, la defensa de la globalización, la concepción lineal y progresista del tiempo y la ideología de género. Esta ideología es el resultado de la simbiosis entre el neoliberalismo social más agresivo y la

---

[125] Véase [https://laemboscadurarevistas.com/], consultado el 3 de julio de 2021.

degeneración de la izquierda producida por la ideología del mayo del 68, que ha renegado de la clase obrera como sujeto revolucionario y está obsesionada por las minorías «oprimidas»: inmigrantes, mujeres, homosexuales, transexuales, etcétera[126].

También *ElManifiesto.com,* fundado por Javier Portella, está estrechamente vinculado a la Nueva Derecha de cuyos referentes, como de Benoist o François Bousquet, publican a menudo artículos, además de alabar a figuras como al escritor Jean Raspail o el ensayista de ultraderecha Éric Zemmour. Los temas son, a grandes rasgos, los mismos que trata la nueva ultraderecha gala: identitarismo, defensa de los valores tradicionales, etnodiferencialismo, *cancel culture,* libertad de expresión, teoría del gran reemplazo, antifeminismo. Basta con dar un vistazo a los títulos de algunos artículos publicados por *ElManifiesto.com:* «La Gran Sustitución en cifras: ¿crónica de una muerte anunciada?», por François Bousquet; «Con los bolsillos llenos de dinero y con móviles de guerra: ¿Quiénes son los inmigrantes que llegan a Canarias?», por Sandra León; «El mensaje inmigratorio y ultraizquierdista de "Francisco Soros", Supremo Pontífice de la Iglesia Católica», por André Posokhow; «Etnomasoquismo escandinavo», por Cosme de las Heras; o el editorial «La mayoría de agresiones sexuales no son obra de españoles». Las diferencias con el discurso de Vox son prácticamente inexistentes.

En Italia, que es sin duda alguna un verdadero laboratorio político en este sentido, tenemos pequeños periódicos *online* como *L'Intellettuale Dissidente, L'Antidiplomatico* y *La Via Culturale* o movimientos como *Vox Italia* fundado por el ya citado Fusaro, del cual hablaremos más detenidamente en las páginas siguientes. Las conexiones con el rojipardismo del pasado y las influencias de aquellas experiencias pueden ser implícitas, pero también explícitas. *L'Intellettuale Dissidente,* por ejemplo, dedicó dos artículos a la figura de Nicola Bombacci –presentado como «el hombre de la tercera vía»–, uno a Ernst Niekisch y otro a Berto Ricci. Se mostraba el pen-

---

[126] J. Navascués, «José Alsina Calvés nos habla de La Emboscadura, revista de divulgación de temas políticos y metapolíticos», *El Correo de España,* 27 de abril de 2017, disponible en [https://elcorreodeespana.com/libros/584519120/JosA-Alsina-CalvAs-nos-habla-de-La-Emboscadura-revista-de-divulgaciAn-de-temas-polAticos-y-metapolAticos.html], consultado el 3 de julio de 2021.

samiento de este fascista heterodoxo como «uno de los aspectos más nuevos y originales de la cultura fascista» ya que su «ideología social» se basaba en los pilares del «anticapitalismo y la lucha contra la burguesía»[127]. Mientras que *L'Antidiplomatico,* una revista digital centrada en política internacional, se presenta a sus lectores como una alternativa al *mainstream* de la información en Italia, un «modelo que crea desinformación, tergiversa la realidad, levantando cortinas de humo que no permiten a los ciudadanos ver con claridad la realidad de los hechos, reduciendo la información a escuálida propaganda. Un instrumento de lucha en manos de los poderosos del mundo que así pueden continuar actuando sin problema»[128]. En sus artículos se mezcla el antiamericanismo, el antisionismo y la defensa de la salida de la Unión Europea y el euro con loas a Venezuela, Cuba y a la Bielorrusia de Lukashenko, admiración por Rusia y China, además de posiciones antivacunas y en contra de la acogida de migrantes, con veladas referencias a la teoría del gran reemplazo.

Si estos son el sol de esta galaxia rojiparda, al menos para los casos de España e Italia, entre los planetas más o menos lejanos, encontramos a sectores de izquierdas que abogan, por tacticismo o convicción, por una posición más rígida en el tema de la inmigración, valores más conservadores y la defensa de la soberanía nacional. Temas en los cuales pueden tener puntos de contacto con la nueva ultraderecha. No es de extrañar, pues, que hacia 2017 se hablara de un posible eje entre Le Pen y Mélenchon contra el liberal Macron o que en el país galo se hayan lanzado proyectos como *Front Populaire [Frente Popular],* la revista del filósofo izquierdista Michel Onfray que se propone unir a los soberanistas de ambas orillas[129]. La

---

[127] Véanse, A. Scaraglino, «Nicola Bombacci. L'uomo della terza via», *L'Intellettuale Dissidente,* 1 de enero de 2018, disponible en [https://www.lintellettualedissidente.it/copertine/nicola-bombacci/] y A. Martino, «Il fascismo impossibile di Berto Ricci», *L'Intellettuale Dissidente,* 27 de noviembre de 2014, disponible en [https://www.lintellettualedissidente.it/controcultura/storia/il-fascismo-impossibile-di-berto-ricci/], consultados el 3 de julio de 2021.

[128] Véase [https://www.lantidiplomatico.it/pagine-chi_siamo/23188/], consultado el 3 de julio de 2021.

[129] M. Bassets, «La nueva revista de la discordia que acerca a los extremos de izquierda y derecha en Francia», *El País,* edición digital, 23 de junio de 2020, disponible en [https://elpais.com/cultura/2020-06-22/la-nueva-revista-de-la-discordia-que-acerca-a-los-extremos-de-izquierda-y-derecha-en-francia.html], consultado el 3 de julio de 2021.

propuesta parece recoger el llamamiento lanzado por el economista heterodoxo Jacques Sapir en 2015 para la creación de un frente antieuro que incluyese incluso al Frente Nacional. En la revista de Onfray, en la cual colaboran políticos como Dominique Jamet –exvicepresidente del partido soberanista de derecha Debout la France– y Georges Kuzmanovic –exconsejero de Jean-Luc Mélenchon en La Francia Insumisa y fundador en 2018 del movimiento República Soberana– o periodistas como Guillaume Bigot –miembro del colectivo soberanista Les Orwelliens y crítico acérrimo del movimiento Black Lives Matter–, aparecen, eso sí con mayor *finezza*, los mismos planteamientos de los rojipardos sobre cuestiones como la patria y la inmigración, además de una constante crítica a una izquierda, tachada de posmoderna y alejada de las clases trabajadoras, que, en palabras del mismo Onfray, «cree que es progresista vender niños o alquilar úteros de mujeres»[130].

Ahora bien, en Francia la figura de Onfray, que algunos vendieron en la década pasada como una especie de nuevo Derrida, es criticada desde hace tiempo: los historiadores Elisabeth Roudinesco y Guilleaume Mazeau, por ejemplo, mostraron las falsificaciones y manipulaciones históricas difundidas por Onfray en sus obras sobre Freud o la Revolución francesa, poniendo de relieve cómo el filósofo galo retoma tópicos, bulos y discursos defendidos por la extrema derecha, y especialmente la Nueva Derecha, incluso algún guiño antisemita. Como explicaba Roudinesco, Onfray

> rechaza la lucha de clases a favor de la lucha de los orígenes: la tierra contra la ciudad, la bondad del pueblo contra la burguesía, los hijos de las amas de casa […] contra los hijos de la alta sociedad, la de los banqueros, la de las finanzas, asignados a una identidad de explotador de los pobres, etc. Es una forma de reivindicar la lucha de razas, etnias, con una esencialización de los orígenes que procede de un razonamiento binario y cadenas de silogismos pervertidos[131].

---

[130] G. Suárez, «Michel Onfray: "La izquierda de hoy cree que es progresista vender niños o alquilar úteros de mujeres"», *El Mundo,* edición digital, 25 de febrero de 2021, disponible en [https://www.elmundo.es/papel/el-mundo-que-viene/2021/02/25/602fb19721efa07a698b4587.html], consultado el 3 de julio de 2021.

[131] G. Gressani, «Onfray: final de partida», *Le Grand Continent,* 12 de marzo de 2021, disponible en [https://legrandcontinent.eu/es/2021/03/12/onfray-final-de-partida/], consultado el 3 de julio de 2021.

Encontramos también los nuevos tránsfugas del siglo XXI. Como Doriot o Marion en los años de entreguerras, en la actualidad algún exdirigente o exmilitante de partidos y sindicatos de izquierda se ha pasado al lepenismo, presentando el Frente Nacional como la verdadera izquierda que suple a la supuesta traición de la izquierda que se habría vendido al globalismo capitalista. Más allá de Alain Soral, el caso más emblemático es quizá el de Fabien Engelmann que tras una década entre los trotskistas de Lucha Obrera, el Nuevo Partido Anticapitalista y la Confederación General del Trabajo, en 2011 concurrió a las elecciones cantonales en las listas del FN convirtiéndose tres años más tarde en alcalde de Hayange, en la Lorena, cargo que revalidó en 2020. Con perfiles como Engelmann, el partido de Le Pen podía seguir en su proyecto de lavado de imagen y «desdemonización», haciéndose además con la alcaldía de un pequeño Ayuntamiento de tradición comunista y socialista vinculado a la industria siderúrgica. Engelmann, quien escribió su autobiografía, *Del izquierdismo al patriotismo. Itinerario de un obrero elegido alcalde de Hayange*[132], explicaba su trayectoria con estas palabras «¿Qué quiere decir ser de izquierda hoy, desde que la izquierda practica casi la misma política que la derecha? Me considero un ciudadano republicano y laico, al servicio del pueblo y de los franceses»[133].

El patriotismo y el soberanismo se convierten, en suma, en pasarelas que permiten y justifican el tránsito de la izquierda a la extrema derecha 2.0. El «peso de la nación», una vez más, borra no solo el internacionalismo –uno de los pilares del pensamiento de izquierdas–, sino que aplasta las diferencias de clases[134]. No obstante el contexto histórico sea otro, la similitud con lo que pasó en el periodo de entreguerras es evidente: Engelmann podría suscribir la carta que el excomunista Nicola Bombacci envió al jerarca fascista Costanzo Ciano en 1935 para explicar su conversión al régimen de Mussolini. Bombacci escribía de hecho que «ayer en el amor por la humanidad que sufre había fundido [el amor] por mi País, seguro de llegar más rápidamente a las conquistas necesarias para

---

[132] Véase F. Engelmann, *Du gauchisme au patriotisme. Itinéraire d'un ouvrier élu maire de Hayange*, París, Riposte laïque, 2014.

[133] Cit. por X. Casals, «¿Por qué los obreros apoyan a la ultraderecha? Diez reflexiones para elaborar una respuesta», *ICPS*, Working Paper 341, 2015, p. 8.

[134] Véase Forti, *El peso de la nación,* op. cit., pp. 583-619.

el progreso civil, hoy [...] reconozco que el proceso debe ser invertido. No la clase, sino la Nación y entre estas, Italia que es guía y maestra»[135].

Si nos trasladamos al otro lado del canal de la Mancha, encontramos dinámicas similares en un contexto exacerbado, además, por el Brexit. En las elecciones europeas de 2019, el Brexit Party de Nigel Farage envió a Bruselas como eurodiputada a Claire Fox, una exmilitante trotskista que se convirtió en una libertaria de derecha defensora a ultranza de la soberanía nacional y «martillo» del multiculturalismo. Del círculo de Fox, un puñado de otros militantes del Partido Comunista Revolucionario británico y luego de la revista *Spiked* pasaron armas y bagajes a la formación de Farage, así como algunos exlaboristas[136]. Mientras en 2019 el politólogo Maurice Glasman creó Blue Labour, un grupo de presión dentro del Partido Laborista cuyo lema es «trabajo, familia, comunidad» que se planteó dialogar con los neofascistas de la English Defense League de Tommy Robinson[137].

Algo similar, pero con mucha más envergadura, pasó en Alemania con Aufstehen, es decir, En Pie, con posiciones muy críticas con las políticas de fronteras abiertas defendida por Merkel durante la crisis de los refugiados. Fundada en septiembre 2018 por una de las principales dirigentes de Die Linke, Sahra Wagenknecht, y otras figuras de la izquierda alemana, En Pie quería ser una plataforma de presión, más que un verdadero partido político, con la voluntad de marcar el debate público, mirando al modelo de La Francia Insumisa de Mélenchon. El día de su presentación declaró tener unos 100.000 afiliados que a finales de año se habrían casi doblado, según la *Bild.* Sin embargo, entre la desvinculación de la misma

---

[135] Carta de Nicola Bombacci a Costanzo Ciano, 11 de diciembre de 1935, en Archivio Centrale dello Stato, Segreteria Particolare del Duce, Carteggio Riservato, 1922-1943, leg. 74, carp. H/R, Bombacci Nicola.

[136] O. English, «Brexit Party MP Candidates – Chums and Comrades: The Intrigue Continues», *Byline Times,* 6 de agosto de 2019, disponible en [https://bylinetimes.com/2019/08/06/brexit-party-mp-candidates-chums-and-comrades-the-intrigue-continues/], consultado el 3 de julio de 2021.

[137] Á. Ferrero, «¿Conservador en lo moral y progresista en lo económico? Cuando la fractura de la izquierda deriva en extraña transversalidad», *Público.es,* 26 de diciembre de 2019, disponible en [https://www.publico.es/politica/blue-labour-conservador-moral-progresista-economico.html], consultado el 3 de julio de 2021.

Wagenknecht en marzo de 2019 y las rencillas internas, la plataforma parece haberse hundido o, como mínimo, estancado.

En España hemos visto en el último bienio figuras *sui generis* vinculadas a Podemos –como Jorge Verstrynge o Manolo Monereo– defender posiciones similares, de las cuales hablaremos más detenidamente en las siguientes páginas. Mientras en Italia, donde los tránsfugas a la Liga no han faltado, aunque se ha tratado más bien de algunos militantes de base y no de dirigentes como se ha magnificado demasiado a menudo[138], se han ido creando toda una serie de pequeños partidos y asociaciones, de momento con muy poco éxito, que se definen como soberanistas y piden esencialmente la salida de Italia de la Unión Europea y del euro. En septiembre de 2018, Stefano Fassina –quien fue viceministro de Economía en el gobierno de centroizquierda presidido por Enrico Letta en 2013– y Alfredo D'Attorre fundaron una asociación política llamada Patria y Costitución. Los dos exdirigentes del Partido Democrático, cuyo proyecto ha naufragado completamente en menos de dos años, se proponían defender un indefinido «patriotismo constitucional» recalcando el tema de la soberanía declinada de forma euroescéptica. D'Attorre llegó incluso a tachar a los activistas favorables a la acogida de migrantes de «hoja de higo de los liberales progresistas» y defendió que la inmigración comportaría una devaluación de los salarios de los italianos[139]. No fue el único intento. A principios de 2020, el periodista Carlo Formenti –con un pasado en Autonomía Obrera– fundó Nueva Dirección con posiciones aún más radicales. Asimismo, otra figura que se mueve en la misma órbita es la del periodista Thomas Fazi, acérrimo defensor de la Teoría Monetaria Moderna, que de Nuova Direzione ha pasado a Italexit, el partido que, mirando al modelo del Brexit Party de Farage, ha fundado en 2020 el senador Gianluigi Paragone, quien abandonó el M5E tras el fin de la alianza con la Liga. Paragone fue director durante años de *La Padania,* el diario de la Liga Norte. El mismo Formenti abandonó Nuova Direzione en la primavera de 2021 para sumarse al

---

[138] Véase, por ejemplo, D. Allegranti, *Come si diventa leghisti. Viaggio in un paese che si credeva rosso e si è svegliato verde,* Milán, UTET, 2019.

[139] R. Gonnelli, «Fassina celebra «Patria e Costituzione» e Badoglio», *Il Manifesto,* 9 de septiembre de 2018, disponible en [https://ilmanifesto.it/fassina-celebra-patria-e-costituzione-e-badoglio/], consultado el 3 de julio de 2021.

nacional-estalinista Partido Comunista Italiano de Marco Rizzo. Además existe también el Frente Sovranista Italiano, cuyo nombre tiene un cierto parecido con el Movimiento Nacional por la Soberanía, fundado por los expolíticos del MSI y Alianza Nacional, Francesco Storace y Gianni Alemanno, que tuvo una vida muy breve, llegando a disolverse en 2019. En el país transalpino, en suma, hay una nebulosa soberanista que se mueve entre los escombros de la experiencia del gobierno Salvini-Di Maio e intenta recomponer las piezas presentándose como una alternativa para los decepcionados del populismo de la primera ola[140].

Como se puede ver, entre fracasos y escisiones, es realmente complicado poder trazar un mapeo de todas las experiencias que podrían acabar de una forma u otra bajo la etiqueta de rojipardismo. Quizá tampoco tiene demasiado sentido hacerlo: el riesgo es el de ver *nazbols* por todos lados y crear un fantasma que se pasea por nuestras ciudades. También en estos tiempos gaseosos, el rojipardismo *tout court* sigue formándose de sectores ultraminoritarios del nacionalismo revolucionario que utilizan una fraseología izquierdista para camuflarse. Como apunta el historiador David Bernardini, desde su nacimiento en la República de Weimar el rojipardismo es «una corriente en la derecha radical que busca de distintas maneras combinar los dos polos movilizadores del siglo XX, la clase y la nación, el socialismo y el nacionalismo, para definir un proyecto soberanista, autoritario e identitario, a menudo proyectado en una dimensión euroasiática»[141].

Ahora bien, tampoco debemos minusvalorar la influencia que esta corriente tiene en la opinión pública y, sobre todo, en algunos sectores de izquierdas, aunque sean aún minoritarios. Sin duda, hay gradaciones y matices entre los que desde el mundo progresista acaban consciente o inconscientemente influenciados por estas ideas. Pero no cabe duda de que respecto al pasado las izquierdas parecen más permeables a estos discursos. La razón se encuentra en la desorientación general y en la profunda crisis de identidad que están vi-

---

[140] Véase Mossetti, *Mil máscaras,* op. cit., pp. 238-240 y F. Ferrari, «Il partito di Paragone scombussola la nebulosa "sovranista"», *Transform! Italia,* 1 de julio de 2020, disponible en [https://transform-italia.it/il-partito-di-paragone-scombussola-la-nebulosa-sovranista/], consultado el 3 de julio de 2021.

[141] Bernardini, *Nazionalbolscevismo,* op. cit., p. 166.

viendo los proyectos progresistas. Es con esta atmósfera desde donde se debe partir: las izquierdas tienen que reformular un proyecto esperanzador e incluyente, que volver a dar la batalla cultural –como se explicará en el cuarto capítulo del libro–. Y, por otro lado, llamando a las cosas por su nombre: los ultraderechistas que defienden políticas sociales –solo para nativos– son ultraderechistas, no son ni populistas ni «la nueva izquierda», como les gusta repetir a algunos de ellos. De esta forma el peligro rojipardo, aunque no desaparecerá, seguirá siendo un fenómeno minoritario.

Diego Fusaro, un rojipardo de manual

El rojipardismo es, en buena síntesis, un mito, al menos por la manera en que a menudo se lo ha presentado en los medios de comunicación, o un fantasma que reaparece de vez en cuando en la historia contemporánea. Esto no quita, como se ha visto, que, por un lado, existan sectores que hayan planteado en el último siglo una contradictoria unión entre la izquierda y la derecha, y que, por el otro, sea un fenómeno sintomático de la confusión ideológica de la actualidad. Además de los movimientos y las figuras mencionadas anteriormente, hay un caso peculiar que resulta especialmente interesante, sobre todo por el protagonismo mediático que ha tenido en los últimos años: el del filósofo italiano Diego Fusaro. A muchas personas, allende los Alpes, este nombre no les dirá mucho.

Si miramos su perfil en Twitter, donde tiene casi 80.000 seguidores, además de un sinfín de tuits para promocionar sus libros y de citas filosóficas descontextualizadas, Fusaro se presenta como «discípulo independiente de Hegel y Marx. Más allá de la derecha y la izquierda, contra el turbocapitalismo»[142]. Si seguimos dándole un vistazo a su *timeline* encontramos las cosas aparentemente más disparatadas. Desde el inicio de la pandemia, por ejemplo, habla de dictadura sanitaria y defiende posiciones negacionistas y antivacunas. Ya antes, atacaba a cualquier referente de la izquierda italiana favorable a la acogida de los migrantes. Durante el gobierno Salvini-Di Maio, por ejemplo, tachó al periodista Roberto Saviano de hombre de paja del globalismo mundialista y se rio de él por estar

---

[142] Véase [https://twitter.com/DiegoFusaro].

protegido por un escolta. No está de más recordar que Saviano, autor, entre otros, del superventas *Gomorra*, un reportaje fruto de investigaciones periodísticas sobre el sistema de poder de la Camorra napolitana, vive escondido desde hace años por las amenazas de muerte que ha recibido del crimen organizado. Así, en verano de 2019 Fusaro se ensañó especialmente contra Carola Rakete, la joven alemana capitana del barco *Sea Watch 3* que salvó a decenas de migrantes en el Mediterráneo. El día de su detención por las fuerzas del orden italianas, el filósofo escribió en Twitter: «Generación Erasmus, rasta en el pelo, odio al pueblo, nihilismo hedonista, neoprogresismo liberal, fucsia y arcoíris. Una juventud sin esperanza». En los días siguientes Fusaro seguía atacando a Rakete, «la capitana con rastas hija de papá», «una explotadora inconsciente», llegando a tildar de «patético» su llanto. No faltan luego tuits en defensa de la salida de la Unión Europea y del euro o en contra del «totalitarismo de la globocracia de los mercados» y del derecho a la adopción de hijos por parte de padres solteros, además de un largo etcétera, incluidas citas, supuestamente revolucionarias, de George Orwell y Malcolm X.

Ahora bien, ¿quién es Diego Fusaro? Se trata de un treintañero turinés que se da aires de filósofo marxista y que apareció constantemente durante un tiempo en los platós de televisión, encorbatado y estirado. Habla de una forma alambicada y pedante, y acuña constantemente neologismos que luego utiliza sin parar. Es profesor de historia de la filosofía en el Instituto de Altos Estudios Estratégicos y Políticos, y lo fue en la universidad privada San Raffaele, fundada por el excura y empresario Luigi Maria Verzè. En los últimos quince años ha publicado más de una docena de libros, también con editoriales de renombre, como Bompiani, Feltrinelli, Einaudi o Il Mulino, centrados esencialmente en la filosofía con especial atención al pensamiento de Marx, Fichte, Gramsci y Heidegger, además de colaborar, durante un tiempo, con grandes diarios nacionales como *La Stampa* o *Il Fatto Quotidiano*. Si en un primer momento los textos y los artículos de Fusaro despertaron cierto interés, paulatinamente se entendió que lo que hacía el joven turinés, que se reivindica como discípulo de los filósofos Gianni Vattimo y Costanzo Preve, no era nada más que un refrito de algunas ideas, en muchos casos descontextualizadas. El periodista Simone Cosimi lo ha considerado «una figura modesta elevada a magistral intérprete de la contemporaneidad», además de «la plástica representación de la crisis de la cultura contemporánea, especialmente en Italia»[143].

Si Fusaro fuese solo un cantamañanas –hay quien lo ha definido acertadamente el «filósofo de la *supercazzola*»[144]: la *supercazzola,* término que se debe al actor Ugo Tognazzi y a la película *Amici miei,* es un juego de palabras que se basa en términos inventados sin sentido para vacilar a los demás–, no merecería dedicarle unas páginas en este volumen. Lo que pasa es que, como apuntó la periodista Alba Sidera, Fusaro es un síntoma[145]. ¿De qué? Por un lado, el modo en que la extrema derecha sabe disfrazarse de izquierda citando a Marx, Gramsci y Pasolini. Por el otro, de la manera en que cierta izquierda puede acabar confundida o directamente caer rendida frente a estas figuras.

Fusaro se considera un representante de la verdadera izquierda, la de hace un tiempo, la pura y dura, la que no ha sido desvirtuada por el posmodernismo, pero, *in primis,* él mismo es un producto del posmodernismo en cuanto filósofo-tertuliano de *talk show* y empresario de sí mismo en las redes y, en segundo lugar, su deriva cada vez más marcada hacia el soberanismo, el comunitarismo y la extrema derecha es evidente. Quizá el turinés defendía las mismas ideas desde el principio, pero en los primeros años mantuvo una cautelosa ambigüedad que permitía, como mucho, dobles lecturas. Desde hace unos años ya no. De hecho, entre 2018 y 2020 colaboró con *Il Primato Nazionale,* el periódico de CasaPound Italia, los autodenominados «fascistas del Tercer Milenio». Fusaro lo justificó diciendo que cualquier escaparate es bueno para difundir sus ideas. En España, para explicar su colaboración, ha habido quien lo ha comparado con Pablo Iglesias y su participación en los programas de

---

[143] S. Cosimi, «Diego Fusaro è l'intellettuale di cui non avevamo bisogno», *Wired. it,* 14 de junio de 2017, disponible en [https://www.wired.it/attualita/politica/2017/06/14/diego-fusaro-intellettuale-di-cui-non-avevamo-bisogno/], consultado el 3 de junio de 2021.

[144] D. Allegranti, «Fenomenologia di Fusaro, intellettuale disorganico perfetto per Lega e M5S», *Il Foglio,* edición digital, 16 de junio de 2017, disponible en [https://www.ilfoglio.it/politica/2017/06/16/news/diego-fusaro-lega-m5s-140151/], consultado el 3 de julio de 2021.

[145] A. Sidera, «Fusaro como síntoma», *Revista Contexto,* 4 de julio de 2019, disponible en [https://ctxt.es/es/20190703/Politica/27155/berlusconi-diego-fusaro-neofascismo-casa-pound-alba-sidera.htm], consultado el 3 de julio de 2019.

Intereconomía. La diferencia es obvia y parece absurdo tener que explicarla: Iglesias se encaraba a los otros tertulianos, defendiendo posiciones políticas opuestas, mientras lo que dice Fusaro casa perfectamente con el ideario de los neofascistas italianos. Los títulos de algunos de sus artículos en *Il Primato Nazionale* son significativos: «Defender a la familia significa luchar contra el capital», «Una masa postidentitaria. Cuando Pasolini denunció el genocidio cultural de Italia» o «El coronavirus, ¿un arma de guerra biológica? Plantearlo no es "complotismo"»[146]. El «pensamiento» de Fusaro es, en síntesis, una mezcla de antiliberalismo, anticapitalismo de fachada, antimundialismo, antifeminismo, antigénero, ultranacionalismo, comunitarismo, neocatecumenismo, marxismo descontextualizado, teorías del complot y eurasianismo. Fusaro, por ejemplo, alaba mucho a Putin, definido como «el único verdadero antifascista y antinazi» o «única resistencia contra el imperialismo del dólar»[147], y cita a menudo a Aleksandr Duguin, el divulgador de la teoría del eurasianismo y fundador del Partido Nacional Bolchevique, con quien compartió algunos actos. Con todo esto se entiende su apoyo al gobierno formado por la Liga y el M5E, que promovió aún antes de su formación.

La sintonía de Fusaro con CasaPound Italia va mucho más allá de haber escrito durante más de dos años en su periódico. El turinés ha participado en sus actos, como la fiesta del partido organizada en Grosseto en septiembre de 2018, donde compartió escenario con el líder de los neofascistas, Simone Di Stefano, y el ensayista económico Antonio Maria Rinaldi, defensor de la salida de la moneda única y, desde 2019, eurodiputado por la Liga de Salvini. No es casualidad que estas personas estuviesen en el mismo acto. Nos muestra un submundo muy activo en la Italia de los últimos años: unos ambientes que han ido estrechando relaciones, que tienen cada vez más vínculos y que gastan una notable energía para conquistar

---

[146] Véase [https://www.ilprimatonazionale.it/author/diego-fusaro/], consultado el 3 de julio de 2021.

[147] D. Fusaro, «Putin unico vero antifascista ma per l'occidente è… fascista», *AffariItaliani.it,* 20 de marzo de 2018, en [https://www.affaritaliani.it/blog/lampi-del-pensiero/putin-antifascista-531030.html] y R. A. Ventura, «El hombre que susurra al oído de Salvini y Di Maio», *ElManifiesto.com,* 5 de agosto de 2019, disponible en [https://elmanifiesto.com/entrevistas/500358521/Diego-Fusaro-El-hombre-que-susurra-al-oido-de-Di-Maio-y-Salvini.html], consultados el 3 de julio de 2021.

la hegemonía cultural, con el apoyo también del poder político y parte de los medios, al menos durante la experiencia del gobierno Salvini-Di Maio[148]. No está de más recordar la cercanía de Salvini con CasaPound con quien llegó a sellar alianzas electorales entre 2014 y 2017. No debería extrañar, pues, que tanto Fusaro como los «fascistas del Tercer Milenio» alabasen al Ejecutivo formado por la Liga y el M5E. El candidato de CasaPound en las elecciones municipales de Ostia, Luca Marsella, declaró sin ambages que «parte de nuestro programa inspiró la coalición amarillo-verde»[149], en referencia al primer gobierno Conte. Ese programa que comparte también el filósofo turinés.

Fusaro ha colaborado también con el portal web *Affari Italiani,* un diario digital soberanista muy cercano a la extrema derecha, además de haber escrito un libro con Sebastiano Caputo y Lorenzo Vitelli, *Pensiero in rivolta. Dissidenza e spirito di scissione*[150]. Caputo, director de la revista digital *L'Intellettuale Dissidente* y presidente de la asociación SOS Cristiani d'Oriente, es un joven representante del nuevo soberanismo italiano, muy nacionalista, pro Putin, antimigrantes y aparentemente heterodoxo. Para Caputo, por ejemplo, Carola Rakete es la expresión de una «rebeldía estética antiburguesa»[151] y las ONG son comparables a los yihadistas o los francotiradores de Maidán, es decir, «agentes provocadores» que quieren desestabilizar los gobiernos «no alineados»[152].

Por más que se defina marxista y gramsciano, Fusaro está en la misma línea. Según el filósofo turinés, el feminismo es la ganzúa de la «mundialización capitalista posproletaria», mientras que la ideología de género difunde «el nuevo mito homosexualista, transgénero y posfamiliar». En cuanto a los migrantes, Fusaro defiende que

---

[148] Véase Mossetti, *Mil máscaras,* op. cit., pp. 207-247.

[149] Cit. por M. Molinari, *Perché è successo qui. Viaggio all'origine del populismo italiano che scuote l'Europa,* Milán, La Nave di Teseo, 2018, p. 75.

[150] D. Fusaro, S. Caputo y L. Vitelli, *Pensiero in rivolta. Dissidenza e spirito di scissione,* Barney, 2014.

[151] S. Caputo, «Una storia familiare globale», *L'Intellettuale Dissidente,* 29 de junio de 2019, disponible en [https://www.lintellettualedissidente.it/editoriale/rackete-sea-watch-immigrazione-occidente/], consultado el 3 de julio de 2021.

[152] S. Caputo, «Chi gioca sulla pelle dei migranti», *L'Intellettuale Dissidente,* 12 de junio de 2018, disponible en [https://www.lintellettualedissidente.it/editoriale/chi-gioca-sulla-pelle-dei-migranti/], consultado el 3 de julio de 2021.

se trata de «la sustitución programada de la población europea con el nuevo ejército industrial de reserva de los migrantes provenientes de la otra orilla del Mediterráneo», es decir, un plan de «los señores apátridas del capital» que se remontaría al fantomático plan Kalergy, una teoría del complot difundida por los neonazis tras la Segunda Guerra Mundial: las ONG no serían, pues, nada más que «instrumentos de deportación [...] en nómina de los intereses privados de los "señores" del mundialismo que siempre quieren más inmigración». Por encima de todos los males, para Fusaro, está la Unión Europea, un «proyecto criminal» para imponer el «turbocapitalismo» neoliberal y destruir a las clases trabajadoras, además de imponer la americanización de Europa[153].

Las frases alambicadas de Fusaro no son nada más que la repetición de la teoría del gran reemplazo del francés Renaud Camus que hace ya una década hablaba de la inmigración como de un gran complot de las elites capitalistas –ahí obviamente aparece Georges Soros– cuyo objetivo sería convertir en minoría a la población blanca y cristiana de Europa. El que se define discípulo de Marx y Hegel, en síntesis, dice a grandes rasgos lo mismo que desde principios de los setenta afirma Alain de Benoist. De hecho, ya en 2014 debatió en un festival filosófico con el fundador de la Nueva Derecha francesa, quien lo considera «el pensador que me resulta más cercano, sin ninguna duda». Las ideas defendidas y la táctica utilizada, el gramscismo de derechas, son exactamente iguales. Lo explicaba sin tapujos el mismo Fusaro en una entrevista a la revista francesa *Le Grand Continent:*

> Son las ideas que defendía mi maestro Costanzo Preve y que en Francia son defendidas por Alain de Benoist: son ideas de izquierdas con valores de derechas, y en efecto, se están convirtiendo en hegemónicas. Para mí se trata, según la técnica gramsciana, de «hegemonizar» el debate público, es decir, de crear pacientemente un horizonte compartido de lucha contra el capitalismo, haciendo converger a los individuos que vienen de horizontes políticos muy diferentes para dibujar una contracultura que progresivamente sería consensual, utilizando los espacios periféricos de la televisión, la

---

[153] Véase Ventura, «El hombre que susurra», op. cit. y Cosimi, «Diego Fusaro è l'intellettuale», op. cit.

prensa y la edición a fin de revertir este «pensamiento único» que nos domina. Estamos a punto de lograrlo, recordemos si no a Di Maio y a Salvini: ellos han metabolizado bastantes de nuestras ideas[154].

Tampoco deberían extrañar las ideas de Fusaro teniendo en cuenta dónde acabó su maestro, Costanzo Preve. En los setenta y los ochenta Preve era un filósofo marxista, además de miembro del PCI y luego de la izquierda extraparlamentaria. Con el final de la Guerra Fría empezó un giro que lo llevó a teorizar la superación de la dicotomía entre izquierda y derecha, y abrazar el comunitarismo hasta llegar a publicar en sus últimos años –murió en 2013– con editoriales neofascistas como Il Settimo Sigillo o las Edizioni all'Insegna del Veltro, apareciendo al lado de políticos e intelectuales fascistas como el rumano Codreanu y Julius Evola o historiadores negacionistas del Holocausto como Robert Faurrison. Su discípulo, que no ha militado nunca en formaciones de izquierdas, parece haber seguido sus pasos. Como comentó ya en 2015 Raffaele Alberto Ventura, a partir de un análisis de sus obras, «reduciendo el pensamiento de Marx al idealismo alemán, Fusaro puede fácilmente librarse de todo lo que en el intelectual de Tréveris pertenece a la tradición del marxismo del siglo XX y volver a un socialismo precientífico, listo para converger con nacionalismo y comunitarismo»[155]. Es decir, lo que pasó a sectores socialistas y sindicalistas revolucionarios sorelianos antes de la Primera Guerra Mundial que confluyeron con los ultranacionalistas de Barrès y Maurras en el Círculo Proudhon. Ahí, según el historiador israelí Zeev Sternhell, se encontrarían los orígenes de la ideología fascista.

Tampoco debe extrañar que, entre halagos a la Bolivia de Morales, la Cuba de Castro o la Venezuela de Chávez, Fusaro defienda la superación de los conceptos de fascismo y antifascismo. Según el filósofo turinés, «el antifascismo se ha convertido hoy en un instrumento de la "izquierda *glamour*" y cosmopolita para defender al ca-

---

[154] Ventura, «El hombre que sussurra», op. cit.

[155] R. A. Ventura, «Che cosa abbiamo fatto per meritarci Diego Fusaro?», *Minima & Moralia*, 7 de abril de 2015, disponible en [https://www.minimaetmoralia.it/wp/interventi/che-cosa-abbiamo-fatto-per-meritarci-diego-fusaro/], consultado el 3 de julio de 2021.

pitalismo. [...] El antifascismo es un arma de legitimación del capitalismo, un artículo salido del catálogo de lo políticamente correcto cosmopolita»[156]. Salvini está de acuerdo al 100 por 100 y, de hecho, lo ha afirmado más de una vez: vuélvase a leer la cita que abre este volumen. Como subrayó Pierre Dalla Vigna, el de Fusaro no es nada más que, recogiendo la afortunada expresión de György Lukács, un «anticapitalismo romántico»: Fusaro utiliza «el lenguaje peculiar del filósofo de Tréveris para defender las teorías propias de la derecha más retrógrada y reaccionaria»[157].

De hecho, Fusaro reivindicó explícitamente la etiqueta de rojipardismo. En una entrevista que le hicieron en 2017, el filósofo turinés explicaba que «rojipardo es quien –consciente de que el antagonismo actual se basa en la vertical contraposición entre siervos y señores, y no en vanas divisiones horizontales– rechace hoy derecha e izquierda». Y añadía que «rojipardo es quien critica el capital, que quiere una reorganización en términos de soberanía y se pone en frente del capitalismo»[158]. Estas ideas se han concretado en un partido llamado Vox Italia, creado en septiembre de 2019 tras la conclusión del gobierno Salvini-Di Maio y el viraje del M5E hacia el europeísmo y la alianza con el centroizquierda. El lema de la formación es, no por casualidad, «valores de derechas, ideas de izquierdas». Los valores de derecha serían «Familia, Patria, Estado, Honor»[159]. Entrevistado por el medio ultraderechista español *La Tribuna del País Vasco,* el propio Fusaro explicaba que «somos soberanos, identitarios, contra la Unión Europea y también contra el liberalismo y la OTAN. Estamos a favor de un internacionalismo de Estados soberanos, democráticos y socialistas, libres del atlantismo y abiertos al eurasianismo»[160]. Junto al filósofo turinés, entre

---

[156] Ventura, «El hombre que sussurra», op. cit.
[157] P. Dalla Vigna, «Fusaro e la miseria dell'anticapitalismo romantico», *Scenari*, 2 de octubre de 2014, disponible en [https://www.mimesis-scenari.it/2014/10/02/editoriale-2/], consultado el 3 de julio de 2021.
[158] C. Fantuzzi, «Fusaro: "Rossobrunismo e Interesse Nazionale: Armi Culturali Contro il Capitalismo mondialista"», *Ticinolive,* 30 de marzo de 2017, disponible en [https://www.ticinolive.ch/2017/03/30/fusaro-rossobrunismo-interesse-nazionale-armi-culturali-capitalismo-mondialista/], consultado el 3 de julio de 2021.
[159] Ventura, «El hombre que sussurra», op. cit.
[160] C. X. Blanco, «Diego Fusaro: "Sin soberanía nacional, no puede haber democracia ni derechos sociales"», *La Tribuna del País Vasco,* 16 de septiembre de 2019, disponible en [https://latribunadelpaisvasco.com/art/11599/diego-fusaro-sin-sobera-

los impulsores de la nueva criatura política estaba Francesco Maria Toscano, un oscuro abogado autor de un libro sobre la «dictadura financiera» y los supuestos «planes secretos de las elites» para conquistar el poder[161]. Pocos días después de su presentación, Facebook cerró la página de la nueva formación –que, mientras tanto, había recibido el apoyo de los medios rusos en Italia, como *Sputnik*– junto a las de los neofascistas de CasaPound y Forza Nuova: lo mismo hizo Wikipedia. En el bienio siguiente Vox Italia no consiguió despegar: más bien, se hundió en la irrelevancia. En las elecciones regionales y municipales de septiembre de 2020, el partido inspirado por Fusaro consiguió presentar una lista solo en las Marcas –donde obtuvo el 0,47 por 100 de los votos– y en un puñado de Ayuntamientos, sin elegir ningún concejal[162]. Fusaro, por cierto, ya había intentado entrar en política con resultados parecidos: en la primavera de 2019 se presentó como candidato para la alcaldía de Gioia Tauro, en la región de Calabria, con una lista llamada Risorgimento Meridionale per l'Italia [Resurgimiento Meridional para Italia], llegando último con menos del 3 por 100.

A principios de 2021 el partido cambió de nombre, pasando a un más etéreo Ancora Italia [Todavía Italia] que se presentaba con un manifiesto donde se explicaba que el concepto clave del proyecto es el de soberanía: «no solo la del Estado, sino también [...] la soberanía mental del individuo comunitario, en primer lugar, es decir, la capacidad de ganar la inmunidad respecto al rebaño y de resistir al pensamiento único políticamente correcto y éticamente corrompido»[163]. Abascal lo podría suscribir, así como las posiciones antimascarillas y antivacunas que Fusaro ha repetido incesantemente desde el comienzo de la pandemia hasta el punto de apoyar a los negacionistas que se manifestaron en Roma en octubre de 2020. La

---

nia-nacional-no-puede-haber-democracia-ni-derechos-sociales], consultado el 3 de julio de 2021.

[161] P. Mossetti, «Perché Vox, il nuovo partito di Diego Fusaro, è una cosa seria», *Wired.it*, 19 de septiembre de 2019, disponible en [https://www.wired.it/attualita/politica/2019/09/19/vox-fusaro-nuovo-partito/], consultado el 3 de julio de 2021.

[162] P. Ruviglioni, «Il partito di Diego Fusaro è un turboflop alle regionali: il "regime del Covid" non paga», *L'Espresso*, edición digital, 22 de septiembre de 2020, en [https://espresso.repubblica.it/palazzo/2020/09/22/news/partito-diego-fusaro-flop-1.353448/], consultado el 3 de julio de 2021.

[163] Véase [https://www.ancoraitalia.it/manifesto/], consultado el 3 de julio de 2021.

manifestación se llamó «Marcha de la Liberación», un nombre que intentaba hacer un guiño tanto a la marcha sobre Roma de Mussolini en 1922 así como a la lucha partisana al nazifascismo. Justo un año antes, recién estrenado Vox Italia, Fusaro había apoyado también otra manifestación de tintes soberanistas, «Liberemos Italia», que fue un fracaso y terminó hegemonizada por formaciones neofascistas.

Si en Italia Fusaro hoy no «engaña» ya prácticamente a nadie y es considerado, al menos en los ambientes de izquierdas, un cantamañanas egocéntrico y poco más –el ilustrador Alessio Spataro, por ejemplo, le ha dedicado un cómic satírico titulado *Le avventure rossobrune di Ego Fuffaro [Las aventuras rojipardas de Ego Fuffaro]*[164]–, allende los Alpes despierta aún cierto interés. Al menos en España. Hacia 2019, de hecho, hubo un intento de difundir las ideas de Fusaro debajo de los Pirineos por parte de la que Xandru Fernández definió con sorna la «Izquierda Viriato» y Antonio Maestre la «izquierda lepenista»[165]. Fue sobre todo Manolo Monereo, exdirigente de Izquierda Unida y exdiputado de Unidas Podemos, quien trabajó incesantemente para que la izquierda española importase el pensamiento del filósofo turinés. Monereo impulsó, por ejemplo, la publicación de sus obras en la editorial El Viejo Topo y elogió públicamente las entrevistas que algunos periodistas le hicieron a Fusaro en diferentes medios españoles. El exconsejero de Julio Anguita incluso llegó a anunciar que participaría en la manifestación Liberemos Italia a la cual, por cierto, al final tampoco Fusaro asistió[166]. Todo esto levantó una polvareda notable en las redes sociales que se conectaba directamente con la que había protagonizado en septiembre de 2018 el mismo Monereo quien, junto a Anguita y Héctor

---

[164] A. Spataro, *Le avventure rossobrune di Ego Fuffaro,* Shockdom, 2018.

[165] X. Fernández, «Tácticas y delirios de la Izquierda Viriato», *Revista Contexto,* 2 de julio de 2019, disponible en [https://ctxt.es/es/20190626/Firmas/27043/Xandru-Fernandez-Diego-Fusaro-izquierda-delirios-Esteban-Hernandez.htm] y A. Maestre «La izquierda lepenista y la nostalgia de un ensueño», *LaSexta.com,* 25 de mayo de 2021, disponible en [https://www.lasexta.com/el-muro/antonio-maestre/izquierda-lepenista-nostalgia-ensueno_2021052560aca354c4a91b0001a7b90c.html], consultados el 3 de julio de 2021.

[166] M. Monereo, «La dictadura de lo políticamente correcto y sus agentes», *Cuarto Poder,* 6 de agosto de 2019, disponible en [https://www.cuartopoder.es/ideas/2019/08/06/la-dictadura-de-lo-politicamente-correcto-y-sus-agente-manolo-monereo/], consultado el 3 de julio de 2021.

Illueca, había publicado un artículo que alababa las políticas sociales del gobierno Salvini-Di Maio, descontextualizando el llamado decreto Dignidad y sin mencionar las políticas autoritarias y xenófobas del Ejecutivo italiano[167].

Es cierto que algunos libros del filósofo turinés han sido traducidos al castellano por editoriales de izquierdas y de calidad como El Viejo Topo, la propia Siglo XXI de España o, más recientemente, Alianza, pero una de sus últimas obras, *El Contragolpe. Interés nacional, comunidad y democracia,* la ha publicado Fides, editorial de referencia del neofascismo español, vinculada justamente al sector que lleva décadas intentando difundir las ideas de Thiriart, de Benoist y Duguin en España[168]. Fides, de hecho, es propiedad de Juan Antonio Llopart, histórico dirigente de la extrema derecha española con un pasado en el Movimiento Social Republicano (MSR) o Alternativa Europea. Antes dirigió la editorial vinculada al MSR, Nueva República –que cuenta con un largo catálogo de obras de intelectuales y políticos fascistas como Ramiro Ledesma Ramos, Léon Degrelle, Horia Sima, Oswald Mosley o Julius Evola, tránsfugas de entreguerras como Nicola Bombacci y Sergio Panunzio u obras de historiadores revisionistas como Erik Norling, además de los «indefectibles» Thirart, de Benoist y Duguin– y fue condenado a dos años y medio de cárcel por difundir ideas genocidas. Además, desde que el nombre de Fusaro empezó a circular por la península ibérica, el mundo ultra y directamente neofascista le ha prestado especial atención, convirtiéndose en un colaborador habitual de *La Emboscadura*. No extraña pues que Llopart asistiese a la charla que Fusaro dio en una cervecería de Barcelona en otoño de 2019 ni que el local fuese regentado por un empresario véneto con un pasado en la Liga, sino que Monereo participase, presentando a Fusaro como un amigo y un gran referente para la izquierda.

De fondo, hay un sector, de momento minoritario, de la izquierda española que intenta desde hace un tiempo poner en cuestión ciertos temas como el feminismo, la defensa de la acogida de migrantes y el europeísmo. No es nada nuevo, por otro lado: lo hemos

---

[167] M. Monereo, J. Anguita y H. Illueca, «¿Fascismo en italia? Decreto dignidad», *Cuarto Poder,* 5 de septiembre de 2018, disponible en [https://www.cuartopoder.es/ideas/2018/ 09/05/fascismo-en-italia-decreto-dignidad/], consultado el 3 de julio de 2021.

[168] D. Fusaro, *El Contragolpe. Interés nacional, comunidad y democracia,* Tarragona, Fides, 2019.

visto también en otros países europeos, empezando por En Pie, la escisión nacionalista de la izquierda alemana. Con el lento declive electoral de Unidas Podemos y la entrada en escena de Vox, ese sector, bastante difuminado y callado en los años anteriores, ha salido del armario. Considera que la que es hegemónica actualmente es una izquierda posmoderna que ha olvidado a las clases trabajadoras y que está destinada a la irrelevancia, mientras la nueva extrema derecha, que se opone firmemente a todo aquello, está avanzando. Fusaro, así como ese «discreto encanto del falangismo», como lo ha definido acertadamente Pablo Batalla Cueto[169], que empapa *Feria*, la novela de Ana Iris Simón, vienen a ser los caballos de Troya de esta operación.

El interés por el fusarismo mostrado por una figura como Santiago Armesilla, joven economista que defiende un comunismo nacionalista, es emblemática: el último libro de Armesilla, que intenta fusionar el materialismo histórico de Marx y el materialismo filosófico de Gustavo Bueno, se encuentra, a fin de cuentas, en las mismas coordenadas que la propuesta de Fusaro[170]. Lo mismo puede decirse de Hasel Paris Álvarez, politólogo, exmilitar profesional y pareja de Ana Iris Simón, que planteaba en las páginas de la revista *El Viejo Topo* una comparación entre Fusaro e Íñigo Errejón[171]. Junto a Monereo, que puede considerarse la figura de referencia y más presentable por su pasado antifranquista de esta corriente en vía de constitución, se encuentra también el politólogo Jorge Verstrynge, exdirigente de Alianza Popular en los tiempos de Fraga y, tras su breve paso por el PSOE en los ochenta, asesor político del PCE e Izquierda Unida hasta vincularse a Podemos en sus inicios. En sus *Memorias de un maldito,* Verstrynge recordaba sus años mozos en el París de los sesenta cuando se movía entre el neofascismo galo y los ambientes estudiantiles izquierdistas. Ahí descubrió el nacionalbolchevismo alemán de la República de Weimar, que consideraba «un camino bastante lógico, pues me permitía unir planteamientos

---

[169] P. Batalla Cueto, «Ana Iris Simón, Pablo und Destruktion y el discreto encanto del falangismo», *El Cuaderno,* 21 de mayo de 2021, diponible en [https://elcuaderno-digital.com/2021/05/12/ana-iris-simon-pablo-und-destruktion-y-el-discreto-encanto-del-falangismo/], consultado el 3 de julio de 2021.

[170] Véase S. Armesilla, *La vuelta del revés de Marx: el materialismo político entretejiendo a Karl Marx y Gustavo Bueno,* Barcelona, El Viejo Topo, 2020.

[171] H. Paris Álvarez, «Íñigo Errejón, ¿el Fusaro español?», *El Viejo Topo* 383 (2019).

sociales claramente de izquierdas y revolucionarios con la defensa de la identidad europea y cierto nacionalismo». Según Verstrynge,

> lo del nacional-comunismo o lo del nacional-bolchevismo o euro-bolchevismo, basado en la ecuación liberación nacional *(befreiungsnationalismus)* + revolución socialista, con el pueblo –y no una sola clase– como actor, me marcó mucho, y todavía hoy me gusta releer aquellos textos, con sus deseables utopías y su premonición de que casi todo lo que la izquierda no gobernó (o gobernó mal) en el siglo XX se debió a su olvido de la cuestión nacional. Aún conservo amigos de las Juventudes Comunistas francesas de la *época,* y muchos otros que, procedentes del neofascismo, terminaron reivindicando [...] planteamientos nacional-bolcheviques que fueron parte minoritaria, aunque esencial, de la posterior Nouvelle Droite francesa[172].

¿Todo encaja? En una entrevista en *Voz Pópuli,* Fusaro, además de remachar sus ideas sobre el mundialismo capitalista, los migrantes o las políticas de género, afirmaba que «hoy en día falta una verdadera izquierda de la hoz y el martillo y roja, no arco iris y fucsia», además de alabar a Marco Rizzo –«uno de los pocos comunistas que quedan»– y a Joseph Ratzinger[173]. Si exceptuamos la referencia al papa emérito, podría suscribir estas afirmaciones Roberto Vaquero, líder del Frente Obrero, una organización que se mueve entre el rojipardismo y el estalinismo puro y duro. De hecho, Rizzo, exdiputado en el Parlamento italiano y actual secretario del minúsculo PCI, está en las mismas coordenadas: en las redes sociales personas vinculadas a su formación adoptaron el símbolo del ladrillo llevando a cabo acciones coordinadas de *shitposting* –esencialmente en contra de las restricciones sanitarias, del movimiento feminista y los favorables a las acogidas de migrantes– junto a activistas *online* de la nueva ultraderecha[174].

---

[172] J. Verstrynge, *Memorias de un maldito,* Barcelona, Grijalbo, 1999.
[173] V. Lenore, «Diego Fusaro: "Izquierda y derecha defienden a la clase dominante"», *VozPópuli.com,* 15 de junio de 2021, disponible en [https://www.vozpopuli.com/altavoz/cultura/diego-fusaro-historia-conciencia-precariado.html], consultado el 3 de julio de 2021.
[174] Véase P. Mossetti, «Come l'emoji del mattone è diventata un simbolo di destra su Twitter», *Wired.it,* 3 de marzo de 2021, disponible en [https://www.wired.it/inter-

Sí, Fusaro es, sin duda alguna, como apunta Luigi Iannone, «una peligrosa parodia rojiparda, no el nuevo Togliatti»[175], pero es también algo más que una parodia. Es el síntoma de los tiempos, y no solo en la Italia convertida en un laboratorio nacionalpopulista. Como explicaba Pierre Dalla Vigna, «la derecha hace su trabajo: es racista, homófoba, nacionalista, antisemita y chovinista. Fusaro también. Pero con muchas citas bonitas de Marx»[176]. Por esto, más allá de que pueda parecer estrafalario, es necesario prestar atención a estos personajes y a cómo sus ideas se difunden también en ambientes de izquierdas en una época marcada por la confusión ideológica.

¿LA CLASE TRABAJADORA VOTA A LA EXTREMA DERECHA?

El tema del rojipardismo se conecta directamente con una pregunta: ¿la nueva ultraderecha ha conquistado votantes de izquierda? O, mejor dicho, ¿las clases trabajadoras votan a los ultraderechistas? Se está debatiendo mucho al respecto. Las posiciones entre sociólogos y politólogos están en algunos casos en las antípodas. La victoria de Trump de 2016 se ha explicado sobre todo por el apoyo de la clase obrera del Medio Oeste abandonada por los demócratas. Este análisis suele solaparse con el concepto del *angry white man* que, por razones tanto económicas como culturales, habría votado mayoritariamente por el *tycoon* neoyorquino[177]. No cabe duda de que una parte de la clase trabajadora blanca votó por Trump. Sin embargo, más que la clase social, han pesado cuestiones como la brecha educativa, el *gerrymandering* –es decir, la manipulación de las circunscripciones electorales en muchos Estados controlados por los republicanos–, la utilización de dosis descomunales de *fake*

---

net/social-network/2021/03/03/emoji-mattone-simbolo-destra-twitter/], consultado el 3 de julio de 2021.

[175] L. Iannone, «Fusaro è una pericolosa macchietta rossobruna, altro che il nuovo Togliatti», *Libero Pensiero,* 22 de diciembre de 2019, disponible en [https://www.liberopensiero.eu/22/12/2019/politica/fusaro-macchietta-rossobruna-togliatti/], consultado el 3 de julio de 2021.

[176] Dalla Vigna, «Fusaro e la miseria dell'anticapitalismo romantico», op. cit.

[177] Entre otros, véase A. R. Hochschild, *Extraños en su propia tierra. Réquiem por la derecha estadounidense,* Madrid, Capitán Swing, 2018.

news difundidas aún más que en el pasado a través de las nuevas tecnologías –incluida la perfilación de datos de forma ilegal– o el hecho de que la mayoría de los votantes republicanos apoyaron a Trump aunque les podía desagradar como candidato[178].

De forma similar, en Reino Unido, Francia, Italia, Alemania y España se ha debatido mucho sobre si la ultraderecha ha mordido en el electorado de izquierdas. A menudo la cuestión se ha mezclado con el debate sobre la postura de las formaciones de izquierdas hacia el euro y la Unión Europea. «Hace falta una izquierda que reivindique la patria y la nación, y que no sea euro-yonki», han clamado algunos intelectuales y periodistas. Ahora bien, no se puede subestimar esta cuestión, pero tampoco se la debe magnificar. La situación, además, varía bastante de país a país y se conecta, por un lado, con el programa económico y los orígenes de cada partido de ultraderecha y, por el otro, con la mayor o menor estabilidad del sistema de partidos existente. Podríamos decir que en aquellos lugares donde la extrema derecha no procede de una escisión de los partidos conservadores tradicionales y ha planteado un discurso resumible bajo la fórmula del *Welfare Chauvinism* o, por lo menos, ha desarrollado una retórica dirigida a los olvidados de la globalización, hay más posibilidades de que haya conquistado votos entre las clases trabajadoras. Asimismo, donde el sistema de partidos ha colapsado o vive una situación de profunda inestabilidad, la ultraderecha tiene más probabilidades de haber conquistado al electorado de izquierdas.

El caso de Vox es, por ejemplo, paradigmático. Como ya se ha comentado, el partido de Abascal no hizo, al menos hasta ahora, ningún guiño a medidas económicas neokeynesianas: al contrario, ha radicalizado aún más en un sentido ultraliberal las políticas tradicionalmente defendidas por el PP. Además, Vox y su grupo dirigente son una escisión de los populares. Y si es cierto que el sistema de partidos ha sufrido una profunda transformación en la última década, pasando del bipartidismo imperfecto a un sistema con cinco fuerzas con implantación estatal, no podemos hablar ni de lejos de una implosión o una crisis irreversible como en otros países. Así, todos los estudios sobre el voto a Vox en las elecciones celebradas

---

[178] Véase Levitsky y Ziblatt, *Cómo mueren las democracias,* op. cit. y Eatwell y Goodwin, *Nacionalpopulismo,* op. cit.

entre 2018 y 2021 nos muestran que la formación ultra ha pescado principalmente entre los votantes que habitualmente daban su apoyo al PP o a Ciudadanos, con una parcial excepción en las autonómicas catalanas de febrero de 2021 donde ha penetrado en los barrios con rentas más bajas. Ahora bien, en el caso catalán han tenido un peso relevante tanto la alta abstención como la polarización causada por el *procés* independentista[179]. Como resume Vicente Rubio-Pueyo, Vox ha obtenido sus mejores resultados bien en barrios muy ricos o en zonas con una fuerte presencia militar[180]. Mirando un caso concreto como el de Madrid, donde además la derecha ha tenido históricamente una fuerte presencia, el partido de Abascal obtuvo el 9,2 por 100 de los votos entre los electores que superaban el umbral de 1.800 euros al mes, mientras que se quedó con solo el 5,2 por 100 entre los que no alcanzaban los 600 euros en las elecciones generales de noviembre de 2019. Como apunta Eduardo Bayón, «en aquellos barrios de la capital en los que existe una mayor renta individual se da la correlación de que mayor es el porcentaje de voto que obtuvo Vox»[181]. La diferencia de voto, además, es especialmente llamativa: en el distrito de Salamanca, el segundo distrito con mayor renta, Vox obtuvo el 20,36 por 100 de los votos en las generales de noviembre de 2019, mientras que en Puente de Vallecas, el segundo distrito con la menor renta, no llegó al 12,3 por 100.

El caso de Italia es diferente. Por un lado, el sistema de partidos sufrió un verdadero cataclismo a principios de la década de los noventa sin llegar a consolidarse jamás en un sistema mayoritario. Además, en la última década –con la entrada en escena del M5E– ha vivido otro gran terremoto que parece no tener realmente fin: la situación, en resumen, es de una crónica inestabilidad. Por otro

---

[179] I. Gil, «Así es el votante de Vox: hombre, de 35 a 44 años, exvotante del PP y de pequeña ciudad», *El Confidencial,* 5 de enero de 2019, disponible en [https://www.elconfidencial.com/espana/2019-01-05/perfil-votante-vox-hombre-edad-ciudad-votante-pp_1740590/] y A. Moldes, «Radiografía del votante de Vox en Catalunya», *Ara,* edición digital, 20 de febrero de 2021, disponible en [https://es.ara.cat/politica/radiografia-votante-vox-catalunya_1_3879014.html], consultados el 3 de julio de 2021.

[180] V. Rubio-Pueyo, *Vox: ¿una nueva extrema derecha en España?,* Nueva York, Rosa Luxemburg Stiftung, 2019, p. 16.

[181] E. Bayón, «El falso mito del idilio entre Vox y la clase trabajadora», *Público.es,* 8 de abril de 2021, disponible en [https://blogs.publico.es/dominiopublico/37335/el-falso-mito-del-idilio-entre-vox-y-la-clase-trabajadora/], consultado el 3 de julio de 2021.

lado, la ultraderecha no es una escisión ni de la Democracia Cristiana ni del berlusconismo y tanto la Liga como Hermanos de Italia, cada uno a su manera, han jugado con una cierta retórica que intentaba captar votantes en las clases trabajadoras. Especialmente Salvini ha querido presentarse como el heredero ideal de la izquierda popular. Las condiciones eran pues bastante favorables, teniendo además en cuenta que el voto al Partido Democrático (PD) ha ido progresivamente disminuyendo entre la clase obrera. Según un análisis de Lorenzo De Sio, basado en los resultados de las legislativas de 2018, el PD —que obtuvo el 18,4 por 100 de los votos a nivel nacional— habría obtenido el 13 por 100 en la clase obrera, el 19,4 en la medio-baja, el 18 en la media y el 31,2 en la medio-alta, manteniéndose fuerte especialmente entre los pensionistas y los estudiantes[182]. No es casualidad que el periodista Massimo Giannini haya definido el PD como el partido de las ZTL —sigla con la que en italiano se hace referencia a las zonas con tráfico limitado—, es decir, los centros de las ciudades donde reside la población con las rentas más altas.

Aún así, y más allá de las muchas *fake news* que circulan en las redes, como han mostrado Gianluca Passarelli y Dario Tuorto, el partido de Salvini ha conseguido atraer esencialmente exvotantes de la Forza Italia de Berlusconi o del M5E, además de unos cuantos abstencionistas[183]. La mayoría de los votantes de clase trabajadora que han abandonado la izquierda —tanto socialdemócrata como radical— se han pasado en gran medida al movimiento fundado por Beppe Grillo que, en las legislativas de 2018, se ha convertido en el partido más votado en todo el país y también entre los trabajadores. Si miramos cómo han votado los trabajadores afiliados a la Confederación General Italiana del Trabajo (CGIL), el histórico sindicato de izquierdas, el M5E obtuvo el 30,3 por 100, el PD el 29,4, la Liga el 12,2, Libres e Iguales —la coalición que reunía lo que había a la izquierda del PD— el 6, Forza Italia el 5,5 y Hermanos de Italia el 0,8. La derecha en su conjunto ha avanzado respecto a 2013, pero de forma muy limitada: el buen resultado del parti-

---

[182] L. De Sio, «Il ritorno del voto di classe, ma al contrario (ovvero: se il PD è il partito delle élite)», *Centro Italiano Studi Elettorali,* 6 de marzo de 2018, disponible en [https://cise.luiss.it/cise/2018/03/06/il-ritorno-del-voto-di-classe-ma-al-contrario-ovvero-se-il-pd-e-il-partito-delle-elite/], consultado el 3 de julio de 2021.

[183] Passarelli y Tuorto, *La Lega di Salvini,* op. cit., pp. 81-116.

do de Salvini entre los afiliados a la CGIL se debe, sobre todo, a la bajada de los que habían votado por Berlusconi[184]. Ahora bien, debido a la liquidez de la situación política italiana, la crisis existencial que vive el M5E –que entre 2018 y 2021 ha perdido la mitad de los consensos según todos los sondeos– y la lucha entre la Liga y Hermanos de Italia para conseguir la hegemonía en la derecha, la situación podría cambiar.

Si pasamos a los casos de Francia y Alemania, la situación es una vez más distinta. En primer lugar, se debe tener en cuenta que en Francia el sistema de partidos ha implosionado parcialmente en 2017 con el colapso del Partido Socialista y la entrada en escena de La República en Marcha! de Macron, sin contar el revulsivo provocado por el movimiento de los chalecos amarillos. En Alemania, en cambio, más allá del retroceso de la SPD a favor de los Verdes y de las fluctuaciones fisiológicas en las preferencias del electorado, el sistema muestra una cierta estabilidad. En segundo lugar, las formaciones de ultraderecha de los dos países tienen una historia muy diferente: la Agrupación Nacional de Le Pen fue fundada en 1972 y no es una escisión del gollismo, mientras que Alternativa para Alemania (AfD) nació hace menos de una década y entre sus fundadores se encuentran también dirigentes con un pasado en la CDU, como Alexander Gauland que fue copresidente del partido entre 2017 y 2019. En tercer lugar, en el caso alemán pesa, y mucho, la reunificación de 1990 y las diferencias entre los territorios de las antiguas RFA y RDA, donde AfD obtiene sus mejores resultados: la única región donde Alternativa para Alemania fue el primer partido en las elecciones legislativas de 2017, de hecho, fue Sajonia donde consiguió el 27 por 100 frente a un 12,9 por 100 a nivel nacional. Por último, mientras Le Pen ha virado en la última década hacia el chovinismo del bienestar, AfD defiende un ordoliberismo ortodoxo y autoritario, más allá de que en los últimos tiempos se haya planteado defender algunas medidas sociales como una renta básica solo para los alemanes[185].

---

[184] M. Carrieri, «Come cambiano le preferenze politiche dei lavoratori», *Italianieuropei*, 28 de enero de 2020, disponible en [https://www.italianieuropei.it/it/italianieuropei-1-2020/item/4283-come-cambiano-le-preferenze-politiche-dei-lavoratori.html], consultado el 3 de julio de 2021.

[185] Véase R. Havertz, «Right-Wing Populism and Neoliberalism in Germany: The AfD's Embrace of Ordoliberalism», *New Political Economy,* 24 (2018), pp. 1-19.

Según un estudio realizado en 2019 sobre una base de 2.000 trabajadores por cada país, ambos partidos obtienen un porcentaje de voto considerable entre la clase obrera, aunque hay diferencias. AfD es el partido más votado entre los trabajadores cualificados y el segundo más votado entre los asalariados no cualificados, pero es solo el quinto entre los desempleados y está representado a grandes rasgos en todas las categorías socio-profesionales. En cambio, la formación liderada por Le Pen obtiene preferencias muy elevadas en la clase obrera –39 por 100 entre los trabajadores cualificados, 27 por 100 entre los no cualificados–, pero es con diferencia el primer partido entre los desempleados y está infrarrepresentado en las otras categorías[186]. El voto de parte de la clase trabajadora al Frente Nacional no es una novedad reciente, como ha mostrado Florent Gougou: en el primer turno de las presidenciales, el FN habría recibido el 17,6 por 100 de voto obrero en 1988, el 21,1 en 1995, el 25,6 en 2002, el 15,6 en 2007 y el 30,9 en 2012[187].

Desde la década de los noventa, es decir, cuando el electorado del Frente Nacional se proletarizó, en el Hexágono se ha debatido mucho sobre las razones de este aumento del voto de clase trabajadora a la ultraderecha. Pascal Perrineau acuñó el concepto de *gaucho-lepénisme* (lepenismo de izquierda) defendiendo la tesis de que se había dado un tránsito de votos desde el PCF y el Partido Socialista al FN. El sociólogo francés vio aparentemente reforzada su interpretación tras los éxitos del FN en históricas regiones industriales, como la del Norte-Paso de Calais, donde en las décadas anteriores el PCF obtenía un porcentaje de voto muy elevado. En realidad, más allá del éxito mediático que ha tenido y sigue teniendo este análisis, sería más correcto hablar, como propuso Nonna Mayer, de *ouvrièro-lepénisme* (obrero-lepenismo)[188]: la mayoría de

---

[186] G. Cugnata y B. Berady, «Which social spaces for far-right parties? A comparative electoral analysis in France and Germany», *Transform Europe!*, 2 de octubre de 2020, disponible en [https://www.transform-network.net/focus/overview/article/radical-far-and-populist-right/which-social-spaces-for-far-right-parties-a-comparative-electoral-analysis-in-france-and-germany/], consultado el 3 de julio de 2021.

[187] F. Gougou, «Les ouvriers et le vote Front National. Les logiques d'un réalignement électoral», en S. Crépon, A. Dézé y N. Mayer (eds.), *Les faux-semblants du Front National. Sociologie d'un parti politique,* París, Presses de Sciences Po, 2015, pp. 335-343.

[188] Véase el más reciente libro de Perrineau en que sigue sosteniendo esta tesis: P. Perrineau, *Cette France de gauche qui vote FN,* París, Seuil, 2017. Nonna Mayer plan-

los obreros no han abandonado a la izquierda para votar el FN, sino más bien han pasado a la abstención, mientras que los que votan por el FN son sobre todo antiguos electores de derecha. Una encuesta realizada tras las presidenciales de 2012 mostraba que solo el 9 por 100 de los obreros que habían votado en la primera vuelta por Marine Le Pen se consideraban de izquierdas, mientras que el 49 por 100 se decía de derechas y el 29 por 100 de centro. Se trataría, como explicó Mayer, de obreros más católicos, que viven fuera de las grandes ciudades, tienen al menos un diploma y temen perder lo que tienen. Más que de *gaucho-lepénisme* se debería hablar, pues, de *droito-lepénisme* (lepenismo de derecha)[189].

El caso británico tiene obviamente sus peculiaridades, empezando por el Brexit y la polarización del país acerca de esta cuestión que ha partido en dos a muchas fuerzas políticas, incluidos los laboristas. En segundo lugar, debe tenerse en cuenta la ultraderechización que han vivido los Tories, convirtiéndose en una especie de UKIP *light*. Con la conquista del liderazgo del partido por parte de Boris Johnson, además, los conservadores han dado un giro, al menos a nivel retórico, en su política económica: Johnson ha puesto en *stand by* su programa de neoliberalismo puro y duro y ha trufado su discurso de promesas de inversiones en sanidad, escuelas y otros servicios públicos hasta el punto de que, en medio de la crisis del coronavirus, habló de un nuevo *New Deal* para Reino Unido.

Si miramos, de todas formas, a los votantes del UKIP, el partido liderado por Nigel Farage, en 2014 no hay grandes diferencias con los casos comentados anteriormente: era uno de los partidos preferidos por las clases trabajadoras[190]. Y algo similar puede decirse del voto a los Tories en los últimos años: en las elecciones legislativas de diciembre de 2019 y en las municipales de 2021 Johnson ha conquistado una buena parte de los históricos bastiones laboristas del norte de Inglaterra. En Hartford, por ejemplo, una circunscripción postindustrial deprimida gobernada desde siempre por el Labour,

---

teó el concepto de *ouvrièro-lepénisme* en N. Mayer, *Ces Français qui votent FN,* París, Flammarion, 1999.

[189] Cit. en M. Dejean, «Le FN, parti des ouvriers?», *Les Inrockuptibles,* 27 de febrero de 2014, disponible en [https://www.lesinrocks.com/actu/le-fn-parti-des-ouvriers-112582-27-02-2014/], consultado el 3 de julio de 2021.

[190] Véase G. Evans y J. Mellon, «Working Class Votes and Conservative Losses: Solving the UKIP Puzzle», *Parliamentary Affairs* 69/2 (2016), pp. 464-479.

los conservadores han ganado por primera vez, obteniendo un 52 por 100 de los votos[191].

Si pasamos ahora a los países de Europa del Este, vemos dinámicas que, aunque puedan tener algunas similitudes, son en realidad diferentes a las de la Europa occidental. Por un lado, hay que tener en cuenta el peso de la memoria de la etapa comunista que marca una diferencia clara respecto a la parte occidental del continente también en las posibles preferencias electorales de los trabajadores: para muchos húngaros, polacos, checos o eslovacos izquierda significa todavía comunismo, aunque ha ido creciendo en algunos países la llamada *Ostalgie*. A esto se suman también las políticas fuertemente neoliberales aplicadas con ahínco y convicción por los partidos de centroizquierda a partir de los noventa: no cabe duda de que también en Europa occidental la socialdemocracia viró hacia el centro, abrazando la tercera vía blairiana y promoviendo la reducción del Estado de bienestar y programas de privatizaciones, pero en el Este, en un contexto de profunda transformación del sistema de partidos y de las mismas sociedades, la mayoría de partidos socialistas fue tan neoliberal que las diferencias con Thatcher son prácticamente invisibles. Y esto conllevó una profunda decepción entre una parte considerable de las clases trabajadoras que vieron disminuir su capacidad adquisitiva. Por el otro, aunque la brecha entre el mundo urbano y el mundo rural o, si se quiere, entre centro y periferia, ha ido agrandándose en todo el mundo occidental en las últimas dos décadas, en los países de la Europa oriental esta fractura es aún más profunda.

Así, no debe extrañar demasiado que en Polonia el apoyo a PiS es notable entre las clases trabajadoras: esto se debe tanto a las políticas redistributivas realizadas por los gobiernos ultraderechistas desde 2015 así como a una doble fractura. El mapa del voto en las presidenciales de 2020, que han confirmado al candidato del PiS, Andrzej Duda, como jefe de Estado, muestra un país partido literalmente por la mitad: en primer lugar, entre campo y ciudad; en segundo lugar, entre la parte oriental, mayormente católica y conservadora, y la occidental, más liberal y conectada con las inversio-

---

[191] Véase R. Ramos, «La izquierda inglesa se evapora», *La Vanguardia*, edición digital, 8 de mayo de 2021, disponible en [https://www.lavanguardia.com/internacional/20210508/ 7438098/izquierda-inglesa-evapora.html], consultado el 3 de julio de 2021.

nes occidentales. Duda obtuvo más del 60 por 100 de los votos en las zonas rurales contra poco más del 35 por 100 del candidato de Plataforma Cívica, Trzaskowski, que en cambio ha ganado con una amplia diferencia en prácticamente todas las ciudades de dimensiones medias y grandes[192]. Como apuntan diferentes analistas, si bien las cuestiones económicas tienen un peso importante, se deben tener en cuenta también otros elementos como los culturales, en primer lugar la inmigración y la defensa de los valores tradicionales, y temas muy polarizantes como el aborto o los derechos LGTBI, que el PiS emplea constantemente[193].

El caso de Hungría es similar al polaco, aunque las políticas económicas realizadas por Orbán son distintas, como se ha comentado en el segundo capítulo del volumen. No obstante el neoliberalismo autoritario y selectivo desarrollado por el Sistema de la Cooperación Nacional, la mayoría de los análisis confirman que el apoyo a Fidesz es inversamente proporcional a los ingresos, es decir, las clases desfavorecidas son las que tienen una opinión más favorable del partido. Una vez más, las cuestiones económicas no se pueden subestimar, pero se deben complementar con lo que Pippa Norris y Ronald Inglehart han definido como el *cultural backlash*, es decir, la reacción cultural[194]. En cuanto al peso de las cuestiones económicas, por un lado, los datos macro no son aparentemente malos: la economía del país magiar ha crecido entre 2005 y 2017 un 15 por 100, la tasa de paro ha bajado entre 2010 y 2019 del 12 al 4 por 100, el gobierno ha creado medio millón de puestos de trabajo y los datos sobre la marginación social y el número de familias en riesgo de pobreza han mejorado. Ahora bien, al mismo tiempo las economías de los países del grupo de Visegrado han crecido entre dos y cuatro veces más que la de Hungría: Polonia, República Checa y Eslovaquia tienen ahora un nivel medio de vida más alto que el del país magiar. Asi-

---

[192] F. Turco, «Duda ha vinto ma la Polonia ha scoperto di essere divisa in due», *Linkiesta,* 14 de julio de 2020, disponible en [https://www.linkiesta.it/2020/07/elezioni-polonia-vince-duda/], consultado el 3 de julio de 2021.

[193] A. Szczerbiak, «Why is Poland's Law and Justice party still so popular?», *London School of Economic,* 1 de octubre de 2019, disponible en [https://blogs.lse.ac.uk/europpblog/2019/10/01/why-is-polands-law-and-justice-party-still-so-popular/], consultado el 3 de julio de 2021.

[194] P. Norris y R. Inglehart, *Cultural Backlash. Trump, Brexit and Autoritharian Populism,* Cambridge, Cambridge University Press, 2019.

mismo, la movilidad intergeneracional se encuentra por debajo de la media occidental y la sangría de la emigración juvenil no ha parado –medio millón de jóvenes, la mayoría de ellos con titulación universitaria, sobre una población de menos de 10 millones, se ha marchado del país en la última década– cuando además hay escasez de mano de obra[195].

Por otro lado, las políticas socioeconómicas de los gobiernos de Orbán son selectivas y clientelares: el resultado es que unos sectores de la población se benefician de ellas, aunque de forma muy limitada, como los pensionistas o parte de los desempleados que han obtenido trabajos socialmente útiles, y consecuentemente apoyan con más probabilidades a Orbán. El caso de una parte de la comunidad romaní es paradigmático. Si miramos, sin embargo, el voto en las elecciones legislativas de 2018, vemos una situación muy parecida a la de Polonia: Fidesz obtuvo el 38 por 100 de los votos en Budapest, el 43 por 100 en las capitales de provincia, el 52 por 100 en las ciudades de unos 10.000 habitantes, casi el 60 por 100 en los pueblos de pequeñas dimensiones y alrededor del 66 por 100 en los Ayuntamientos de menos de 500 habitantes. La brecha campo-ciudad es enorme[196].

Como se ve, la cuestión es compleja y repleta de matices y peculiaridades que dependen en muchos casos de los contextos nacionales. A menudo se suelen sacar conclusiones trazando análisis de brocha gorda o importando debates descontextualizados desde otras latitudes que no son aplicables en determinados contextos. En el campo de la ciencia política se ha debatido largo y tendido sobre el impacto de la economía en el éxito de la ultraderecha: como hemos visto anteriormente al desmenuzar las causas del populismo, hay quien ha interpretado el apoyo electoral de parte de las clases trabajadoras a Trump y Le Pen o el voto a favor del Brexit principalmente por las causas económicas. Se ha hablado a este respecto de los perdedores de la globalización, una fórmula que se ha repetido infinidad de veces en la prensa en el último lustro. Simon Bornschier y Hanspeter Kriesi, al contrario, han puesto en duda esta interpretación: según sus estudios, lo más importante para explicar por qué algunos miembros de la clase trabajadora votan a la ultra-

---

[195] Bottoni, *Orbán,* op. cit., pp. 241-247.
[196] *Ibid.,* p. 221.

derecha es el antiuniversalismo. «Son los perdedores de la modernización cultural y no económica», apuntan, «quienes apoyan a la extrema derecha»[197]. No serían, pues, los altos niveles de desempleo o la pérdida de poder adquisitivo lo que explicaría porque parte de la clase trabajadora escoge la papeleta de Alternativa para Alemania, la Agrupación Nacional, la Liga, Fidesz, PiS o los republicanos hegemonizados por Trump, sino sobre todo el rechazo a la modernización liberal y al cosmopolitismo. O, como ya apuntaba en 2008 Daniel Oesch, la percepción de la inmigración como una amenaza a la identidad del país que comporta la defensa de una sociedad cerrada[198]. En síntesis, la causa se encontraría en esa hostilidad cultural que desentrañó Thomas Frank analizando, ya en 2005, el caso de Kansas[199]. Esta tesis, resumible en la fórmula de la reacción cultural de Norris e Inglehart permitiría entender, a fin de cuentas, la aparente contradicción de cómo es posible que buena parte de las clases desfavorecidas en Hungría voten por Fidesz, para poner un ejemplo concreto, aunque las políticas socioeconómicas aprobadas por los gobiernos liderados por Viktor Orbán no defiendan, en buena medida, sus intereses materiales.

Quizá debería añadirse también otro elemento: como apunta Thomas Kurer, hay diferencias en el comportamiento electoral entre los trabajadores que han sobrevivido a la transformación postindustrial y los que viven en la precariedad o en el desempleo. Como demostrarían los datos sobre el voto de los obreros en el caso de Alternativa para Alemania, los primeros, que perciben que su posición en la jerarquía social está en riesgo, votan con más facilidad a los partidos de extrema derecha comparado con los segundos, que han experimentado realmente ese declive estructural[200]. Algo similar se puede decir también por el tema de la inmigración: la ultraderecha no consigue necesariamente sus mejores resultados en las áreas

---

[197] S. Bornschier y H. Kriesi, «The populist right, the working class, and the changing face of class politics», en J. Rydgren (ed.), *Class Politics and the Radical Right*, Nueva York, Routledge, 2013, pp. 10-29.
[198] D. Oesch, «Explaining Workers' Support for Right-Wing Populist Parties in Western Europe: Evidence from Austria, Belgium, France, Norway, and Switzerland», *International Political Science Review* 29/3 (2008), pp. 349-373.
[199] Véase T. Frank, *¿Qué pasa con Kansas?: Cómo los ultraconservadores conquistaron el corazón de Estados Unidos*, Madrid, Acuarela & A. Machado, 2008.
[200] Cit. por Acha Ugarte, *Analizar el auge de la ultraderecha*, op. cit., p. 86.

con más concentración de inmigrantes. Es decir, en diferentes casos, se ha demostrado efectivamente que en las áreas que están viviendo un rápido cambio étnico se ha dado un aumento del voto a la extrema derecha, pero en otros se ha visto que este crecimiento se ha dado más en territorios cercanos donde la presencia de inmigrantes es todavía baja. No sería pues el contacto estrecho con los extranjeros lo que comporta una radicalización de parte del electorado, sino el temor a que ese contacto se produzca, lo que se ha denominado el «efecto halo» o «efecto dónut»[201].

De fondo, además, hay una serie de cuestiones que no se suelen tener suficientemente en cuenta. Por un lado, se suele olvidar que también en las décadas pasadas había sectores no desdeñables de la clase trabajadora que escogían las papeletas de los partidos de derecha. Había obreros que votaban al gaullismo en Francia, a la Democracia Cristiana y luego a Berlusconi en Italia, a los Tories en Gran Bretaña, a la CDU en Alemania o al PP de Aznar y Rajoy en España. Es decir, el mito de que los obreros eran todos «rojos» no es nada más que eso: un mito. La clase trabajadora nunca ha votado solo a la izquierda, tampoco durante los «treinta gloriosos». Si acaso, lo que parece evidente es que ha habido una radicalización de ese votante de clase trabajadora que no votaba por la izquierda: de la derecha clásica habría pasado a votar a la extrema derecha, una dinámica, por otro lado, que se percibe en buena medida también en las otras clases sociales. Además, como explicaba Nonna Mayer cuando acuñó el concepto de *ouvrièro-lepénisme,* muchos de los obreros que votaban a partidos de izquierdas han pasado a la abstención permitiendo que los demás que siguen votando sean, en cierto sentido, sobrerrepresentados. En el caso británico, por ejemplo, la diferencia en el índice de participación entre los trabajadores y la clase media aumentó del 5 por 100 en los ochenta a casi el 20 por 100 en 2010[202].

Por otro lado, no se puede razonar como si la geografía de un país fuese una «foto fija» donde sigue habiendo ciudades o regiones obreras como hace treinta o cincuenta años. Y no solo por el evidente proceso de desindustrialización, sino porque una parte de los hijos o los nietos de aquellos obreros han podido estudiar y sacarse una carrera universitaria. Ya no son clase trabajadora o, por lo me-

---

[201] Eatwell y Goodwin, *Nacionalpopulismo,* op. cit., p. 196.
[202] *Ibid.,* p. 283.

nos, no trabajan en una línea de producción de una fábrica como sus padres o abuelos: son y, sobre todo, se perciben como clase media, aunque sean precarios y en la última década hayan vivido un proceso de empobrecimiento por la Gran Recesión y la aplicación de políticas de austeridad.

En realidad, preguntarse si los obreros han pasado a votar a la ultraderecha es una falsa pregunta o, como mínimo, una pregunta equivocada que no nos ayuda a entender los problemas de fondo. La oferta disponible –es decir, los programas económicos de los partidos de extrema derecha– es un elemento, así como la reacción cultural de parte de la población de clase trabajadora. No son, en síntesis, causas excluyentes: se deben, por el contrario, sumar, teniendo en cuenta el peso que pueden tener en cada contexto. Asimismo, las transformaciones socioeconómicas, los cambios del electorado obrero y de las formas de hacer política, además del aumento generalizado de la abstención entre las clases trabajadoras, son factores quizás aún más importantes. Como apuntó Xavier Casals, no se trata tanto de un giro a la derecha del proletariado urbano de los países europeos, sino de

> su transformación profunda en distintos ámbitos. Nos referimos a la disolución de una identidad vinculada al mundo fabril y sindical; a la conversión de suburbios en guetos de emigrantes; a la desindustrialización de zonas pobladas donde ahora solo hay parados de larga duración y en las que polígonos fabriles vacíos constituyen las ruinas del siglo XX; a la competencia de un mercado laboral que, en determinadas áreas, tiende a etnizarse con la inmigración; a la precarización creciente del mercado laboral; a expectativas de promoción que se desvanecen al averiarse o fallar el ascensor social; y a la percepción de las formaciones tradicionales de la izquierda como realidades alejadas de los intereses e inquietudes de los medios obreros[203].

Por último, hay que mencionar también la brecha educativa que, como han mostrado diferentes estudios, parece ser un elemento de esencial importancia para explicar el voto a las extremas derechas. Y esto, obviamente, vale también para las clases trabajadoras. Los

---

[203] X. Casals, «¿Por qué los obreros apoyan a la ultraderecha?», op. cit., pp. 16-17.

votantes de AfD y la Agrupación Nacional francesa son los menos instruidos en los dos países: el 28 por 100 de los alemanes y el 54 por 100 de los franceses tiene un diploma de educación superior, mientras que solo el 15 por 100 y el 36 por 100 de los votantes de AfD y el RN, respectivamente, lo poseen[204]. De hecho, en la segunda vuelta de las presidenciales de 2017 entre los ciudadanos menos instruidos Macron obtuvo el 54 por 100 de los votos, mientras Le Pen llegó al 46 por 100, cuando los candidatos obtuvieron, en términos generales, el 66,1 y el 33,9 por 100 respectivamente. Los casos de Gran Bretaña y Estados Unidos confirman estas dinámicas: en el caso del Brexit, el 75 por 100 de las personas sin formación académica votó por el *Leave,* mientras que el 64 por 100 de los blancos sin estudios universitarios escogió la papeleta de Trump en 2020[205]. Estos datos no deberían extrañar ya que el nivel de educación influye notablemente en nuestros valores y en cómo interpretamos el mundo. Como reconocen Eatwell y Goodwin,

> quienes han ido a la universidad tienden a tener una mentalidad liberal cultural que da importancia a la tolerancia de las diferencias, tiene poco tiempo para las jerarquías sociales y da prioridad a los derechos individuales por encima de las identidades de grupo. En cambio, quienes carecen de estudios superiores se inclinan hacia una perspectiva socialconservadora que valora más conservar las jerarquías sociales, la estabilidad, el mantenimiento del orden y la tradición, y se asegura de que las personas se adaptan al grupo más amplio[206].

---

[204] Cugnata y Berady, «Which social spaces for far-right parties?», op. cit.
[205] C. Barría, «Elecciones en Estados Unidos: la gigantesca fractura que divide el país (y 5 gráficos que muestran quién votó por quién)», *BBC News Mundo,* 19 de noviembre de 2020, disponible en [https://www.bbc.com/mundo/noticias-54996294], consultado el 3 de julio de 2021.
[206] Eatwell y Goodwin, *Nacionalpopulismo,* op. cit., p. 62.

IV. MANUAL DE INSTRUCCIONES PARA COMBATIR A LA EXTREMA DERECHA[1]

No hacía falta esperar a que Q-Shaman, ataviado con pieles y cuernos, junto a varios millares de supremacistas blancos, neonazis, seguidores de las más esperpénticas teorías de la conspiración y miembros del Partido Republicano, asaltase el Capitolio para enterarse de que la extrema derecha es una amenaza real. No hacía falta esperar a que Bigo Barnett pusiese los pies en la mesa del despacho de Nancy Pelosi para entender que la ultraderecha es un verdadero cáncer que destruye por dentro nuestras democracias. En los últimos años hemos tenido ejemplos de sobra. Viktor Orbán lleva más de una década desmontando el Estado de derecho en Hungría: desde mediados de 2010 se ha aprobado una nueva Constitución, se ha recortado el número de parlamentarios, se han ocupado las instituciones, se han controlado los medios de comunicación y se han recortado los derechos de las minorías. Desde 2015 en Polonia ha pasado algo similar. En Estados Unidos, los republicanos –especialmente vinculados al Tea Party y a la corriente trumpista– llevan años manipulado las circunscripciones electorales en muchos Estados de la federación con el objetivo de mantenerse en el poder –el llamado *gerrymandering*– y trabajan para restringir el derecho de voto en algunas comunidades, como la afroamericana.

En todo el mundo occidental, además, han aumentado los delitos de odio con motivaciones étnicas, religiosas, raciales, homófobas y machistas. En Estados Unidos, se han registrado alrededor de 3.800 ataques contra ciudadanos de origen asiático entre marzo de 2020 y febrero de 2021. En Alemania, según la Oficina Federal contra la Discriminación, en 2019 respecto a 2018, los asesoramientos legales

---

[1] Una primera versión, mucho más breve, de estas reflexiones se ha publicado en S. Forti, «Manual de instrucciones para combatir a la extrema derecha», *Revista Contexto*, 12 de enero de 2021, disponible en [https://ctxt.es/es/20210101/Firmas/34701/combatir-extrema-derecha-donald-trump-steven-forti.htm], consultado el 7 de julio de 2021.

aumentaron un 4 por 100 y las peticiones de consejo jurídico recibidas por motivaciones de origen étnico o racial, un 10 por 100. Además, solo en los primeros ocho meses de 2020 se produjeron 542 actos de violencia racista, xenófoba y de extrema derecha, con al menos 240 personas heridas en todo el país, según cifras del gobierno federal. En Italia, entre enero de 2008 y marzo de 2020 se han documentado más de 7.000 casos de racismo con un repunte notable en el último bienio. En España, el informe de la evolución de los delitos de odio del Ministerio del Interior ha documentado un aumento de los delitos e incidentes de odio del 6,8 por 100 en 2019 con respecto al año anterior.

Asimismo, las acciones armadas de matriz ultraderechista, vinculadas sobre todo al supremacismo blanco, se han disparado. Esto no empezó ayer: en abril de 1995, dos supremacistas blancos, Timothy McVeigh y Terry Nichols hicieron explotar una bomba en un edificio federal de Oklahoma City causando la muerte de 168 personas. Se trató del acto terrorista más grave de la historia de Estados Unidos hasta el ataque a las Torres Gemelas de 2001. En julio de 2011 el ultraderechista noruego Anders Breivik hizo estallar una bomba frente a un edificio institucional en Oslo y provocó una masacre en un campamento juvenil del Partido Laborista en la isla de Utoya, matando a 77 personas. En marzo de 2019, Brenton Tarrant atacó dos mezquitas en Christchurch, Nueva Zelanda, provocando 51 víctimas y unos meses más tarde, en El Paso, Texas, otro supremacista blanco asesinó a 23 personas. En febrero de 2020 un ultraderechista alemán asesinó a nueve personas en dos bares frecuentados por extranjeros en la ciudad de Hanau, cerca de Fráncfort. Cuatro meses antes, se produjo un atentado terrorista contra la sinagoga de Halle –que dejó dos muertos– y en octubre de 2018 otro atentado antisemita en la sinagoga de Pittsburgh causó once víctimas.

Casi el 70 por 100 de los atentados que ha sufrido Estados Unidos en los primeros ocho meses de 2020 son de matriz supremacista blanca: en octubre de ese año el FBI detuvo a los miembros de unas milicias de extrema derecha que planeaban secuestrar a la senadora del Estado de Michigan, Gretchen Whitmer. Ya el anterior mes de mayo, decenas de hombres armados irrumpieron en el Parlamento del Estado y amenazaron a los congresistas que estaban votando el mantenimiento de las restricciones sanitarias por la difusión del coronavirus. De acuerdo con el índice global de terrorismo, elaborado por el Instituto de Economía y Paz, entre 2015 y 2020 los atentados terroristas de extrema derecha han crecido un 320 por 100 en todo el mundo, superando al terrorismo yihadista. El departamento de Estado norteamericano ha llegado a definir el supremacismo blanco como «la amenaza más persistente y letal en el país», mientras que el ministro del Interior alemán, Hoorst Seehofer, lo ha considerado «la mayor amenaza» para la democracia del país germano[2]. En el último lustro han aumentado también los ataques antisemitas: en 2018, en Alemania se contabilizaron 1.646 actos antisemitas (un aumento del 9,4 por 100 respecto a 2017), en Gran Bretaña 1.652 (con un aumento del 16 por 100) y en Francia 541 (con un aumento del 74 por 100). Lo que pasó el 6 de enero de 2021 en Washington, pues, no es algo inesperado o que no se podía prever. Eso sí, ha marcado un antes y un después, sobre todo por el simbolismo del lugar, el objetivo de los asaltantes y el apoyo que les brindó Trump, aún presidente del país. Posiblemente, después de ver esas imágenes más gente se ha dado cuenta de que el peligro no es una invención de los medios de comunicación o una paranoia de los activistas antifascistas, sino que existe y está ahí fuera.

En las conferencias y charlas que he dado en los últimos años acerca de la que he definido como extrema derecha 2.0 siempre ha aparecido una pregunta: ¿qué podemos hacer?, ¿cómo podemos combatir a los Trump, los Salvini, las Le Pen, los Abascal y los Orbán? Como historiador, he pensado que mi tarea era y debía ser la de analizar el fenómeno y ofrecer unas claves interpretativas. No procedía, pensaba, decir lo que se tenía o no se tenía que hacer. Además, tampoco lo tenía muy claro: el fenómeno es extremadamente complejo y los niveles de posible actuación son diferentes. Además, en muchos casos no se puede tener la seguridad de que una medida sea de por sí efectiva: a veces puede funcionar, otras veces no. Dependerá siempre (o casi) del contexto.

---

[2] J. Moreno, «El silencioso repunte del "terrorismo de extrema derecha" y por qué la covid-19 puede agravarlo», *BBC News Mundo,* 18 de noviembre de 2020, disponible en [https://www.bbc.com/mundo/noticias-internacional-54719236], consultado el 7 de julio de 2021. Véase el informe «State Of Hate: Far Right Extremism In Europe 2021», elaborado por Hope not Hate en enero de 2021, disponible en [https://www.hopenothate.org.uk/research/state-of-hate-reports/state-of-hate-europe2021/], consultado el 7 de julio de 2021.

Dicho todo esto, creo que, por un lado, las experiencias del pasado y algunas enseñanzas positivas de los últimos años pueden darnos unas cuantas pistas para elaborar una respuesta a la amenaza ultraderechista, aunque esta sea parcial y, vaya por delante, mejorable. Por otro lado, creo que como ciudadano comprometido con los valores democráticos tengo el deber de intentar establecer una especie de breve manual de instrucciones para combatir a la ultraderecha. Los intelectuales no pueden encerrarse en su torre de marfil y, menos aún, poner sus conocimientos al servicio de proyectos antidemocráticos, como denunció en la década de los veinte del pasado siglo Julien Benda[3].

A principios de los cuarenta, Woody Guthrie daba vueltas por Estados Unidos cantando sus canciones para denunciar las desigualdades, condenar la xenofobia y luchar contra el fascismo hasta alistarse en el ejército para combatir a Hitler: en su guitarra, como se sabe, escribió que «esta máquina mata fascistas». Así, los historiadores –y los politólogos– que hemos estudiado el fascismo y las nuevas extremas derechas podemos aportar, con toda la humildad necesaria, nuestro granito de arena para evitar que nuestras democracias acaben sumergidas por la ola ultraderechista. Este libro, en suma, no «mata fascistas», pero ayuda a «conocerlos» y, en estas últimas páginas, enumera algunas propuestas concretas para combatirlos.

PARA COMBATIR A LA EXTREMA DERECHA
ES NECESARIO ESTUDIARLA

«Para combatir es necesario conocer del enemigo sus fuerzas desplegadas en el campo y también las de reserva acampadas en la retaguardia» escribió el líder comunista italiano Palmiro Togliatti. Prueba de ello fueron las *Lecciones sobre el fascismo* que Togliatti impartió a principios de 1935. Antonio Gramsci estaba convencido de ello desde principios de los veinte, como demuestran sus artículos publicados en el *Ordine Nuovo* y *l'Unità* o, más tarde, en las reflexiones contenidas en los cuadernos de la cárcel. En síntesis, sin conocer un fenómeno es imposible entenderlo y, por consiguiente, combatirlo.

---

[3] J. Benda, *La traición de los intelectuales* [1927], Barcelona, Galaxia Gutenberg, 2008.

El primer paso imprescindible es estudiar, pues, a la nueva ultraderecha, entender de dónde nació, cómo se organiza, cómo actúa y qué discursos utiliza. Como se ha explicado en este libro, podemos decir que fenómenos como el trumpismo, el bolsonarismo, Vox, Alternativa para Alemania, el lepenismo y las demás formaciones de la galaxia ultraderechista son algo distinto de los fascismos de entreguerras y de los neofascismos de la segunda mitad del siglo XX. La extrema derecha se ha renovado: esto no significa que sea menos peligrosa ni que no haya elementos de continuidad con el pasado. Sin embargo, se debe tener claro que es un fenómeno distinto y radicalmente nuevo.

La transformación ha sido notable. Por un lado, ya no se trata de grupúsculos autoguetizados de gente con la cabeza rapada que hace el saludo romano: ahora visten camisa, americana y a veces incluso corbata. Por otro, su lenguaje ha cambiado y ha conectado con una parte nada desdeñable, si no mayoritaria, de la ciudadanía. Aquí es fundamental entender el giro que imprimió a partir de los setenta Alain de Benoist: la Nueva Derecha francesa apostó por dar la batalla cultural y abandonar conceptos inaceptables tras Auschwitz, como el racismo biológico, sustituyéndolos por otros más adecuados para sociedades que se estaban haciendo multiculturales, como el etnodiferencialismo. Por último, la extrema derecha ha entendido la potencialidad de las nuevas tecnologías, empezando por las redes sociales, para ganar visibilidad mediática y protagonismo político.

Resumiendo: comparado con el fascismo histórico –visto, al menos, con las lentes del presente– y el neofascismo de hace unas décadas, la extrema derecha 2.0 es más «presentable», habla el lenguaje de la gente común y sabe moverse como pez en el agua en el mundo digital. Además, se presenta como transgresora, provocadora, *cool* e incluso antisistema creando una notable confusión ideológica.

¡Es un fenómeno global, estúpido!

¿Recuerdan la famosa frase con que, se dice, Bill Clinton ganó las elecciones estadounidenses de 1992? Fue James Carville, el estratega de la campaña electoral del candidato demócrata, que sugirió utilizar el eslogan «Es la economía, estúpido». Carville colgó un cartel con esta frase en su oficina para mantener siempre enfocada la campaña contra George Bush padre. Bien, cuando intentamos comprender el fenómeno de la nueva ultraderecha deberíamos mirar hacia la pared de nuestra habitación y leer un cartel que dice «Es un fenómeno global, estúpido».

Por más que todos estos partidos nos parezcan diferentes, «únicos» o incomparables, se trata de una gran «familia» ultraderechista a nivel internacional: si no pensamos a escala global caeríamos, pues, en un craso error. Todas las formaciones de la extrema derecha 2.0 tienen, de hecho, unos mínimos comunes denominadores: el ultranacionalismo, el identitarismo, el soberanismo, un general conservadurismo, la islamofobia, la condena de la inmigración, la toma de distancia formal de las pasadas experiencias del fascismo y, como mínimo, un exacerbado tacticismo. Esto no significa que no tengan también divergencias, a veces insalvables, en temas como la economía, los valores o la geopolítica. Sus diferencias no impiden, sin embargo, incluirlas en una misma macrocategoría y en una misma familia que dispone de lazos transatlánticos extremadamente estrechos.

Por un lado, existen foros y encuentros que permiten la comunicación y el intercambio de ideas entre estas formaciones, como la Conferencia de Acción Política Conservadora de los republicanos estadounidenses –que suele invitar a los principales líderes de la ultraderecha europea– o los partidos y los grupos parlamentarios en que se reúnen estas fuerzas a nivel comunitario –como Identidad y Democracia o los Conservadores y Reformistas Europeos–. Por el otro, existen *think tanks* ultraderechistas que organizan congresos y conferencias para poner en relación a los dirigentes políticos de distintos países y compartir ideas, tácticas y estrategias, como la Fundación Edmund Burke de Estados Unidos, el Instituto Danubio de Hungría, Nazione Futura en Italia o el Instituto Herzl en Israel. No es casualidad, de hecho, que estas fundaciones sean las patrocinadoras de la conferencia sobre el nacional-conservadurismo organizada en Roma en febrero de 2020 en la cual participaron Orbán, Meloni, Marion-Maréchal Le Pen, el líder ultraderechista holandés Thierry Baudet o, entre otros, el intelectual conservador ultraortodoxo israelí Yoram Hazony.

De fondo, y a menudo entre bambalinas, hay *lobbies* que hacen un trabajo aún más importante, como el integrista cristiano o el de las armas. Además de financiar a estos partidos, promueven una agenda común y ponen a disposición informes, estudios y, a veces, el acceso a medios de comunicación. La estadounidense Asociación Nacional del Rifle (NRA) no se preocupa ya solo de defender sus intereses en Washington, sino que apoya, por lo general indirectamente, también a los partidos políticos que proponen la liberalización de la venta de armas en otros países. La asociación polaca Firearms United, vinculada a la NRA, lleva ya tiempo trabajando como *lobby* en Bruselas y, junto a otras asociaciones italianas, como Unarmi, ha apoyado, por ejemplo, a la ultraderecha transalpina que, con Salvini en el gobierno, aprobó una ley que ampliaba los supuestos de legítima defensa[4]. Además, el integrismo cristiano dispone de un amplio y muy activo entramado de organizaciones, asociaciones e institutos, como el Congreso Mundial de las Familias o HazteOír-Citizen Go que, según diferentes investigaciones periodísticas, habría impulsado y posiblemente también financiado a Vox[5]. Se trata de organizaciones que defienden una visión tradicionalista y cerrada del cristianismo, tanto en su versión católica –de ahí la mitificación de Karol Woytila, la cercanía a Joseph Ratzinger y la animadversión a Jorge Bergoglio– como en su versión ortodoxa –con importantes oligarcas rusos cercanos a Putin, como Konstatin Malofeev, presidente de la fundación San Basilio el Grande– o evangélica y pentecostal –cuyas iglesias en Brasil y Estados Unidos han apoyado a Bolsonaro y Trump[6].

NUNCA VENCEREMOS AL MONSTRUO
SI NO ENTENDEMOS LAS RAZONES DE SU AVANCE

¿Por qué la nueva extrema derecha se ha arraigado en una mayoría de países hasta convertirse en hegemónica en algunos de ellos? Desde hace algunos años, existe un amplio debate sobre estas cues-

---

[4] V. Malagutti, «Chi c'è dietro la lobby delle armi», *L'Espresso,* edición digital, 18 de abril de 2019, disponible en [https://espresso.repubblica.it/plus/articoli/2019/04/18/news/tu-spara-che-io-faccio-affari-1.333955/], consultado el 7 de julio de 2021.

[5] A. Ramsay y C. Prevost, «Exclusiva: un esquema de financiación coordinado internacionalmente trabaja para aupar a Vox y a la extrema derecha europea», *Open Democracy,* 26 de abril de 2019, disponible en [https://www.opendemocracy.net/es/ 5050/exclusiva-un-esquema-de-financiaci%C3%B3n-coordinado-internacionalmente-trabaja-para-aupar-a-vox-y-a-la-extrema-derecha-europea/], consultado el 7 de julio de 2021.

[6] Véanse, I. Scaramuzzi, *Dio? In fondo a destra. Perché i populismi sfruttano il cristianesimo,* Verona, Emi, 2020 y J. J. Tamayo, *La internacional del odio. ¿Cómo se construye? ¿Cómo se deconstruye?,* Barcelona, Icaria, 2020.

tiones en el mundo académico. Evidentemente, cada contexto nacional tiene sus peculiaridades, pero podemos detectar una serie de razones más generales. En primer lugar, las económicas: el aumento de las desigualdades, el debilitamiento del Estado de bienestar, el creciente abandono de amplios sectores de la población que se encuentran en los márgenes de la sociedad o la precarización del trabajo... En síntesis, las consecuencias de la imposición del modelo neoliberal a partir de la década de los ochenta. En segundo lugar, las razones culturales: la centralidad de temáticas –como el aborto, los derechos de las minorías, la inmigración, el matrimonio homosexual, el feminismo, etc.– polarizan nuestras sociedades y rompen a menudo los clivajes políticos tradicionales llegando a producir lo que Norris e Inglehart han definido como *cultural backlash,* esto es, una reacción cultural de parte de la población. En tercer lugar, las sociopolíticas: la democracia liberal representativa vive una profunda crisis, nuestras sociedades están deshilachadas, los partidos políticos ya no cumplen con la función de correa de transmisión y válvula de escape entre territorios e instituciones, los sindicatos tienen enormes dificultades para adaptarse a una realidad plenamente posfordista y la desconfianza de la ciudadanía sigue en aumento. En cuarto lugar, hay que señalar las razones ideológicas: vivimos una época de crisis de las ideologías que han marcado la época contemporánea. No es que ya no existan la izquierda y la derecha, como gusta decir a los populistas de todo pelaje: lo que pasa es que hay, como apunta Philippe Corcuff, una notable confusión que permite fenómenos morbosos y extraños popurrís ideológicos. Se trata de una crisis que, sobre todo en Occidente, es más generalizada: una crisis de valores y referentes. A todo esto se debe añadir que una parte de la población ve con miedo los cambios rápidos que estamos viviendo y pide protección y seguridad. A su manera, la extrema derecha sabe ofrecérselas, dando respuestas sencillas a problemas complejos.

¿La inmigración es percibida como una amenaza por parte de la población? Orbán construyó una valla en la frontera con Serbia para bloquear la ruta de los Balcanes que seguían los migrantes en 2015, Trump prometió construir un muro con México para parar la «invasión» de latinoamericanos y Salvini proclamó el «cierre» de los puertos italianos. ¿La gente se siente insegura? La ultraderecha propone endurecer el código penal y expulsar a los extranjeros, considerados los responsables del aumento de robos, violaciones y delitos. ¿La globalización amenaza nuestra cultura y nuestra economía? La respuesta que ofrece la extrema derecha es proteccionismo, abandono del multilateralismo y una mezcla de identitarismo y etnodiferencialismo, además de una imagen nostálgica y mitificada del pasado. ¿A parte de la población le cuesta entender las políticas que reconocen los derechos de las personas homosexuales o transgénero? La ultraderecha le dice que la «ideología de género» es un proyecto mundialista para destruir a las familias y aplica políticas reaccionarias, socavando los derechos de las minorías. ¿Los países occidentales pierden población y siguen envejeciendo, haciendo que el sistema de pensiones sea difícilmente sostenible dentro de un tiempo? La solución está en las políticas demográficas: se tienen que hacer más hijos y las mujeres deben quedarse en casa y dejarse de sueños de emancipación. Por esto, donde gobierna, la extrema derecha financia planes de ayudas para las familias numerosas. ¿La gente se siente sola, frustrada y abandonada? La ultraderecha le dice que no están solos y que son miembros de una gran comunidad nacional: la nación protege y cuida de todos sus hijos.

No cabe duda de que muchas de estas respuestas se basan en falsedades repetidas incesantemente. Sin embargo, ¿cuáles son las respuestas que ofrece la izquierda? Las percepciones y los miedos pueden ser irracionales y exagerados: a menudo lo son. Esto no implica que no existan. A veces no faltan las respuestas progresistas a los retos de nuestro tiempo: lo que falta son empatía y capacidad de comunicar con quien piensa distinto. También así se construye hegemonía.

Hay que elaborar una respuesta poliédrica

Como se ha visto, no hay solo una razón que explique el avance de los Salvini, los Trump y las Le Pen: sus éxitos –no solo electorales– se deben a un conjunto de causas que no son excluyentes. Al contrario, se suman y se yuxtaponen. Y puede que no sean exactamente las mismas en todos los lugares: el contexto, una vez más, importa. En un país, una región o una ciudad puede que el avance de la ultraderecha se deba al cierre y la deslocalización de una fábrica o el aumento del desempleo; en otras a la presencia de una numerosa comunidad de extranjeros; en otras al miedo de perder el trabajo o el estatus conquistado en la sociedad. O puede que haya un poco de lo uno y un poco de lo otro, con distintas proporciones que varían con el tiempo.

Así que, para vencer o, al menos, debilitar, a la extrema derecha 2.0 tocará afrontar y resolver esos problemas. O, al menos, hay que reconocer que existen. No bastará solo con aumentar los salarios o financiar más la sanidad y la educación pública. Tampoco será suficiente únicamente coser los rotos para remendar nuestras sociedades. Ni será suficiente solo con avanzar en el tema de los derechos civiles o con volver a dar centralidad a la escuela y la cultura. Evidentemente, todas estas son cuestiones cruciales, pero no suficientes por sí solas. Toca afrontar la complejidad del mundo gaseoso en el cual vivimos. Toca elaborar una respuesta poliédrica que tenga en cuenta que, ya que las razones del auge de la extrema derecha son múltiples, también las respuestas deben ser plurales. No hay varitas mágicas o soluciones milagrosas.

Así que no nos engañemos: tampoco basta con actuar en un nivel, sea el institucional, el político, el social, el económico o el cultural. Del pozo o salimos todos conjuntamente o no va a salir ninguno. Hace falta, pues, una estrategia multinivel que aborde diferentes ámbitos. Deben darse unas respuestas eficaces al mismo tiempo en distintos niveles y en el mismo sentido. Como apunta Julia Ebner, hablando más en general del extremismo, «necesitamos un enfoque holístico que considere soluciones a largo plazo, basado en una alianza de sectores y partidos políticos diferentes. Tanto políticos como compañías tecnológicas, trabajadores sociales y sociedad civil»[7]. Hace falta tener conciencia de que cada pieza es fundamental. Nada sobra, nada es inútil. Todo suma.

La respuesta de las instituciones
y los partidos democráticos

Desde las instituciones se debe, en primer lugar, evitar la infiltración de la ultraderecha en los aparatos del Estado, empezando por los más sensibles como las fuerzas de seguridad. No puede haber policías que participen en el asalto al Capitolio, ni militares que se organicen para derrocar directa o indirectamente un gobierno, ni

---

[7] Ebner, *La vida secreta de los extremistas*, op. cit., p. 281.

células ultraderechistas o simpatizantes de la extrema derecha dentro de las Fuerzas Armadas. Debe haber una respuesta contundente de las instituciones a cartas abiertas como la de los militares franceses –retirados y en activo– publicadas en mayo de 2021 en que se habla de la «desintegración de Francia», del «riesgo de guerra racial» y de una «guerra civil que se está incubando» y se amenaza con una intervención del ejército para restablecer el orden[8]. O a las cartas y las declaraciones de militares retirados españoles en grupos de WhatsApp que ponen en duda la legitimidad de un gobierno democráticamente elegido y llegan a plantear la aniquilación de todos los electores de izquierdas (recordando rémoras del pasado). Asimismo, además de reaccionar una vez descubiertas las células ultraderechistas, como pasó en Alemania en verano de 2020 cuando se hizo público el desmantelamiento parcial de una de las unidades de elite del Ejército por infiltración neonazi, debe haber un control previo por parte de las autoridades sobre los miembros de estas unidades.

En segundo lugar, los partidos democráticos tienen que implementar los cordones sanitarios para impedir el ingreso de la extrema derecha en los gobiernos y las instituciones: esto afecta, sobre todo, pero no solamente, a las formaciones de la derecha conservadora tradicional que, en este asunto, debería actuar como Merkel y no como Johnson, Berlusconi o Casado. Como subraya Acha Ugarte, «la aplicación del "cordón sanitario" solo puede ser una estrategia exitosa si es conjunta y coordinada, y carece de sentido si no la secundan todos los partidos»[9]. El cordón sanitario no es ni de lejos la solución del problema: es un paliativo o, si se quiere, un primer dique para evitar que la marea ultraderechista entre en las instituciones. La izquierda tiene que superar bloqueos mentales para llegar a pactos con las derechas clásicas –al menos en esta cuestión– y mostrar pragmatismo, mientras que la derecha debe evitar caer en el gravísimo error del cortoplacismo: la extrema derecha no desaparecerá si compra su discurso o si se alía con ella. Al contrario, de esa forma, además de hacer un flaco favor a los valores democráticos, se la legitima y se la desmarginaliza. Y el resultado suele ser uno

---

[8] I. Gil, «Militares en activo acusan a Emmanuel Macron de "concesiones al islamismo" en una carta abierta», *El Mundo,* edición digital, 10 de mayo de 2021, disponible en [https://www.elmundo.es/internacional/2021/05/10/6099318321efa004648b4575.html], consultado el 7 de julio de 2021.

[9] Acha Ugarte, *Analizar el auge de la ultraderecha,* op. cit., pp. 131-132.

de dos: o bien la ultraderecha se convierte en hegemónica –véase el caso italiano con la Liga y Hermanos de Italia que han devorado a Forza Italia– o bien la derecha tradicional se ultraderechiza en cuanto a discurso y propuestas políticas, manteniendo, de todas formas, como una opción válida a la ultraderecha –véase el caso austriaco o el danés, además del español–. En síntesis, nadie debería utilizar la carta de la ultraderecha –ni como posibilidad ni como espantajo– para buscar réditos electorales.

El reciente caso catalán de cordón sanitario es interesante como ejemplo, ya que tiene algunos elementos positivos y otros negativos o, como mínimo, contradictorios. Por un lado, el cordón sanitario a Vox en el Parlamento autonómico ha conseguido poner de acuerdo a partidos independentistas (ERC, JxCAT y la CUP) y no independentistas (PSC y Comunes). Sin embargo, a la propuesta no se han sumado ni el PP ni Ciudadanos, lo que convierte la operación en un cordón… a medias. Por otro lado, si bien de momento parece eficaz, el cordón sanitario no debería nunca modificar las reglas del juego, aunque lo haga con un fin que se puede compartir. Me explico: Vox se ha quedado sin el senador de designación autonómica que le hubiera tocado porque la mesa de la Cámara catalana ha cambiado el modo de calcular el reparto de senadores de libre designación, aprovechando que el reglamento solo marca que sea proporcional. Así, se ha pasado de la distribución habitual al sistema conocido como Imperiali que nunca se había utilizado en Cataluña. La decisión no es obviamente ilegal, pero crea un precedente que podría ser utilizado en el futuro por la ultraderecha. Si las reglas no me gustan, las cambio. En suma, ¿dónde está la línea roja que no se puede cruzar para evitar que la ultraderecha entre en las instituciones? Es difícil contestar a esta pregunta sobre todo cuando hablamos de partidos políticos con un amplio respaldo electoral, y no de grupúsculos autoguetizados que defienden y utilizan la violencia como herramienta de lucha política.

Por último, el caso catalán muestra dos cosas más. *In primis,* el cordón sanitario no puede banalizarse: es inaceptable, por ejemplo, que los partidos independentistas antes de las elecciones hayan firmado un acuerdo por el cual se comprometían a no llegar a ningún tipo de acuerdo de gobierno con el PSC. Una decisión, por cierto, que en Europa puso los pelos de punta a cualquier demócrata. En segundo lugar, si bien es una excelente noticia que una formación de derecha nacionalpopulista como JxCAT se haya sumado al cordón sanitario, no se puede obviar que dentro del partido liderado por Carles Puigdemont hay un número nada desdeñable de dirigentes y diputados que comparten ideas ultraderechistas, haciendo público su etnicismo identitario, aunque con otra afiliación nacional respecto a la de Vox. ¿Puede, pues, una fuerza política que tiene en su seno dirigentes ultraderechistas formar parte de un cordón sanitario a otro partido de ultraderecha? La contradicción es evidente.

Esto nos lleva a un último corolario: los partidos democráticos deben ser, como los definen Steven Levitsky y Daniel Ziblatt, los «guardianes de la democracia». Esto no implica solamente la negativa a aliarse con la extrema derecha y a normalizarla o a normalizar su discurso y sus propuestas. Implica también que debe haber un atento cribado de los políticos que los partidos que se definen democráticos tienen en su seno: deben mantener, en suma, alejados de sus listas electorales y de sus bases a los ultraderechistas declarados o potenciales. ¿Un ejemplo? Mucho antes de que apareciese Trump, el Partido Republicano estadounidense permitió que dirigentes como Sarah Palin, Pat Buchanan o Barry Goldwater fuesen miembros de la formación y la representasen en las instituciones. De aquellos polvos, estos lodos.

En tercer lugar, en un ámbito estrictamente europeo, las instituciones comunitarias deberían agilizar los trámites para poder actuar contra un gobierno que no respeta el Estado de derecho, como son los casos de Hungría y Polonia. No podemos permitir que en el corazón de la Unión Europea haya un régimen en la práctica autoritario, como el de Orbán, o gobiernos que socavan los principios básicos de una democracia liberal representativa, como el de Kaczyński en Polonia y también, por lo visto recientemente, el de Janša en Eslovenia. No está de más recordar que el artículo 2 del Tratado de la Unión Europea dice que la Unión «se fundamenta en los valores de respeto de la dignidad humana, libertad, democracia, igualdad, Estado de derecho y respeto de los derechos humanos, incluidos los derechos de las personas pertenecientes a minorías. Estos valores son comunes a los Estados miembros en una sociedad caracterizada por el pluralismo, la no discriminación, la tolerancia, la justicia, la solidaridad y la igualdad entre mujeres y hombres»[10].

---

[10] Véase [https://eur-lex.europa.eu/legal-content/ES/TXT/?uri=OJ:C:2007:306:TOC], consultado el 7 de julio de 2021.

La cuestión no es nueva. Una posible solución es, por un lado, eliminar el derecho de veto de los Estados miembros en sede de Consejo Europeo: el principio de la unanimidad tiene que ser superado ya que se ha convertido en un constante bloqueo de posibles medidas en defensa del *rule of law*. Por el otro, es necesario vincular la entrega de los fondos europeos al respeto del Estado de derecho: el acuerdo, firmado en noviembre de 2020, sobre el régimen de condicionalidad del presupuesto de la Unión entre el Parlamento Europeo y el Consejo de la Unión Europea ha sido un paso adelante importante. Ahora toca implementarlo[11]. Por último, sería importante otorgar más poderes al Parlamento europeo: como se sabe, la Eurocámara ha aprobado en dos ocasiones –ambas en 2018 y con una amplísima mayoría– la activación del artículo 7 del Tratado para evitar que las autoridades húngaras y polacas infrinjan los principios fundamentales de la Unión Europea[12]. Sin embargo, el procedimiento de activación es bastante engorroso y en el momento en que se redacta este libro no se han producido grandes avances –mientras en Hungría siguen aprobándose leyes liberticidas y antidemocráticas, y en Polonia el gobierno sigue controlando en la práctica el poder judicial, trastocando el principio de la separación de poderes–. Un mayor protagonismo del Parlamento europeo en esta como en otras cuestiones, además, iría en la dirección de una mayor democratización de la estructura comunitaria, permitiendo acallar las críticas euroescépticas y eurofóbicas acerca de la Unión Europea, presentada como una tecnocracia antidemocrática.

En cuarto lugar, se debe promover la investigación de las conductas antidemocráticas, ilegales o alegales de las formaciones de ultraderecha. Pongo cuatro ejemplos concretos:

a) Cuando se dan casos de acciones violentas contra sedes institucionales, opositores políticos, ciudadanos extranjeros, etc., se deben investigar a fondo las responsabilidades y actuar con-

---

[11] Véase E. Uría, «No hay fondos europeos sin estado de derecho», *Agenda Pública*, 9 de noviembre de 2020, disponible en [https://agendapublica.es/no-hay-fondos-europeos-sin-estado-de-derecho/], consultado el 7 de julio de 2021.

[12] Véase I. Sánchez Artero, «¿Por qué la UE no hace más por frenar a gobiernos autoritarios como el húngaro o el polaco?», *Público.es*, 29 de octubre de 2020, disponible en [https://www.publico.es/internacional/ue-no-frenar-gobiernos-autoritarios-hungaro-polaco.html], consultado el 7 de julio de 2021.

secuentemente. En el caso de partidos o grupos neofascistas y neonazis –a menudo bien conectados con la extrema derecha parlamentaria– se debe, si la legislación lo permite, llevarlos a los tribunales por pertenencia a banda criminal cuando organizan acciones violentas o por reconstitución del partido fascista o nazi, como debería pasar con CasaPound Italia (si las instituciones transalpinas fueran consecuentes con la misma Constitución de 1948 –que prohíbe la reconstitución del partido fascista– y con las leyes existentes –que condenan la apología de fascismo).

En 1952, la República Federal Alemana, prohibió el Partido Socialista del Reich por ir contra el artículo 21 de la Constitución alemana. Más recientemente, en 2020, el Ministerio del Interior germano ha ilegalizado el grupo neonazi Combat 18 y en marzo de 2021 el servicio de inteligencia puso formalmente bajo vigilancia a Alternativa para Alemania por intentar socavar la democracia, aunque los tribunales han prohibido temporalmente la medida. Así, aunque la Constitución griega no contempla la ilegalización de partidos, en octubre de 2020 la justicia helena ha dictaminado que Amenecer Dorado –que en los años más duros de la crisis se convirtió en la tercera fuerza en el país, eligiendo 18 diputados– es una organización criminal y su cúpula fue hallada culpable de liderarla: el líder del partido, Nikos Michaloliakos y los principales dirigentes y exdiputados fueron condenados a diversos años de cárcel por el asesinato del rapero Pavlos Fyssas y el intento de asesinato de pescadores egipcios y sindicalistas comunistas. En marzo de 2021, además, el gobierno francés ilegalizó Génération Identitaire con la justificación de que «promueve, en realidad, una ideología que incita al odio, la violencia o la discriminación de individuos por motivos de su origen, su raza o su religión» y porque sus acciones «demuestran la voluntad de actuar en tanto que milicia privada»[13]. En resumidas cuentas, las legislaciones existentes de la mayoría de los países

---

[13] B. Juez, «Francia ilegaliza el grupo ultra Génération Identitaire», *El Correo*, edición digital, 3 de marzo de 2021, disponible en [https://www.elcorreo.com/internacional/union-europea/francia-ilegaliza-grupo-20210303171953-ntrc.html], consultado el 7 de julio de 2021.

occidentales permiten actuar para ilegalizar o, para empezar, poner bajo una estricta vigilancia a los partidos extremistas y antidemocráticos, además de combatir al terrorismo de matriz supremacista blanca que, como se comentaba anteriormente, es hoy en día una de las principales amenazas para nuestras democracias. Lo que a veces falta es voluntad política para actuar.

b) Por diferentes estudios se sabe que la ultraderecha recibe financiación que no siempre respeta la legislación existente en los diferentes países. En muchos casos la financiación llega a través de redes opacas vinculadas a *lobbies* globales, como los de los integristas cristianos o el de las armas. Hay mucho que trabajar en este ámbito y, aunque la ingeniería financiera utilizada es extremadamente compleja, hoy en día nuestras instituciones disponen de herramientas suficientes para detectar los movimientos de dinero y evitar que formaciones políticas se enriquezcan ilegalmente gracias a poderosos *lobbies* internacionales.

c) Ya lo sabemos, la gran batalla del siglo XXI será la de los datos. La ultraderecha ha quemado etapas en la última década en esta cuestión, recogiendo a menudo de forma ilegal o, como mínimo, desde una dudosa legalidad los datos de millones de ciudadanos con el objetivo de perfilarlos y crear una propaganda personalizada. Piénsese en el escándalo de Cambridge Analytica, en los juegos *online* como el «Vinci Salvini» o en el trabajo realizado por Fidesz desde más de una década. Aunque hay que avanzar más en la legislación al respecto, desarrollando por ejemplo unas valientes Cartas de Derechos Digitales, en muchos países –y en concreto en la misma UE, sobre todo tras la entrada en vigor del Reglamento General de Protección de Datos de la Unión Europea en mayo de 2018– disponemos de herramientas que permiten llevar a cabo investigaciones en profundidad al respecto para evitar que la ultraderecha pueda disponer ilegalmente de los datos de millones de personas para su propaganda *online*.

Ahora bien, estos han sido los primeros tímidos pasos: hay mucho camino aún por recorrer. Como sugiere Christopher Wylie, es necesaria una mayor regulación del espacio digital. Y no solo en el sentido de evitar que se creen grandes monopolios como en el caso de Facebook, Google o Amazon. Más en concreto, el *whistleblower* británico sugiere desarrollar un «código indentificador para internet» que debería incluir, además del principio de privacidad, el respeto por la integridad de los usuarios finales, evitando que se use el público «para realizar experimentos escalados en directo con rasgos nuevos no probados». En pocas palabras, Wylie nos dice que es inaceptable que grandes empresas (o directamente partidos políticos) puedan llevar a cabo experimentos sobre los ciudadanos en las redes sociales utilizando sus datos y desarrollando tecnologías manipuladoras y que por eso es necesario regular el espacio digital. Es decir, del mismo modo que se pide que los edificios respeten una serie de normas para la seguridad de quien entra o vive en ellos, así la «arquitectura» de internet debería ser transparente y segura; una responsabilidad que concierne a las empresas tecnológicas. Asimismo, Wylie propone crear un código ético para los ingenieros de *software* en que, como en el caso de los ingenieros civiles o los arquitectos, «se concrete que habrá consecuencias reales para los ingenieros de *software* o los científicos de datos que usen su talento y su pericia para construir tecnologías peligrosas, manipuladoras o faltas de ética». Finalmente, habiéndose convertido las grandes empresas tecnológicas en empresas de servicio público, Wylie considera necesario que se establezca «una nueva *agencia reguladora digital* [...] con poderes sancionadores estatutarios». Estas agencias deberían «tener *ombudsmen* [defensores del pueblo] competentes técnicamente y que puedan ejercer el derecho de hacer proactivas auditorias técnicas de plataformas en nombre del público»[14].

d) A menudo la ultraderecha promueve directa o indirectamente el *hate speech* –discurso del odio– en las redes sociales, llevando a cabo las que se definen *shit storms* a través de *trolls* y perfiles automatizados o falsos, como los *bots* o los *sockpuppets*. Las instituciones deberían presionar a las grandes empresas tecnológicas para que desarrollen y apliquen unos estrictos y creíbles reglamentos al respecto, bajo la supervisión de los poderes públicos, además de implementar una legislación que combata de forma eficaz el *hate speech* y la difusión

---

[14] Wylie, *Mindf*ck,* op. cit., pp. 315-327.

de bulos, *fake news* y teorías del complot, como en el caso de la teoría del «gran reemplazo» o Q-Anon.

El cierre de las cuentas de Donald Trump por parte de Twitter, Facebook e Instagram tras los acontecimientos del Capitolio en enero de 2021 puede parecer una excelente noticia para todo buen demócrata, pero en realidad tiene más sombras que luces, sobre todo si se analiza de cara al futuro. Por un lado, de hecho, pone en riesgo el principio democrático de la libertad de expresión: ¿según qué criterios se puede censurar el perfil público de un político –para más inri, el presidente de un Estado–, más allá de que no nos guste lo que dice? ¿Dónde está la línea roja? Y, sobre todo, ¿quién decide? Por otro lado, las redes sociales se han convertido en algo más que unas simples empresas privadas: son, en la práctica, unos medios de comunicación 2.0 y, como apunta Wylie, empresas de servicio público. Además de desarrollar sistemas eficientes de regulación y control de lo que acontece en ellas, las empresas tecnológicas deben «someterse», pues, al control público ejercido a través de las instituciones democráticas y los representantes elegidos en los Parlamentos.

De fondo, es también necesario que se desarrollen organismos que combatan la desinformación y la viralización de *fake news* en ámbito institucional. Aunque estas iniciativas pueden ser criticables ya que podrían poner en riesgo la libertad de expresión –depende, obviamente, de qué gobierno y con qué principios éticos y objetivos lo haga– los pasos dados en ámbito europeo son positivos hasta la fecha. En abril de 2018 la Comisión Europea (CE) publicó un enfoque orientativo para combatir la desinformación en que se abogaba por la transparencia, la diversidad informativa y la alfabetización mediática, además de la colaboración con las plataformas digitales y los medios verificadores. Unos meses más tarde, la CE firmó el Código de Buenas Prácticas en Materia de Desinformación con Google, Facebook y Twitter según el cual estas empresas se comprometían a tomar medidas para reducir el alcance, visibilidad y rentabilidad de la desinformación, fomentar la transparencia y permitir la verificación independiente de los contenidos. En diciembre de 2018 la estrategia ha sido reforzada con el Plan de Acción contra la Desinformación que impulsó una mayor coordinación entre los países miembros, la movilización del sector privado y el fomento de la concienciación ciudadana. A finales de 2020 se ha publicado, además, el Plan de Acción para la Democracia Europea y una ley de servicios digitales que profundiza en la regulación de las grandes plataformas[15].

Sin embargo, como propone la investigadora especializada en extremismo y terrorismo Julia Ebner, se debería también reducir la opacidad de los algoritmos para crear conciencia acerca de la manipulación en las redes; elaborar leyes contra el discurso del odio no solo para las plataformas más grandes –Facebook, Twitter, Instagram, etc.– sino también para las más pequeñas –donde a menudo se «refugian» los ultraderechistas–, y urgir a las administradores de los foros de debate digitales a que moderen de verdad y eliminen el material nocivo[16].

¿Es todo esto suficiente para evitar la difusión de la desinformación? De fondo, como pone de manifiesto Simona Levi, se debería también «permitir que la ciudadanía sea proactiva en la verificación de la información» introduciendo «una serie de obligaciones de transparencia para los "informadores influyentes" y los negocios relacionados con la comunicación», como «etiquetar claramente y de forma inmediata el contenido para la trazabilidad de las noticias, sus fuentes y sus financiadores»[17]. Una consideración que, obviamente, no vale solo para las plataformas de internet, sino también para las agencias publicitarias, los gobiernos, los partidos políticos y los mismos medios de comunicación tradicionales. No se equivoca el periodista de *The New Yorker* Andrew Marantz cuando afirma que lo que necesitamos, al fin y al cabo, es «un nuevo vocabulario moral, social y político»[18].

---

[15] P. Moral, «La estrategia contra la desinformación de Bruselas no gusta a todos», *El Orden Mundial*, 6 de diciembre de 2020, disponible en [https://elordenmundial.com/estrategia-contra-la-desinformacion-bruselas-no-gusta-a-todos-union-europea/], consultado el 7 de julio de 2021.

[16] Ebner, *La vida secreta de los extremistas,* op. cit., pp. 281-289. La mención a las plataformas más pequeñas se debe a que en Alemania en 2018 entró en vigor la ley NetzDG que multa con hasta 50 millones de euros a las plataformas en línea –que tienen al menos dos millones de usuarios– que no eliminen contenido falso.

[17] Levi, *#FakeYou,* op. cit., pp. 214-215.

[18] Marantz, *Antisocial,* op. cit., p. 506.

Por último, hay cuatro cuestiones que las instituciones y los partidos políticos –sobre todo cuando llegan al gobierno– deberían tener en cuenta. En primer lugar, como recuerda el politólogo Cas Mudde, «en vez de seguir la senda de los temas impulsados por la ultraderecha (y no digamos ya su forma de enfocarlos)» los partidos políticos deberían abordar los temas que les conciernen y defenderlos desde posturas democráticas[19]. Es decir, se debe evitar que la estrategia de la ultraderecha de marcar el debate político tenga éxito. O, por lo menos, no allanarle tanto el camino. En segundo lugar, los grandes partidos democráticos, no obstante tengan sus más que legítimas divergencias en cuanto a políticas económicas y sociales, deberían llegar a un acuerdo de mínimos para que ningún ciudadano sea abandonado o dejado atrás. ¿Utopía? ¿Ciencia ficción? Podría parecerlo, pero no debería resultar utópico que, por más que un partido quiera subir o rebajar los impuestos y disminuir o aumentar el gasto social, haya un acuerdo concreto para evitar que se creen bolsas de pobreza o que una parte de la población no tenga acceso a los servicios básicos. En tercer lugar, los partidos y las instituciones deberían tomarse muy en serio la cuestión de la profunda desconfianza existente entre la ciudadanía y trabajar para reducirla, haciendo las instituciones más transparentes y cercanas a los ciudadanos. Finalmente, las instituciones deben reducir la brecha educativa que, como hemos visto, es una de las causas del crecimiento de la ultraderecha. La calidad de la educación, así como su gratuidad, debería ser un objetivo compartido. Al mismo tiempo, se tienen que desarrollar unos programas de alfabetización digital que resultan imprescindibles en la época de internet, las redes sociales y… la posverdad. Ya en 2014, por ejemplo, en Finlandia se creó un programa escolar para enseñar la verificación y la detección de *bots* y métodos de intoxicación informativa a los jóvenes estudiantes. Finlandia no debería ser la excepción, sino la regla.

La respuesta de los medios de comunicación

Los medios de comunicación tienen una parte nada desdeñable de responsabilidad en el avance de la extrema derecha, convirtién-

---

[19] Mudde, *La ultraderecha hoy,* op. cit., pp. 234-235.

dose consciente o inconscientemente en altavoces de sus discursos. No es posible convertir en «noticia», sin ninguna contextualización o comprobación, las declaraciones de los Salvini, los Abascal o los Trump cuando están basadas en mentiras. Los medios –y no solo los más cercanos ideológicamente a la ultraderecha– no pueden hacerle propaganda gratuitamente. Al mismo tiempo, no pueden comprar los marcos ultraderechistas: el caso de la inmigración salta a la vista.

En una investigación realizada en 2010 sobre los principales canales de televisión italianos, Carmela Maltone mostraba que el 78 por 100 de las noticias acerca de los inmigrantes eran negativas y «hablaban, con un cierto grado de sensacionalismo, de actos de criminalidad, tráfico de drogas, robos, asesinatos, prostitución, clandestinidad, ilegalidad y situaciones de deterioro social generado o sufrido por los inmigrantes». Mucho antes de la crisis de 2015, las llegadas de pateras ocupaban regularmente los telediarios. Las noticias menos dramáticas, de normalidad o positivas eran marginales: el trabajo y las actividades socioculturales de quien ya representaba aproximadamente el 7 por 100 de la población italiana no llegaban al 7 por 100, mientras que la asistencia y la solidaridad se quedaban en el 13 por 100. Lo mismo pasaba con los principales diarios del país y aún más con la prensa local[20]. ¿Extraña, pues, que la Liga de Salvini se convirtiese en el primer partido a nivel nacional unos años más tarde centrando su propaganda esencialmente en el tema de la inmigración? ¿Qué imagen se habían podido hacer del fenómeno la mayoría de los italianos en las dos décadas anteriores? El caso del país transalpino no es en absoluto excepcional, al contrario.

Por parte de los medios debe haber, en síntesis, una mayor ética periodística –bastaría con seguir los códigos deontológicos existentes en la mayoría de los casos– y un mayor esfuerzo para contrastar las informaciones, evitando divulgar bulos y *fake news*. Los medios deben evitar buscar el *clickbait* e invertir más en los departamentos de *fact-checking*, siguiendo el ejemplo de algunos grandes periódicos internacionales –como *The New York Times* o *The Guardian*– que han sido pioneros en esto o asociándose a los consorcios surgidos

---

[20] C. Maltone, «L'immigrazione nei media italiani. Disinformazione, stereotipi e innovazioni», *Line@editoriale*, 3 (2011), disponible en [http://revues.univ-tlse2.fr/pum/lineaeditoriale/index.php?id=314], consultado el 7 de julio de 2021.

en los últimos tiempos, como The Trust Project en el ámbito internacional o Comprobado en el español. Asimismo, vale la pena mencionar proyectos independientes como Maldita.es y Verificat en España, Valigia Blu y Smask.online en Italia o El Sabueso en México. Además, han ido surgiendo iniciativas internacionales conectadas a los ámbitos académicos como el Duke Reporters' Lab de Estados Unidos o la International Fact-Checking Network que han permitido estandarizar protocolos de certificación de los proyectos de *fact-checking* y una red de verificadores de datos con unos criterios de transparencia y ética.

En el último trienio ha habido avances en esta cuestión –como la decisión de cuatro cadenas de televisión estadounidense de cortar en seco el discurso de Trump durante la noche electoral cuando este afirmaba que había habido fraude electoral sin ofrecer pruebas al respecto–, pero hay todavía mucho trabajo por hacer. Simona Levi apunta que es necesario un enfoque de *fact-checking* a la fuente: la labor de verificación se debería hacer «sobre la fuente y *a priori,* a diferencia del procedimiento más habitual en la actualidad, que la realiza sobre el destino y *a posteriori,* cuando la información ya está en circulación»[21]. Asimismo, se está experimentando con herramientas que juntan la inteligencia artificial, la gestión automatizada de datos y el trabajo colectivo que pueden elaborar algoritmos abiertos para agilizar la tarea de verificación de fuentes. La misma Levi menciona iniciativas como Claimbuster, FactStream o Squash que van en esta dirección[22].

Por otra parte, los medios –incluidos los de izquierda– deben saber hilar fino, evitando comprar de por sí los marcos existentes: deben saber detectar a la ultraderecha también cuando se esconde bajo otras etiquetas, por lo general democráticas. Un ejemplo: en Italia se habla aún del «centroderecha» para definir la coalición que reúne a Salvini, Meloni y Berlusconi, cuando Forza Italia tiene el 6 por 100 y los demás partidos el 40 por 100 de la intención de voto, según todos los sondeos. ¿Cómo se puede presentar como centroderechista y más o menos liberal una coalición que está esencialmente constituida por formaciones cuyos principales aliados en el ámbito internacional son Orbán y Le Pen? No se pueden com-

---

[21] Levi, *#FakeYou,* op. cit., p. 126.
[22] Véase *ibid.,* pp. 122-179.

prar acríticamente conceptos que blanquean a la extrema derecha. Lo mismo vale para otros países, obviamente, incluida España.

La respuesta desde abajo

Si las respuestas de las instituciones representan una acción desde arriba *(top-down)*, es también imprescindible otra desde abajo *(bottom-up)*. La mayoría de los movimientos sociales –desde los colectivos antifascistas y los antirracistas hasta los feministas– avisaron hace tiempo de la amenaza ultraderechista: en muchos casos, sus acciones han sido cruciales. Piénsese en la labor desarrollada por la Unitat Contra el Feixisme i el Racisme (UCFR) en Cataluña para frenar el avance de Plataforma per Catalunya (PxCAT) o cerrar el Casal Tramuntana, un centro que formaciones neofascistas y neonazis abrieron en 2012 en el distrito de Sant Martí en Barcelona. La experiencia de la UCFR aboga por un «antifascismo del 99 por 100», en palabras de uno de sus impulsores, el activista David Karvala, que plantea la colaboración con todos los sectores de la sociedad para desarrollar una lucha unitaria contra la extrema derecha y el racismo[23]. Nacida en 2010 en Cataluña como respuesta al avance del partido xenófobo liderado por Josep Anglada, la UCFR se inspira en las experiencias de lucha unitaria contra el neofascismo surgidas en Reino Unido en las últimas décadas: a finales de los setenta la Anti Nazi League y el movimiento cultural Rock Against Racism que se enfrentaron al Frente Nacional británico y en la primera década del presente siglo el movimiento Unite Against Fascism para hacer frente al British National Party que había conseguido un par de eurodiputados en 2009[24].
Asimismo, es reseñable la labor que el movimiento antifascista llevó a cabo en Creta consiguiendo en 2018 echar a Amanecer Dorado de la isla griega. Hay muchas experiencias que se podrían mencionar que utilizan tácticas y estrategias distintas, algunas más eficaces que otras. Como apunta el historiador y activista Marc Bray

---

[23] Véase D. Karvala, *El antifascismo del 99%. La lucha unitaria contra el racismo y la extrema derecha,* Barcelona, La Tempestad, 2019, pp. 146-150.
[24] Sobre la experiencia de Rock Against Racism, véase el excelente documental de Rubika Shah titulado *White Riot* (2019).

que en *Antifa. El manual antifascista* reseña muchas de estas experiencias en diferentes países, se debería unir el enfoque de un antifascismo organizado con el de un «antifascismo cotidiano de mayor calado», esto es, una «perspectiva antifascista que no tolera la "intolerancia"»: «por sí solo», concluye Bray, «el antifascismo militante es necesario pero no suficiente para construir un mundo nuevo sobre las ruinas del viejo». Porque, como confirma uno de los militantes antifascistas entrevistados para la realización de su obra, con la aparición de partidos ultraderechistas que consiguen millones de votos «no podemos esperar derrotar a un proyecto electoral de este tipo del mismo modo que lo haríamos con un movimiento fascista de calle. En vez de eso, tenemos que presentar mejores propuestas políticas que las suyas»[25].

En síntesis, hay que seguir impulsando acciones de este tipo, promoviendo la creación de redes desde abajo para evitar el asentamiento de formaciones ultras en nuestras ciudades y la captación de jóvenes –y no solo jóvenes–. Hay que salir a las calles y hablar con la gente, fortaleciendo los lazos comunitarios, sobre todo en los barrios y las periferias. Más que un antifascismo de combate, en el contexto actual es más útil un antifascismo que constituya espacios de apoyo mutuo y que pueda frenar la penetración de las ideas de la extrema derecha en lo social. Una experiencia interesante la encontramos en la ciudad catalana de Manresa donde el discurso ultraderechista que intenta criminalizar a los menores extranjeros no acompañados (MENAS) se ha contrarrestado gracias a la existencia de muchas asociaciones de apoyo mutuo que colaboran entre ellas –desde la Plataforma de Afectados por la Hipoteca a la asociación vecinal– y que crean lugares de encuentro como una escuela para MENAS, un taller de carpintería o un espacio feminista en que participan también mujeres migrantes. Cuando hay malestar vecinal, estos espacios permiten que los vecinos conozcan a estos menores extranjeros, dialoguen con ellos y surjan soluciones para las problemáticas que se puedan presentar.

En todo esto el movimiento feminista puede –y debe– desempeñar un papel importante. Como ha explicado María Eugenia Rodríguez Palop, obviamente no se trata de la versión liberal o clasista del feminismo, sino del feminismo de la diferencia o relacional

---

[25] M. Bray, *Antifa. El manual antifascista,* Madrid, Capitán Swing, 2018, pp. 271-280.

que «plantea el contagio, el contacto, el reconocimiento del otro y la construcción del tú» y que «alza la vivencia, la experiencia compartida y la política continua de los cuerpos», apelando a «una comunidad de cuidados mucho más amplia e inclusiva»[26]. Un feminismo, en síntesis, que salga de su zona de confort, que sea empático con las demás luchas y que sepa explicar también a los hombres que el feminismo es un proyecto también para ellos para que no se sientan rechazados o «amenazados». Una experiencia interesante en este sentido es, por ejemplo, lo que pasó en Polonia cuando a las manifestaciones feministas en favor del aborto se sumaron también los sindicatos y muchos otros colectivos. La plataforma que se constituyó añadió así unas demandas más generales –desde mejores condiciones en el trabajo a la separación entre el Estado y la Iglesia– que permitieron que también muchos hombres se manifestasen en contra del gobierno ultraderechista de PiS.

Sin embargo, no podemos esperar que sean solo los activistas los que nos saquen las castañas del fuego. Debe haber una corresponsabilidad por parte de todos nosotros, cada uno con sus posibilidades y sus capacidades. No podemos mirar para otro lado y luego quejarnos cuando nuestras democracias se convierten en cáscaras vacías y el Estado de derecho en un lejano recuerdo. La extrema derecha crece también porque muchas personas se sienten solas y abandonadas en unas sociedades cada vez más individualistas: la respuesta que la ultraderecha ofrece a estas personas es la de sentirse parte de una comunidad (nacional) con unos valores sólidos (orden, familia, patria). Les permiten ser y sentirse parte de algo «común», aunque sea en la mayoría de los casos algo ficticio o mitificado. ¿Cómo se puede contrarrestar esta dinámica? Reconstruyendo los lazos que se han ido deteriorando (o incluso rompiendo) en las últimas décadas, participando en la vida política y asociativa, empezando por nuestros barrios y nuestras ciudades. Siendo empáticos con nuestros vecinos, escuchando, hablando, entendiendo los miedos y las angustias de los demás, aunque no las podamos compartir, involucrando a los demás en iniciativas, asociaciones y colectivos. Haciendo, en síntesis, que esa soledad y esos miedos en-

---

[26] M. E. Rodríguez Palop, «Antifeminismo y extrema derecha», *Espacio Público*, 22 de abril de 2021, disponible en [https://espacio-publico.com/antifeminismo-y-extrema-derecha], consultado el 7 de julio de 2021.

cuentren una red colectiva y unos espacios de apoyo mutuo para evitar que se conviertan en frustración y rabia.

La respuesta de la izquierda

También la izquierda tiene sus responsabilidades en el avance de la extrema derecha. Por un lado, la socialdemocracia debe librarse de la losa neoliberal, volviendo a hacer políticas sociales y luchar contra las desigualdades. Por el otro, la izquierda radical tiene que saber construir un proyecto que salga de la irrelevancia y no busque la pureza autocomplaciente, pero también que sepa juntar las diferentes luchas existentes dándole unidad, sin caer en los estériles debates para iniciados, incomprensibles para buena parte de la sociedad.

Al mismo tiempo, la izquierda tiene que evitar a toda costa comprar, aunque sea parcial y tácticamente, el discurso de la ultraderecha, creyéndose, equivocadamente, que la atención puesta en los últimos años en luchas como la feminista, la de los derechos del colectivo LGTBI o la de los migrantes haya permitido que Vox, el Frente Nacional o la Liga penetrasen entre las clases trabajadoras. La izquierda debe, huelga decir, preocuparse por las condiciones materiales del 99 por 100, pero no puede pensar que la defensa de las condiciones materiales de los que un tiempo se hubiesen llamado proletarios o clase obrera no sea compatible con otras luchas. Una cajera es, al mismo tiempo, una obrera y una mujer. Un jornalero extranjero es, al mismo tiempo, un obrero del campo y un migrante. Las identidades son múltiples. Como recuerda Colin Crouch, las identidades múltiples «deberían convertirse en una serie de círculos concéntricos que se enriquecen el uno del otro con raíces ancladas en una subsidiariedad cooperativa, o una especie de matrioska rusa con una sucesión de muñecas de dimensiones diferentes contenidas en modo confortable una dentro de la otra»[27]. De fondo, además, hay una profunda equivocación y un desconocimiento de lo que es el concepto de clase y de cómo se ha ido transformando desde los tiempos de Marx y Engels. Como apuntan Sandro Mezzadra y Mario Neumann,

---

[27] Crouch, *Identità perdute,* op. cit., p. 6.

la Nueva Izquierda, el movimiento feminista y las luchas de las personas migrantes no son lo contrario de las luchas políticas, sino que históricamente han estado en su centro y han ayudado también a superar los límites objetivos del marxismo tradicional y de su concepción de clase. Consideramos, de hecho, que aquellas luchas que demasiado a menudo se minusvaloran como políticas de la identidad no solo han surgido en el ámbito del trabajo, sino que han anticipado y politizado incluso las transformaciones del mundo del trabajo. De lo que aquí se trata no es, pues, de la disyuntiva «esto o lo otro», sino de la conjugación sistémica, del «y», de la recomposición política y teórica de las luchas pasadas y presentes –y no solo de su reunión superficial[28].

La propuesta debe ser, por consiguiente, incluyente. Lo otro implica el suicidio de la izquierda, no solo electoral, sino también ético y moral. El mal llamado rojipardismo entraña, ni más ni menos, asfaltar una autopista para la ultraderecha: la gente prefiere siempre el original a la copia. La izquierda, en suma, tiene que volver a dar la batalla cultural que, en las últimas dos décadas, ha ido ganando la extrema derecha. Esto no se hace en dos días: toca arremangarse y picar piedra durante un tiempo largo. Hay que crear escuelas políticas, dedicar tiempo y dinero a la formación, debatir y saber comunicar.

Por último, la izquierda debe tener la valentía de salir cada vez más de su zona de confort, intentando, por ejemplo, forjar amplias alianzas para proteger la democracia con partidos y sectores de la sociedad políticamente lejanos. Hacer, en síntesis, lo que a nivel de movimiento ha estado haciendo la UCFR. ¿Alianzas electorales? Cuando hagan falta, también: fijémonos en Hungría donde, después de un decenio con Orbán en el poder, el resto de partidos han conseguido llegar a un acuerdo para presentar un candidato conjunto a las próximas elecciones. No sabemos si será suficiente para desbancar tras más de un decenio al autócrata centroeuropeo, pero es una señal importante. Y, atención, en la coalición participa también el partido ultraderechista y racista Jobbik que, tras haberse convertido en la principal oposición de Fidesz, ha perdido consensos y se ha

---

[28] S. Mezzadra y M. Neumann, *Clase y diversidad. Sin trampas,* Pamplona, Katakrak Liburuak, 2019, p. 20.

moderado parcialmente. El caso húngaro es, obviamente, excepcional: en otros contextos no hace falta llegar tan lejos. Bastaría plantear acuerdos puntuales en clave antifascista para, por lo menos, evitar que la extrema derecha entre en las instituciones. Se puede ir más allá de los cordones sanitarios. Es un trabajo arduo donde todos deberán ceder, no solo la izquierda, obviamente. Pero es esta, creo, quien debe dar el primer paso y mostrar clarividencia por defender un bien superior a cualquier afiliación o simpatía partidista.

En 1936 los comunistas abandonaron la suicida teoría del socialfascismo y se sumaron a los Frentes Populares en España y Francia, unas alianzas electorales con socialistas e incluso republicanos tímidamente progresistas. Tres años antes era algo impensable: los hechos alemanes –con la trágica división de las izquierdas y la llegada al poder de Hitler– enseñaron que había prioridades para evitar la instauración de una dictadura totalitaria. ¿Hoy en día sería tan difícil llegar a acuerdos con los liberales o, incluso, con sectores de la derecha democrática para evitar que estas cayesen en el abrazo del oso que le tienden los ultras? Nadie perdería su identidad, ni sus proyectos políticos. Se trataría, sencillamente, de unos acuerdos para proteger el Estado de derecho y evitar la instauración de dictaduras iliberales, es decir, autoritarias. Una democracia se puede perder muy rápidamente, pero para recuperarla se pueden necesitar años o, incluso, décadas. No lo olviden.

¿Y LOS JÓVENES?

Llevamos tiempo hablando de la apatía de los jóvenes en lo que se refiere a la vida política. Podríamos decir que se ha convertido casi en un tópico. Ahora bien, los resultados que nos proporcionan algunos estudios recientes son, en cierta medida, preocupantes. Según *Juventud y satisfacción con la democracia: ¿Cómo revertir la desconexión democrática?,* elaborado en 2020 por el Instituto Bennett de Políticas Públicas de la Universidad de Cambridge, los *millennials* –es decir, los nacidos entre 1981 y 1996– son la generación más descontenta con la democracia en comparación con las generaciones anteriores. Esta mayor desafección, debida a las dificultades económicas y la insatisfacción con los sistemas políticos mayoritarios, se da especialmente en los países anglosajones, la Europa del Sur, América Latina y el África subsahariana. En el caso de España menos del 30 por 100 de los *millennials* está satisfecho con la democracia en la actualidad cuando con la misma edad lo estaba más del 60 por 100 de la generación X –los nacidos entre 1965 y 1980– y el 50 por 100 de los *baby boomers*[29].

Poniendo la lupa en Italia, otro país de la Europa mediterránea considerado un laboratorio populista, según un estudio elaborado por Demos en 2020, el 53 por 100 de los jóvenes que tienen entre 18 y 29 años y el 62 por 100 de los que tienen entre 30 y 44 años piensan que la democracia puede funcionar también sin partidos políticos, mientras que el 49 y el 74 por 100, respectivamente, piensan que el país necesita ser gobernado por un líder fuerte[30]. Asimismo, el informe del Instituto Nacional de Estadística (ISTAT) italiano de 2020 ponía de manifiesto que los jóvenes de entre 18 y 34 años que no participan en la vida política ha pasado del 30 por 100 en 2014 al 40 por 100 en 2019. Las causas principales serían el desinterés y la desconfianza en el sistema político[31].

Al mismo tiempo, sin embargo, un estudio de la Comisión Europea mostraba que en los países de la Unión Europea entre 2010 y 2017 se había dado un creciente interés por la política por parte de los jóvenes de entre 15 y 24 años –la media había pasado del 40 al 50 por 100–, aunque la abstención seguía siendo mayor que en la media de la población. No cabe duda, además, que algunos de los principales movimientos sociales han estado protagonizados por jóvenes o muy jóvenes en los últimos años, empezando por *Fridays for Future, Black Lives Matter* o el movimiento feminista. ¿Con qué nos quedamos? ¿Los jóvenes son apáticos o, por el contrario, participan en la vida política?

Quizá, y más allá de diferencias entre un país y otro, la respuesta está en ambos polos de la dicotomía: los jóvenes están sobre todo insatisfechos con *esta* democracia. El sondeo de opinión *Jóvenes,*

---

[29] Véase S. Hinojosa, «¿Una política sin "millennials"?», *La Vanguardia*, edición digital, 22 de noviembre de 2020, disponible en [https://www.lavanguardia.com/politica/20201122/49599147424/millenials-desafeccion-descontetos-democracia-politica.html], consultado el 30 de julio de 2021.

[30] XXIII Rapporto Gli italiani e lo stato, *Demos*, 23 de diciembre de 2020, disponible en [http://www.demos.it/rapporto.php], consultado el 30 de julio de 2021.

[31] «La partecipazione politica in Italia – anno 2019», *Istat*, 24 de junio de 2020, disponible en [https://www.istat.it/it/files/2020/06/REPORT_PARTECIPAZIONE_POLITICA.pdf], consultado el 30 de julio de 2021.

participación y cultura política, elaborado en noviembre de 2017 por el Observatorio de la Juventud en España, ponía de manifiesto que el 48 por 100 de los jóvenes de entre 15 y 29 años sentía desconfianza hacia la política, mientras que el 17 por 100, directamente, irritación. La valoración del funcionamiento de la democracia había pasado del aprobado (5,6) en 2005 a un preocupante 4,2 en 2017[32]. Ahora bien, ¿cómo se concreta esta insatisfacción? Por una parte, sin duda, participando en movimientos sociales o en asociaciones y organizaciones de la sociedad civil, mayoritariamente desvinculadas de los partidos políticos, que luchan por causas concretas. Por el otro, sin embargo, también apoyando o votando partidos ultraderechistas concebidos como una opción rupturista y antisistema. En las elecciones de noviembre de 2019, según un sondeo de Sociométrica, Vox fue el primer partido entre los varones menores de 30 años con el 19,4 por 100 de los votos, delante de Unidas Podemos y el PSOE con el 17,4 y el 17,2 por 100, respectivamente[33]. En la primera vuelta de las presidenciales francesas de 2017, Marine Le Pen consiguió el 21 por 100 de los votos entre los jóvenes de entre 18 y 24 años y el 24 por 100 entre los que tienen entre 25 y 34 años, situándose como segundo partido en ambas franjas de edad[34]. En las europeas de 2019, la Liga de Salvini obtuvo su mejor resultado, un 38 por 100, entre los jóvenes de la generación Z –es decir, los nacidos a partir de 1997–, aunque la abstención en esta franja de edad ha sido muy elevada, superando el 50 por 100[35].

Resumiendo, entre los jóvenes la percepción de que nuestras democracias deben ser mejoradas es mayoritaria. Esto de por sí, evi-

---

[32] Observatorio de la Juventud en España, *Jóvenes, participación y cultura política,* Informe de resultados, Ministerio de Sanidad, Servicios Sociales e Igualdad, 2017, disponible en [http://www.injuve.es/sites/default/files/2018/27/publicaciones/sondeo_2017-1_informe.pdf], consultado el 30 de junio de 2021.

[33] M. Espartero, «Vox y Podemos fueron los partidos más votados por los varones menores de 30 años el 10-N», *El Español,* edición digital, 16 de noviembre de 2019, disponible en [https://www.elespanol.com/espana/politica/20191116/vox-podemos-partidos-votados-varones-menores-anos/444955990_0.html], consultado el 30 de julio de 2021.

[34] J. Bamat, «Mélenchon and Le Pen win over youth in French vote», *France24,* 24 de abril de 2017, disponible en [https://www.france24.com/en/20170424-france-presidential-election-youth-vote-melenchon-le-pen], consultado el 30 de julio de 2021.

[35] D. Amenduni, «I giovani italiani hanno votato in massa Salvini», *Wired.it,* 29 de mayo de 2019, disponible en [https://www.wired.it/attualita/politica/2019/05/29/europee-giovani-italiani-votato-lega-salvini/], consultado el 30 de julio de 2021.

dentemente, no es negativo. Depende de cómo se enfoque ese espíritu crítico. Si conlleva un mayor compromiso con el objetivo de ampliar la calidad de nuestras democracias, solo podemos felicitarnos. Lo que pasa es que esta insatisfacción comporta también un más o menos marcado desinterés hacia la política que se traslada a niveles de abstención generalmente más altos que en la media de la población y, no se olvide, a una concepción negativa de la democracia en sí. La elección de la papeleta de la ultraderecha se debe probablemente a este tipo de enfoque.

Es indudable que debe haber un esfuerzo por parte de las instituciones y el conjunto de la sociedad para mejorar nuestras democracias, ofrecer herramientas para que los jóvenes sientan que su voz cuenta y para que puedan tener una salida profesional que responda a sus aspiraciones. Pero, al mismo tiempo, debe haber un esfuerzo también por parte de los propios jóvenes. Por un lado, participando en la vida política: solo si se involucran podrán mejorar las cosas. Quedándose en casa, desinteresándose por la *res pública*, pensando que todo es lo mismo con independencia de lo que se haga, las cosas solo pueden empeorar. Por otro lado, debemos recordar que la democracia se ha conquistado tras duras y largas luchas y nadie nos puede asegurar que sea imposible dar pasos hacia atrás. Como se ha explicado en las páginas anteriores, la extrema derecha 2.0 es algo distinto al fascismo de la época de entreguerras: esto no implica, sin embargo, que no sea una verdadera amenaza para nuestras democracias. Si el modelo al cual miran los Abascal, los Salvini, las Le Pen o los Janša, como parece, es la orbanización, esto es, un régimen autoritario en la práctica, la democracia se convertirá en un lejano recuerdo.

No por ser una obviedad no podemos evitar repetir que los jóvenes son el futuro y que el futuro es de los jóvenes. No se olviden, pues, que política no viene del término griego *polemos,* sino de otra palabra de la lengua de Platón y Aristóteles: *polis.* La política no puede ni debe ser una guerra –o la continuación de la guerra con otros medios, como gustaba repetir el jurista alemán Carl Schmitt–, sino un lugar de encuentro, una *polis.* Una ciudad que, al menos espero, sea abierta, democrática, participativa. Y que tenga los anticuerpos para luchar contra los virus que, bajo una retórica supuestamente democrática, solamente pretenden vaciar la democracia de su contenido y destruirla desde dentro.

BIBLIOGRAFÍA

Abst, K. y Laermans, R., «Populism: Definitions, Questions, Problems, and Theories», en G. Pallaver, M. Gehler y M. Cau (eds.), *Populism, Populists, and the Crisis of Political Parties. A Comparison of Italy, Austria, and Germany 1990-2015*, Bolonia-Berlín, Il Mulino-Duncker & Humboldt, 2018, pp. 63-79.

Acha Ugarte, B., *Analizar el auge de la ultraderecha*, Barcelona, Gedisa, 2021.

Alandete, D., *Fake news: la nueva arma de destrucción masiva*, Barcelona, Deusto, 2019.

Alabao, N., «¿Por qué el neofascismo es antifeminista?», en A. Guamán, A. Aragoneses y S. Martín (dirs.), *Neofascismo. La bestia neoliberal*, Madrid, Siglo XXI de España, 2019, pp. 205-218.

—, «Defender a la familia contra migrantes y mujeres: convergencias entre antifeminismo y soberanismo», en Fundación de los Comunes (ed.), *Familia, raza y nación en tiempos de posfascismo*, Madrid, Traficantes de Sueños, 2020, pp. 111-125.

Albertini, D. y Doucet, D., *La fachòsphere*, París, Flammarion, 2016.

Allegranti, D., *Come si diventa leghisti. Viaggio in un paese che si credeva rosso e si è svegliato verde*, Milán, UTET, 2019.

Anderlini, F., *Il voto, la terra, i detriti. Fratture sociali ed elettorali. Dall'alba del 2 giugno 1946 al tramonto del 25 febbraio 2013*, Bolonia, Socialmente, 2013.

Andreassi, A., *El compromiso fáustico. La biologización de la política en Alemania, 1870-1945*, Barcelona, El Viejo Topo, 2015.

Andriola, M. L., *La Nuova Destra in Europa. Il populismo e il pensiero di Alain de Benoist*, Vedano al Lambro, Paginauno, 2014.

Ansaria, M. Z.; Aziza, M. B.; Siddiquib, M. O.; Mehraa, H. y Singha, K. P., «Analysis of Political Sentiment Orientations on Twitter», *Procedia Computer Science* 167 (2020), pp. 1821-1828.

Armesilla, S., *La vuelta del revés de Marx: el materialismo político entretejiendo a Karl Marx y Gustavo Bueno*, Barcelona, El Viejo Topo, 2020.

Benda, J., *La traición de los intelectuales*, Barcelona, Galaxia Gutenberg, 2008 [1927].

Benoist, A. de, *Le moment populiste. Droite-gauche, c'est fini!*, París, Pierre-Guillaume de Roux, 2017.

BERGER, J. y MILKMAN, K. L., «What Makes Online Content Viral?», *Journal of Marketing Research* 49/2 (2012), pp. 192-205.
BERNARDINI, D., «*Pugni proletari e baionette prussiane*». *Il nazionalbolscevismo nella Repubblica di Weimar*, Milán, Biblion, 2017.
—, *Nazionalbolscevismo. Piccola storia del rossobrunismo in Europa*, Milán, Shake, 2020.
BEYME, K. VON, «Right-Wing Extremism in Western Europe», *West European Politics* 11/2 (1988), pp. 1-18.
BIORCIO, R., *Il populismo nella politica italiana. Da Bossi a Berlusconi, da Grillo a Renzi*, Milán, Mimesis, 2015.
BOBBIO, N. y MATTEUCCI, N. (eds.), *Diccionario de política*, 2 vols., Madrid, Siglo XXI de España, 1981.
BORDIGNON, F.; CECCARINI L. y DIAMANTI, I., *Le divergenze parallele. L'Italia: dal voto devoto al voto liquido*, Roma-Bari, Laterza, 2018.
BORNSCHIER, S. y KRIESI, H., «The populist right, the working class, and the changing face of class politics», en J. Rydgren (ed.), *Class Politics and the Radical Right*, Nueva York, Routledge, 2013, pp. 10-29.
BOTTONI, S., *Orbán. Un despota in Europa*, Roma, Salerno, 2019.
BRAY, M., *Antifa. El manual antifascista*, Madrid, Capitán Swing, 2018.
BRIE, M. y POLGAR, I., «Dual citizenship granted to Hungarian ethnics: context and arguments», *Annals of the University of Oradea - International Relations and European Studies* 3 (2011), pp. 214-220.
BROWN, W., *En las ruinas del neoliberalismo. El ascenso de las políticas antidemocráticas en Occidente*, Madrid, Traficantes de Sueños, 2021.
BRUBAKER, R., «Why populism?», *Theory and Society* 46/5 (2017), pp. 357-385.
BUCHIGNANI, P., *Un fascismo impossibile. Berto Ricci nella cultura del ventennio*, Bolonia, Il Mulino, 1994.
BURRIN, P., *La dérive fasciste. Doriot, Déat, Bergery 1933-1945*, París, Seuil, 1986.
BUSS, D. y HERMAN, D., *Globalizing Family Values. The Christian Right in International Politics*, Minneapolis, University of Minnesota Press, 2003.
CAMPOS FREIRE, F., «Las redes sociales trastocan los modelos de los medios de comunicación tradicional», *Revista latina de comunicación social* 63 (2008), pp. 277-286.
CAMUS, J.-Y. y LEBOURG, N., *Les droites extrême en Europe*, París, Seuil, 2015.
CANNISTRARO, P. V., *La fabbrica del consenso. Fascismo e mass media*, Roma-Bari, Laterza, 1975.
CAPRA CASADIO, M., *Storia della Nuova Destra. La rivoluzione metapolitica dalla Francia all'Italia (1974-2000)*, Bolonia, Clueb, 2013.
CARLI, M., *Nazione e rivoluzione. Il «socialismo nazionale» in Italia: mitologia di un discorso rivoluzionario*, Milán, Unicopli, 2001.
CARRÈRE, E., *Limónov*, Barcelona, Anagrama, 2012.
CASALS, X., «¿Por qué los obreros apoyan a la ultraderecha? Diez reflexiones para elaborar una respuesta», *ICPS*, Working Paper 341, 2015.
CEBALLOS, N., *El pensamiento conspiranoico*, Barcelona, Arpa, 2021.

Cerruto, M., «La partecipazione elettorale in Italia», *Quaderni di Sociologia* 60 (2012), pp. 17-39.

Cervi, L., «Veni, vidi, Facebooked-live: análisis del éxito de Matteo Salvini en Facebook», *Revista CIDOB d'Afers Internacionals* 124 (2020), pp. 99-122.

Colarizi, S. y Gervasoni, M., *La tela di Penelope. Storia della Seconda Repubblica, 1989-2011,* Roma-Bari, Laterza, 2012.

Collotti, E., *Fascismo, fascismi,* Florencia, Sansoni, 1989.

Crouch, C., *Identità perdute. Globalizzazione e nazionalismo,* Roma-Bari, Laterza, 2019.

D'Ancona, M., *Posverdad. La nueva guerra contra la verdad y cómo combatirla,* Madrid, Alianza, 2019.

Damiani, M., *La sinistra radicale in Europa. Italia, Spagna, Francia, Germania,* Roma, Donzelli, 2016.

De Felice, R., *Mussolini il Duce. Gli anni del consenso (1929-1936),* Turín, Einaudi, 1974.

—, *Mussolini il duce. Lo Stato totalitario (1936-1940),* Turín, Einaudi, 1981.

De Lange, S. y Mudde, C., «Political extremism in Europe», *European Political Science* 4 (2005), pp. 476-488.

Delle Donne, F. y Jerez, A. (eds.), *Epidemia ultra. La ola reaccionaria que contagia a Europa,* Berlín, 2019.

Diamanti, I. y Lazar, M., *Popolocrazia. La metamorfosi delle nostre democrazie,* Bari-Roma, Laterza, 2018.

Duranton-Crabol, A.-M., «L'anti-américanisme français face à la guerre du Golfe», *Vingtième Siècle. Revue d'histoire* 59 (1998), pp. 129-139.

Eatwell, R. y Goodwin, M., *Nacionalpopulismo. Por qué está triunfando y de qué forma es un reto para la democracia,* Barcelona, Península, 2019.

Ebner, J., *La vida secreta de los extremistas. Cómo me infiltré en los lugares más oscuros de internet,* Barcelona, Planeta, 2020.

Eco, U., *Il fascismo eterno,* Milán, La nave di Teseo, 2017 [ed. cast.: *Contra el fascismo,* Barcelona, Penguin Random House, 2018].

Engelmann, F., *Du gauchisme au patriotisme. Itinéraire d'un ouvrier élu maire de Hayange,* París, Riposte laïque, 2014.

Evans, G. y Mellon, J., «Working Class Votes and Conservative Losses: Solving the UKIP Puzzle», *Parliamentary Affairs* 69/2 (2016), pp. 464-479.

Fabbri, F., *Le origini della guerra civile. L'Italia dalla Grande guerra al fascismo,* Turín, UTET, 2009.

Feltri, S., *Populismo sovrano,* Turín, Einaudi, 2018.

Fernández-Vázquez, G., *Qué hacer con la extrema derecha en Europa. El caso del Frente Nacional,* Madrid, Lengua de Trapo y CTXT, 2019.

—, «¿Fórmulas ganadoras en el discurso político de la extrema derecha? Un análisis del Frente Nacional de Marine Le Pen», en A. Guamán, A. Aragoneses y S. Martín (dirs.), *Neofascismo. La bestia neoliberal,* Madrid, Siglo XXI de España, 2019, pp. 229-242.

Ferraris, M., *Posverdad y otros enigmas,* Madrid, Alianza, 2019.

Finchelstein, F., *Del fascismo al populismo en la historia,* Madrid, Taurus, 2019.

Folvarčný, A. y Kopeček, L., «Which conservatism? The identity of the Polish Law and Justice party», *Politics in Central Europe* 16 (2020), pp. 159-188.
Forti, S., *El peso de la nación. Nicola Bombacci, Paul Marion y Óscar Pérez Solís en la Europa de entreguerras,* Santiago de Compostela, Universidade de Santiago de Compostela, 2014.
—, «Vèncer, convèncer i subvencionar. Violència i consens al feixisme italià», *L'Espill* (segona època) 49 (2015), pp. 46-59.
—, «¿Nacional-populismo a la catalana? Repensar el *procés* en el contexto europeo», *Historia del presente* 35 (2020), pp. 69-90.
Frank, T., *¿Qué pasa con Kansas?: Cómo los ultraconservadores conquistaron el corazón de Estados Unidos,* Madrid, Acuarela & A. Machado, 2008.
Fusaro, D., *El Contragolpe. Interés nacional, comunidad y democracia,* Tarragona, Fides, 2019.
Fusaro, D.; Caputo, S. y Vitelli, L., *Pensiero in rivolta. Dissidenza e spirito di scissione,* Barney, 2014.
Gabelas, J. A. y Marta-Lazo, C., «Los *influencers,* oráculos del liderazgo, chamanes en las redes sociales», en R. Aparici y D. García-Marín (coords.), *La posverdad. Una cartografía de los medios, las redes y la política,* Barcelona, Gedisa, 2019, pp. 81-93.
Gallego, F., *Neofascistas. Democracia y extrema derecha en Francia e Italia,* Barcelona, Debolsillo, 2007.
García-Marín, D. y Aparici, R., «Estrategias de la posverdad y *política-cyborg*», en R. Aparici y D. García-Marín (coords.), *La posverdad. Una cartografía de los medios, las redes y la política,* Barcelona, Gedisa, 2019, pp. 115-130.
Garzia, D.; Ferreira Da Silva, F. y De Angelis, A., «Partisan dealignment and the personalisation of politics in West European parliamentary democracies, 1961-2018», *West European Politics* (publicado *online* en 2020).
Gatti, C., *I demoni di Salvini. I postnazisti e la Lega,* Milán, Chiarelettere, 2019.
Gentile, E., *Le origini dell'ideologia fascista (1918-1925),* Bari, Laterza, 1975.
—, *Quién es fascista,* Madrid, Alianza, 2019.
Germinario, F., *La destra degli dei. Alain de Benoist e la cultura politica della Nouvelle Droite,* Turín, Bollati Boringhieri, 2002.
Giovannini, E., *Europa anno zero. Il ritorno dei nazionalismi,* Venezia, Marsilio, 2015.
Goodheart, D., *The Road to Somewhere: The New Tribes Shaping British Politics,* Londres, Penguin, 2017.
Gougou, F., «Les ouvriers et le vote Front National. Les logiques d'un réalignement électoral», en S. Crépon, A. Dézé y N. Mayer (eds.), *Les fauxsemblants du Front National. Sociologie d'un parti politique,* París, Presses de Sciences Po, 2015, pp. 323-344.
Gourevitch, P., *Politics in Hard Times: Comparative Responses to International Economic Crises,* Ithaca, Cornell University Press, 1986.
Gramsci, A., *Escritos. Antología,* Madrid, Alianza, 2017.

Gratius, S., «La tercera ola populista en América Latina», Documento de Trabajo, *FRIDE* 45 (2007).
Graziano, P., *Neopopulismi. Perché sono destinati a durare,* Bolonia, Il Mulino, 2018.
Griffin, R., *Modernismo y fascismo. La sensación de comienzo bajo Mussolini y Hitler,* Madrid, Akal, 2010.
—, *Fascismo. Una inmersión rápida,* Barcelona, Tibidabo, 2020.
Guasti, P. y Buštíková, L. (eds.), «Varieties of Technocratic Populism around the World», *Politics and Governance* 8/4 (2020), pp. 468-602.
Guetta, B., *I sovranisti. Dall'Austria all'Ungheria, dalla Polonia all'Italia, nuovi nazionalismi al potere in Europa,* Turín, ADD, 2019.
Guilluy, C., *No Society. El fin de la clase media occidental,* Madrid, Taurus, 2019.
Havertz, R., «Right-Wing Populism and Neoliberalism in Germany: The AfD's Embrace of Ordoliberalism», *New Political Economy* 24 (2018), pp. 1-19.
Hermet, G., «Populisme et nationalisme», en J.-P. Rioux (ed.), *Les populismes,* París, Perrin, 2007.
Hobsbawm, E. J., *Historia del siglo xx (1914-1991),* Madrid, Crítica, 2011 [1994].
Hochschild, A. R., *Extraños en su propia tierra. Réquiem por la derecha estadounidense,* Madrid, Capitán Swing, 2018.
Ignazi, P., *L'estrema destra in Europa,* Bolonia, Il Mulino, 1994.
—, «L'antipolitica dell'antipolitica. Una rappresentanza al massimo della sua tensione», *Rivista Il Mulino* 513 (2021), pp. 58-68.
Ivaldi, G., «Permanences et évolutions de l'idéologie frontiste», en P. Delwit (ed.), *Le Front national. Mutations de l'extreme droite francaise,* Bruselas, Editions de l'Université de Bruxelles, 2012, pp. 95-112.
Karvala, D., *El antifascismo del 99%. La lucha unitaria contra el racismo y la extrema derecha,* Barcelona, La Tempestad, 2019.
Kitschelt, H. y McGann, A.-J., *The Radical Right in Western Europe: a Comparative Analysis,* Ann Arbor, University of Michigan Press, 1995.
—, «The Radical Right in the Alps: Evolution of Support for the Swiss SVP and Austrian FPÖ», *Party Politics* II, 2 (2005), pp. 147-171.
Laclau, E., *La razón populista,* Buenos Aires, Fondo de Cultura Económica, 2005.
Laurelle, M., *Russian Eurasianism: An Ideology of Empire,* Washington, Woodrow Wilson Press/The John Hopkins University Press, 2008.
Lebourg, N., *Le monde vu de la plus extrême droite. Du fascisme au nationalisme-révolutionnaire,* Perpignan, Presse Universitaire de Perpignan, 2012.
Lenci, M., *A destra, oltre la destra. La cultura politica del neofascismo italiano, 1945-1995,* Pisa, Pisa University Press, 2012.
Levi, S., *#FakeYou. Fake news y desinformación,* Barcelona, Rayo Verde, 2019.
Levitsky, S. y Way, L. A., *Competitive Authoritarism. Hybrid Regimes after the Cold War,* Cambridge, Cambridge University Press, 2010.

Levitsky, S. y Ziblatt, D., *Cómo mueren las democracias,* Barcelona, Ariel, 2018.
Lilla, M., *El regreso liberal. Más allá de la política de la identidad,* Barcelona, Debate, 2018.
Ludwig, E., *Colloqui con Mussolini,* Milán, Mondadori, 1965 [1932].
Mammone, A., «The Transnational Reaction to 1968: Neo-Fascist Fronts and Political Cultures in France and Italy», *Contemporary European History* 17/2 (2008), pp. 213-236.
Marantz, A., *Antisocial. La extrema derecha y la «libertad de expresión» en internet,* Madrid, Capitán Swing, 2021.
Marchand-Lagier, C., «Le vote des femmes pour Marine Le Pen. Entre effet générationnel et précarité socioprofessionnelle», *Travail, genre et sociétés* 40/2 (2018), pp. 85-106.
Marx, K., *El 18 de brumario de Luis Bonaparte,* Madrid, Fundación Federico Engels, 2003 [otra ed.: *Obras escogidas,* vol. 1, Madrid, Akal, pp. 246-351].
Mayer, N., *Ces Français qui votent FN,* París, Flammarion, 1999.
—, «Le plafond de verre électoral entamé, mais pas brisé», en S. Crépon, A. Dézé y N. Mayer (eds.), *Les faux-semblants du Front National. Sociologie d'un parti politique,* París, Presses de Sciences Po, 2015, pp. 299-321.
Mazzoleni, G. y Bracciale, R., *La politica pop online. I meme e le nuove sfide della comunicazione politica,* Bolonia, Il Mulino, 2019.
McIntyre, L., *Posverdad,* Madrid, Cátedra, 2018.
Mellón J. A. (coord.), *El fascismo clásico (1919-1945) y sus epígonos,* Madrid, Tecnos, 2012.
Meloni, G., *Io sono Giorgia. Le mie radici, le mie idee,* Milán, Rizzoli, 2021.
Mény, Y. y Surel, Y., *Populismo e democrazia,* Bolonia, Il Mulino, 2001.
Meret, S., *The Danish People's Party, the Italian Northern League and the Austrian Freedom Party in a Comparative Perspective: Party Ideology and Electoral Support,* Tesis doctoral, Aalborg University, 2009.
Mezzadra, S. y Neumann, M., *Clase y diversidad. Sin trampas,* Pamplona, Katakrak, 2019.
Milanesi, F., *Ribelli e borghesi. Nazionalbolscevismo e rivoluzione conservatrice, 1914-1933,* Roma, Aracne, 2011.
Moffitt, B. y Tormey, S., «Rethinking Populism: Potitics, Mediatisation and Political Style», *Political Studies* 62/2 (2014), pp. 381-397.
Molinari, M., *Perché è successo qui. Viaggio all'origine del populismo italiano che scuote l'Europa,* Milán, La Nave di Teseo, 2018.
Morozov, E., *The Net Delusion: The Dark Side of Internet Freedom,* Nueva York, Public Affairs, 2011.
Mosse, G. L., *L'uomo e le masse nelle ideologie nazionaliste,* Roma-Bari, Laterza, 1999.
Mossetti, P., *Mil máscaras. La deriva del nacionalpopulismo italiano,* Madrid, Siglo XXI de España, 2021.
Mounk, Y., *El pueblo contra la democracia. Por qué nuestra libertad está en peligro y cómo salvarla,* Barcelona, Paidós, 2018.

Mudde, C., «The populist zeitgeist», *Government and Opposition* 39/4 (2004), pp. 541-563.
—, *La ultraderecha hoy,* Barcelona, Paidós, 2021.
Mudde, C. y Rovira Kaltwasser, C., *Populismo. Una breve introducción,* Madrid, Alianza, 2019.
Müller, J.-W., *¿Qué es el populismo?,* Ciudad de México, Grano de Sal, 2017.
Murolo, L., «La posverdad es mentira. Un aporte conceptual sobre *fake news* y periodismo», en R. Aparici y D. García-Marín (coords.), *La posverdad. Una cartografía de los medios, las redes y la política,* Barcelona, Gedisa, 2019, pp. 65-80.
Nagle, A., *Muerte a los normies. Las guerras culturales en internet que han dado lugar al ascenso de Trump y la alt-right,* Tarragona, Orciny Press, 2018.
Neiwert, D., *Alt-America. The Rise of the Radical Right in the Age of Trump,* Londres-Nueva York, Verso, 2017.
Nicolás Marín, J. A., «Posverdad: cartografía de un fenómeno complejo», *Diálogo filosófico* 105 (2019), pp. 302-340.
Norris, P. y Inglehart, R., *Cultural Backlash. Trump, Brexit and Autoritharian Populism,* Cambridge, Cambridge University Press, 2019.
Oesch, D., «Explaining Workers' Support for Right-Wing Populist Parties in Western Europe: Evidence from Austria, Belgium, France, Norway, and Switzerland», *International Political Science Review* 29/3 (2008), pp. 349-373.
Parlato, G., *La sinistra fascista. Storia di un progetto mancato,* Bolonia, Il Mulino, 2000.
Passarelli, G. y Tuorto, D., *La Lega di Salvini. Estrema destra di governo,* Bolonia, Il Mulino, 2018.
Paxton, R. O., *Anatomía del fascismo,* Barcelona, Península, 2005.
Pérez Colina, M., «Instrumentalización de la defensa de los derechos de las mujeres y racialización del sexismo», en Fundación de los Comunes (ed.), *Familia, raza y nación en tiempos de posfascismo,* Madrid, Traficantes de Sueños, 2020, pp. 99-110.
Perrineau, P., *Cette France de gauche qui vote FN,* París, Seuil, 2017.
Pregliasco, L., «Framing e strategia comunicativa di Matteo Salvini», en G. Diamanti y L. Pregliasco (eds.), *Fenomeno Salvini. Chi è, come comunica, perché lo votano,* Roma, Castelvecchi, 2019, pp. 25-43
Rafael González-López, J.; Lomas-Campos, M. y Rodríguez-Gázquez, M., «Evolución de la inmigración en Europa y España durante los siglos XX y XXI», *Revista Cuidarte* 1/1 (2010), pp. 73-81.
Raimo, C., *Ho 16 anni e sono fascista. Indagine sui ragazzi e l'estrema destra,* Milán, Piemme, 2018.
Ramas San Miguel, C., «Social-identitarios y neoliberales autoritarios: dos corrientes en la nueva Internacional Reaccionaria», en A. Guamán, A. Aragoneses y S. Martín (dirs.), *Neofascismo. La bestia neoliberal,* Madrid, Siglo XXI de España, 2019, pp. 73-87.

REVELLI, M., *Populismo 2.0*, Turín, Einaudi, 2017.
REVELLI, M. y TELESE, L., *Turbopopulismo. La rivolta dei margini e le nuove sfide democratiche*, Milán, RCS, 2019.
RUBIO-PUEYO, V., *Vox: ¿una nueva extrema derecha en España?*, Nueva York, Rosa Luxemburg Stiftung, 2019.
RYDLIŃSKI, B. M., «Poland: Nationalism and Neo-Fascism Under Jarosław Kaczyński», en S. Ehmsen y A. Scharenberg (eds.), *The Far Right in Government. Six Cases From Across Europe*, Nueva York, Rosa Luxemburg Stiftung, 2018, pp. 19-28.
SADECKI, A., *In a state of necessity. How has Orbán changed Hungary*, Varsovia, Centre for Eastern Studies, 2014.
SÁEZ MATEU, F., *El populisme. El llenguatge de l'adulació de les masses*, Barcelona, Publicacions de l'Abadia de Montserrat, 2018
SANTOMASSIMO, G., *La terza via fascista. Il mito del corporativismo*, Roma, Carocci, 2006.
SCARAMUZZI, I., *Dio? In fondo a destra. Perché i populismi sfruttano il cristianesimo*, Verona, Emi, 2020.
SCHEIRING, G. y SZOMBATI, K., «From neoliberal disembedding to authoritarian re-embedding: The making of illiberal hegemony in Hungary», *International Sociology* 35/6 (2020), pp. 721-738.
SCOPPOLA, P., *La repubblica dei partiti. Evoluzione e crisi di un sistema politico (1945-1996)*, Bolonia, Il Mulino, 1997.
SHEKHOVTSOV, A., «Alexander Duguin and the West European New Right, 1989-1994», en M. Laurelle (ed.), *Eurasianism and the European Far Right. Reshaping the Europe-Russia Relationship*, Lanham-Londres, Lexington, 2015, pp. 35-53.
—, *Russia and the Western Far Right. Tango Noir*, Londres, Routledge, 2017.
STANLEY, J., *Facha. Cómo funciona el fascismo y cómo ha entrado en tu vida*, Barcelona, Blackie Books, 2019.
STEFANONI, P., *¿La rebeldía se volvió de derecha?*, Buenos Aires, Siglo XXI, 2021.
STEINMETZ-JENKINS, D., «The European Intellectual Origins of the Alt-Right», *Istanbul University Journal of Sociology* 38/2 (2019), pp. 255-266.
STERNHELL, Z., *La droite révolutionnaire, 1885-1914. Les origines françaises du fascisme*, París, Seuil, 1978.
STERNHELL, Z.; SZNAJDER M. y ASHERI, M., *Naissance de l'idéologie fasciste*, París, Fayard, 1989 [ed. cast.: *El nacimiento de la ideología fascista*, Madrid, Siglo XXI de España, 1998].
STOECKL, K., «The rise of the Russian Christian Right: the case of the World Congress of Families», *Religion, State & Society* 48/4 (2020), pp. 223-238.
STONE, M. S., *The Patron State: Culture and Politics in Fascist Italy*, Princeton, Princeton University Press, 1998.
TAGUIEFF, P.-A., *L'illusione populista*, Milán, Mondadori, 2003.
—, *Sulla nuova destra. Itinerario di un intellettuale atipico*, Florencia, Vallecchi, 2004 [1994].
—, *Le nouveau national-populisme*, París, CNRS, 2012.

Tamayo, J. J., *La internacional del odio. ¿Cómo se construye? ¿Cómo se deconstruye?*, Barcelona, Icaria, 2020.
Temelkuran, E., *Cómo perder un país. Los siete pasos de la democracia a la dictadura*, Barcelona, Anagrama, 2019.
Thiriart, J., *Un empire de 400 millions d'hommes*, Bruselas, Sineco, 1964.
—, *La Grande Nation: l'Europe unitaire de Brest à Bucarest*, Nantes, Ars Magna, 1990 [1965].
—, *L'Empire euro-soviétique de Vladivostok à Dublin*, Nantes, Ars Magna, 2018 [1984].
Tien, C., «The Racial Gap in Voting Among Women: White Women, Racial Resentment, and Support for Trump», *New Political Science* 39/4 (2017), pp. 651-669.
Tizian, G. y Vergine, S., *Il libro nero della Lega*, Bari-Roma, Laterza, 2019.
Traverso, E., *I nuovi volti del fascismo*, Verona, Ombre Corte, 2017 [ed. cast.: *Las nuevas caras de la derecha. Conversaciones con Régis Meyran*, Buenos Aires, Siglo XXI, 2018].
Trigilia, C., «Il grande esodo. Perché le classi deboli si stanno allontanando dai partiti di sinistra?», *Rivista Il Mulino* 513 (2021), pp. 26-37.
Tuccari, F., *La rivolta della società: l'Italia dal 1989 a oggi*, Roma-Bari, Laterza, 2020.
Ujaldón Benítez, E., «Populismo suicida», en A. Galindo Hervás y E. Ujaldón Benítez, (eds.), *¿Quién dijo populismo?*, Madrid, Biblioteca Nueva, 2018, pp. 281-310.
Urbinati, N., «Maggioranza o maggioritarismo? Sui caratteri della democrazia populista», en M. Anselmi, P. Blokker y N. Urbinati (eds.), *Populismo di lotta e di governo*, Milán, Feltrinelli, 2018, pp. 16-45.
Vallespín, F. y Bascuñán, M. M., *Populismos*, Madrid, Alianza, 2017.
Veiga, F., *El desequilibrio como orden. Una historia de la posguerra fría*, Madrid, Alianza, 2015.
Veiga, F., González-Villa, C., Forti, S. et al., *Patriotas indignados. Sobre la nueva ultraderecha en la Posguerra Fría. Neofascismo, posfascismo y nazbols*, Madrid, Alianza, 2019.
Verstrynge, J., *Memorias de un maldito*, Barcelona, Grijalbo, 1999.
Villano, A., *Da Evola a Mao. La destra radicale dal neofascismo ai «nazimaoisti»*, Milán, Luni, 2017.
Wind, M., *La tribalización de Europa. Una defensa de nuestros valores liberales*, Madrid, Espasa, 2019.
Wylie, C., *Mindf*ck. Cambridge Analytica. La trama para desestabilizar el mundo*, Barcelona, Roca, 2020.
Zielonka, J. y Rupnik, J., «From Revolution to "Counter-Revolution": Democracy in Central and Eastern Europe 30 Years On», *Europe-Asia Studies* 72/6 (2020), pp. 1073-1099.
Zunino, P., *L'ideologia fascista. Miti, credenze e valori nella stabilizzazione del regime*, Bolonia, Il Mulino, 1985.